U0835893

21 世纪全国高等院校旅游管理类创新型应用人才培养规划教材

旅行社经营管理

主　编　余志勇

副主编　袁　力　邓文娟

北京大学出版社
PEKING UNIVERSITY PRESS

内 容 简 介

本书以培养应用型本科旅游管理人才为目标，以培养创新意识为灵魂，以培养应用能力为根本，坚持理论与实践相结合。在系统地阐述旅行社经营管理的基本概念、基本理论与方法的基础上，广泛收集并点评了国内外旅行社经营案例。

本书结构严谨，内容丰富，可作为高等院校旅游管理等专业的教材，也可供广大正在或志在从事旅游公司经营管理相关活动的人士参考阅读。

图书在版编目(CIP)数据

旅行社经营管理/余志勇主编. —北京：北京大学出版社，2015.1

(21 世纪全国高等院校旅游管理类创新型应用人才培养规划教材)

ISBN 978-7-301-25011-2

Ⅰ. ①旅… Ⅱ. ①余… Ⅲ. ①旅行社—企业经营管理—高等学校—教材 Ⅳ. ①F590.63

中国版本图书馆 CIP 数据核字(2014)第 236812 号

书　　名：旅行社经营管理

著作责任者：余志勇　主编

策 划 编 辑：莫　愚

责 任 编 辑：莫　愚

标 准 书 号：ISBN 978-7-301-25011-2/C・1060

出 版 发 行：北京大学出版社

地　　址：北京市海淀区成府路 205 号　100871

网　　址：http://www.pup.cn　新浪官方微博：@北京大学出版社

电 子 信 箱：pup_6@163.com

电　　话：邮购部 62752015　发行部 62750672　编辑部 62750667　出版部 62754962

印 刷 者：北京虎彩文化传播有限公司

经 销 者：新华书店

787 毫米×1092 毫米　16 开本　16.5 印张　386 千字

2015 年 1 月第 1 版　2019 年 7 月第 3 次印刷

定　　价：35.00 元

前言

2012 年，中国旅游业取得了飞跃式的进步，中国公民组团旅游目的地国家已达 140 多个，中国以 7 800 万的出境游人数成为全球最大客源市场，占整个国际旅游市场的 6%左右，为全球旅游经济贡献了 1 020 亿美元。同时，中国是世界最大的国内旅游市场，预计到 2015 年还将成为仅次于美国的第二大入境旅游国，到 2020 年中国将成为世界第一大入境旅游国。2009 年，《国务院关于加快发展旅游业的意见》(国发（2009）41 号)明确提出要把旅游业培育成中国国民经济的战略性支柱产业和人民群众更加满意的现代服务业。中国旅游业的美好蓝图正在逐步呈现。

作为旅游产业三大支柱之一的旅行社，其产生与发展都是伴随着国民经济的发展。美国的运通公司、日本的交通株式会社、德国的途易、英国的托马斯·库克旅行社，无一不是在其国家经济飞速发展的基础上得到了全面的繁荣，并在国际市场实现了战略延伸。

向广大师生提供一本与时俱进的“旅行社经营管理”课程的教材，是我们一直以来的孜孜追求。这一次我们以成都理工大学、湖南第一师范学院和成都学院（大学）、四川大学锦城学院的专业师资为主体，吸纳了成都光大国际旅行社有限责任公司、宝中旅游·湖南湖湘天下国际旅行公司的优秀经理人员参与，对旅行社经营管理教材的编写进行了一次大胆的尝试。其一，本书实现了学校与企业对行业知识的综合，理论与实践相结合，因为我们一直倡导理论源于实践又服务于实践。其二，我们紧密融合了旅游学、管理学、服务学、心理学和营销学及人力资源管理、旅游电子商务、战略学等相关知识，对教材内容进行了诸多的更新，期望知识体系更加系统。其三，在内容结构上，得益于北京大学出版社的悉心指导，我们在每章的章首和正文中增加了与旅行社经营管理相关的案例，并作了简明扼要的点评，有助于师生理解和深化；安排了知识链接，可以延伸知识点，补充学生的知识面，有助于提高学习阅读兴趣。其四，在课后布置了练习与思考习题，涉及名词解释、选择、简答、计算及论述等题型，有助于让学生温故知新，提高综合应用能力。其五，“他山之石，可以攻玉”，在每章末尾还准备了具有代表性的旅行社故事作为补充阅读，有助于激发学生的学习激情，使其探究成功旅行社背后的故事，发现可能存在的问题。

本书由成都理工大学余志勇担任主编，负责全书写作提纲的编订及书稿的修改与审定工作；由成都学院（大学）袁力和湖南第一师范学校邓文娟担任副主编。全书编写分工为：第 1 章、第 2 章、第 3 章、第 4 章的第 3 节余志勇编撰；第 4 章第 1、2 节由邓文娟、成都理工大学徐胜兰合作编撰；第 5 章的第 1 节由四川大学锦城学院刘海编撰，第 2、3 节由袁力、成都学院（大学）郑雨诗编撰；第 6 章由成都光大国际旅行社有限责任公司谢讴编撰；第 7 章由成都学院（大学）董庆佳、袁力编撰，第 8 章由株洲中等职业学校潘喆、宝中旅游·湖南湖湘天下国际旅行公司黄武合作编撰；第 9 章由成都理工大学卢海霞、杨珊合作编撰；第 10 章由邓文娟编撰；第 11 章由宝中旅游·湖南湖湘天下国际有限公司周可欣、余志勇合作编撰。全书的补充阅读材料除了第 8 章以外，均由余志勇整理而成。

伴随着中国旅游业的飞速发展，中国旅游法制得到了里程碑式的发展。随着《中华人民共和国旅游法》在 2013 年 10 月 1 日正式实施，可以预见的是，中国的旅游市场将得到有效的净化和规范；中国的旅行社将摆脱多年的“零负团费”“人头费”等纠缠不清的经营梦魇，其经营重心将会转移到如何扩疆拓土、实现品牌化经营等方面，中国旅行社的知名品牌也将会在世界舞台上占有一席之地。

为使得本书能够在读者面前呈现一个较为前沿和系统的知识内容，本书还参阅了有关教材、专著、学术期刊论文及学位论文，在书后的参考文献中可能无法一一列出，在此谨向这些学者致以衷心的感谢！

由于编者水平有限，书中尚有诸多不足和遗漏之处，敬请各界朋友和读者海涵、批评和指正。

编　者

2014 年 6 月

目　录

第1章　导　论

学习目标

知识目标	技能目标
1. 了解旅行社的产生过程与行业地位	1. 了解世界上第一家旅行社的产生背景
2. 掌握旅行社的基本性质与基本业务	2. 掌握旅行社在行业中的地位与作用
3. 熟悉旅行社的分类体系	3. 掌握旅行社的基本业务与职责
4. 掌握旅行社的基本组织形式与组织结构	4. 掌握旅行社筹建的基本步骤
5. 了解旅行社组织结构优化	5. 熟悉我国旅行社公司的基本形式

知识结构

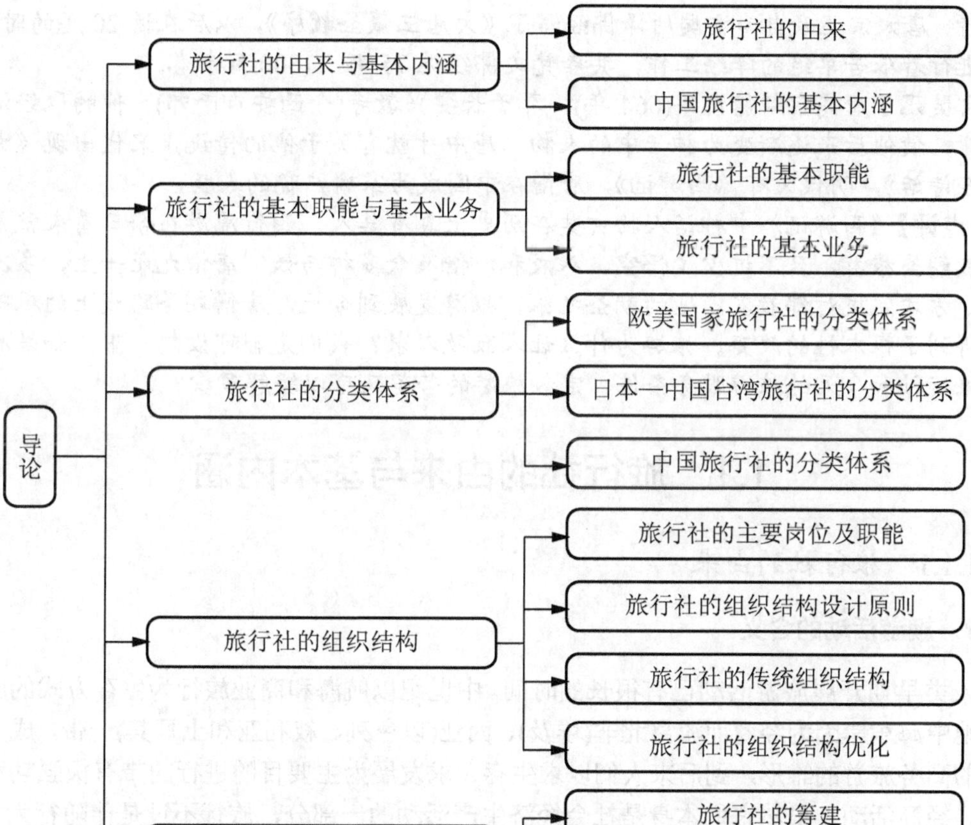

导入案例

一代名僧玄奘西行引发的思考

玄奘(600—664 年)，河南洛州缑氏县(今河南省偃师县)人，13 岁出家，21 岁在成都大慈寺受具足戒，24 岁时已穷极当时国内佛经，27 岁独自一人西行取经。

他冒着生命危险，偷越国境，独闯玉门关，出关后昼伏夜行，差点被胡人向导杀死；后在漠漠黄沙，上无飞鸟，下无走兽，更无水草的荒漠中独自行走，差点送命；路遇高昌国被强留而不得不采取绝食手段；穿走帕米尔冰山差点摔死；一路上豺狼当道、强盗横生，多次面临死亡威胁。在天竺国，玄奘还遇到异教徒的多次挑衅，终因拼死辩难，多次逢凶化吉、九死一生，历经千辛万苦，玄奘终于到达印度那烂陀寺，历时五年之久，遍历东、南印度四年，博学印度佛教的各宗各派，穷尽大、小乘佛教的各论经典，获全印度佛教各派各宗学术权威的地位，获得了印度本国僧人都得不到的无上荣誉和尊敬。

贞观十九年(645 年)，玄奘回到长安，上表唐太宗。太宗看后甚悦，赐洛阳亲见，建议玄奘著书立说，并下令将长安弘福寺作为玄奘的译经场所，还派专人协助。玄奘在唐太宗的支持下，一年内便写出了举世闻名的《大唐西域记》，并在译经事业上得到了唐太宗的大力支持。唐太宗还亲自为玄奘所译佛经写了《大唐三藏圣教序》，以后在近 20 年的时间里，玄奘进行着艰苦卓绝的译经工作，共译梵文佛经达 75 部，1300 百余卷。

玄奘死于唐高宗麟德元年(664 年)，葬于长安兴教寺(今西安市南郊)。他的取经活动受人钦佩，使他后来逐渐变为神话中的人物。唐中叶就有关于他的传说，宋代出现《大唐三藏取经诗话》，明代又有《西游记》，唐僧在中国成为家喻户晓的人物。

【点评】《西游记》中神话人物玄奘在历史上真有其人，西行漫游在今日看来就是典型的宗教朝圣旅游，只不过少了悟空、八戒和沙僧及众多神与妖。唐僧九死一生，多次逢凶化吉，方才完成对佛教发源地的朝圣之旅。旅游发展到今天，唐僧朝圣路线上的艰苦环境已经得到了根本性的改变。旅游为什么让人孜孜以求？我们是否可设想一下，如果有了今日的旅行社和今天的旅游服务条件，宗教旅游的苦楚又可以缓解多少？

1.1 旅行社的由来与基本内涵

1.1.1 旅行社的由来

1. 旅游活动的含义

人类早期开展旅游活动已有很长的时间。中世纪以航海和商业旅行为生存方式的腓力基人在地中海东岸因为经商而游离北非(埃及)、西亚(以色列、叙利亚和土耳其)一带，成为有史记载的商务旅游的雏形，到后来人们以求生存、求发展为主要目的进行的带有极强功利性的渔猎、经商活动，虽然它们本身是社会经济生产活动的一部分，旅行不过是伴随行为①。

① 郑晴云．朝圣与旅游：一种人类学透析[J]．旅游学刊，2008，23(11)：81—86.

发展到后来的官宦因职位升迁而产生的仕游、宗教信徒的朝圣游、帝王炫耀文治武功的巡游，以及文人墨客的学游，成为人类早起旅游的代表性活动①。这种活动具有规模小、自发多、人群有限的特点。直到近代工业革命发生以后，这一切才得到了改变。

2. 旅游业的产业内涵

旅游业基本行业由“那些与旅游者直接发生联系并为之服务，且来源于旅游者的收入在总收入中占相对显著比例的行业”组成②。因此，旅游业主要应包括旅行社业，以旅游饭店为代表的住宿业、餐饮业、交通运输业，游览娱乐业，旅游商品业(如旅游用品和纪念品销售行业)等。其中，旅行社业、旅游饭店业和旅游交通运输业被认为是旅游产业的三大支柱。

3. 世界旅行社业的产生与发展

旅游业作为一种独立的行业只有200多年的历史。

世界近代旅游业开端于英国，一般认为19世纪中期是现代旅游业的前发期，英国产业革命对旅游的发展产生了重大影响。产业革命后，英国产生了市民阶层、出现城市化；以蒸汽机车为代表的交通技术革命性的发展，使得大规模民众远程旅游成为可能；同时，人们告别日出而作、日落而息的自给自足式农业生产劳动，旅游成为人们的一种需要。这一切使得近代旅游产生成为可能。

英国人托马斯·库克(详见本章“补充阅读”)是世界近代旅游业的先驱，他为旅游业提供很多开创性活动。1841年7月5日，托马斯·库克开启了象征着世界近代旅游及旅游业开端的包租火车旅游，在1845年于伦敦创办了世界上第一家专职旅行社——托马斯·库克旅行社。后来，在他组织的旅游活动中，产生了旅游行业许多的第一次，包括第一次有商业性导游陪同、第一次出境旅游、第一次环球旅游。为此，托马斯·库克被世界公认为近代旅游业的鼻祖。

到19世纪中后期，英国及欧洲大陆的法国、德国、比利时等国家出现了很多经营旅游业务的组织，美国的交通业巨头运通公司也抓准时机，开始经营旅游代理业务。1850年，一个专门向游客提供旅游日程安排、车辆、食品及旅游用具的“旅游者组织”在英国出现；1890年，法国、德国成立了观光俱乐部；1893年，日本设立了专门接待外国游客的“喜宾会”，1926年更名为东亚交通公社；1853年，专门经营快递业务的美国运通公司成立，1915年其旗下成立了旅行部。到20世纪初，英国的托马斯·库克、美国运通和欧洲铁路卧车公司(以比利时为主)发展成为当时世界旅行社行业的三大巨头。

第二次世界大战后，喷气式客机的民用、世界经济的复苏、带薪假期的出现，这些客观因素促进了旅游活动的大众化。为促使旅游业的发展，世界各国纷纷出台旅游立法以规范旅游相关企业的经营行为，旅行社的发展也逐步走向法制化，并在法律和行业的约束下形成了以旅游批发商、零售商和代理商为主的行业发展体系。旅行社行业内部也结成多个国际性和地区性的旅行社组织，如世界旅行社协会(WATA)、世界旅行社协会联合会(UFTAA)和太平洋亚洲旅游理事会(PATA)，促进彼此交流，形成服务网络。

---

① 王晓云．人类早期旅行活动研究[J]．历史教学问题，2004(2)：70—72.

② 摘自联合国《国际产业划分标准》。

4．中国旅行社的产生

尽管中国历史悠久、旅游资源丰富、旅游活动早已有之，且历史上不乏名人旅游故事，但这些都不是大规模的群体行为，还算不上真正意义的现代旅游。一直到20世纪20年代，在外资的刺激下，中国才有了自己的第一家旅行社。

1923年，上海商业储备银行总经理、民族实业家陈光甫借鉴外国经验，在上海商业储备银行旗下设立旅游部，经办中外交通服务和为留学生办理出国事宜。后来，该部得到了迅速的发展，在1927年挂牌成为中国旅行社，是现在香港中国旅行社股份有限公司的前身，这标志着中国近代旅游业的开始。陈光甫也因此被誉为“中旅之父”。

新中国成立后的第一家旅行社是1949年10月17日在厦门成立的华侨服务社，其业务主要是依托广东、福建的许多侨乡所在城市设立分社，以接待海外侨胞为主。1957年，华侨服务社统一更名为华侨旅行社[①]，它是现在中国旅行社的前身。

1954年4月15日成立于北京的中国国际旅行社为新中国培养了第一批旅游从业人员。随后国内成立了一大批挂靠外办或侨办的旅行社，这些旅行社属于行政或事业单位编制，而不是企业主体，其主要任务是官方外事接待和少量海外自费旅游者接待以及华侨、外籍华人、港澳台胞的接待，对旅行社的要求是取得接待工作的政治效果而不是经济利益。这种现象持续到1978年改革开放前。

知识链接

中国国际旅行社总社

中国国际旅行社总社有限公司(前身为中国国际旅行社总社，China International Travel Service Head Office，简称中国国旅，英文缩写为CITS)，成立于1954年4月15日。到1957年年底，中国国旅在全国各主要大中城市设立19个分支社，初步形成接待业务网络。在此之前，中国国旅总社还代行了政府管理职能。1964年7月，中国旅行游览事业管理局(国家旅游局的前身)成立，国家旅游局和国旅总社是“两块牌子，一套人马”，实行政企合一的体制，对外招徕用国旅总社的牌子，对内行业管理行使国家旅游局的职能。1982年，国旅总社与国家旅游局开始按“政企分开”的原则，分署办公和经营。1984年，国旅总社被国家旅游局批准为企业单位。1998年，国旅总社与国家旅游局脱钩，成为中央直属重点国企。

2008年3月，中国国际旅行社总社更名为中国国际旅行社总社有限公司。经过几代国旅人的艰苦创业，现已发展为国内规模最大、实力最强的旅行社企业集团，累计招揽、接待海外来华旅游者1000多万人次。中国国旅在全球12个国家和地区拥有8家全资、控股

① 李兴荣．旅行社经营管理[M]．成都：西南财经大学出版社，2008.12.

的海外公司和8家签证中心，在全国拥有36家全资、控股子公司和2家参股公司，近700家门市网点，以及百余家国旅集团理事会成员旅行社，与100多个国家的1400多家旅行商建立了长期稳定的合作关系。中国国旅系国家统计局公布的“中国企业500强”中唯一的旅游企业。

资料来源：根据中国国际旅行社总社官网(www.cits.com.cn)有关资料整理而成。

1.1.2 旅行社的基本内涵

1．旅行社的概念

根据国务院颁布的《旅行社条例》(2009年5月)，旅行社的概念被界定为“从事招徕、组织、接待旅游者等活动，为旅游者提供相关旅游服务，开展国内旅游业务、入境旅游业务或者出境旅游业务的企业法人。”

2．旅行社的性质

从上述概念中可以看出，旅行社以“组织、招揽”为手段，以“旅游者”为工作对象，以“提供相关旅游服务”为工作内容，以“国内旅游业务、入境旅游业务或者出境旅游业务”为产品经营范围，属于“企业法人”。因此，旅行社是以营利为目的的企业，这就是它的性质。

3．旅行社的行业地位

旅行社在旅游行业中处于中介环节。它以旅游产品为吸引对象，向游客销售旅游产品，开展相关组织招揽活动，把旅游者组织到旅游目的地进行观光游览、休闲度假等旅游活动，并提供相关旅游服务。

自产生以来，旅行社就不断地丰富旅游产品内涵，通过对客源的外联内引，对旅游服务要素不断组合，实现了旅游产业链的不断延伸，增加并创造了就业机会和经济效益。

4．旅行社的作用

旅行社在推动旅游活动和旅游产业发展中有举足轻重的作用，如下所述。

(1) 促进国民经济发展：旅行社通过自己的经济活动，可以促进旅游消费，增加旅游外汇收入；可以促进与旅游相关的部门和行业的发展，带动就业。

(2) 推动社会文化交流：旅游活动能对当地的社会文化产生积极影响。能积极开展民间外交，增进国际的相互了解，促进国与国之间的和平友好关系发展；能提高国民身心素质，培养爱国情感，增强民族自尊心和自豪感；能够唤起人们环保意识促进环境保护。

(3) 为旅游者服务：旅行社通过面对面的交谈，或者电话、在线服务等方式，为旅游者提供旅游服务咨询；提供经济、便捷、高效的旅游出行服务，以及游程结束后的投诉、索赔等服务，为游客提供一个安全可靠、可信赖的旅游活动。

(4) 充当旅游企业的中介：旅行社通过生产、设计和销售旅游产品，把国内外游客组织起来前往旅游目的地，把游客出游过程中所需的“住宿、餐饮、购物、娱乐、交通、游览”各个环节串联起来。它为相关的酒店业、餐饮业、商店(场)、夜总会酒吧演艺中心、航空、火车和汽车以及景区提供了顾客，带来了消费。

在旅游活动过程中，旅行社还起着监督旅游服务企业保证产品的质量、维护消费者的人身财产安全和交易公平等作用①。

1.2 旅行社的基本职能与基本业务

1.2.1 旅行社的基本职能

旅行社的基本职能很多，一般情况下旅行社具有以下五个基本职能。

1．生产职能

与传统工业、农业不一样，旅行社的生产职能只可以称为组装职能。它们大多以低于市场的价格向饭店、旅游交通和其他相关部门批量购买旅游者所需的各种旅游相关服务项目，与旅游吸引物相结合，进行组装加工，再融入旅行社自身的服务内容与方式，从而生产出自己的产品。就这种意义而言，旅行社具有生产职能。

2．销售职能

如果没有旅行社，旅游者就要在对旅游目的地知之不多的情况下，广泛搜集相关旅游信息，办理各种烦琐的旅游手续，特别是当旅游者所需要的是一种跨国度、综合性旅游产品时，这种状况无疑会在一定程度上遏制旅游者外出旅游的需要。旅行社担负着沟通买卖双方的任务，使旅游产品更顺利地进入消费领域，这体现了旅行社的销售职能。

3．组织协调职能

旅游业各部门之间以及旅游业与其他行业之间存在的都是一种相互依存、互利互惠的合作关系。为了确保旅游活动顺利进行，旅行社必须发挥组织协调的作用，与相关旅游服务供应部门(企业)一起，为旅游者提供旅游所需要的各种服务。

4．分配职能

旅游者在整个旅游过程中要逐一消费由众多旅游相关部门(企业)提供的服务和产品，由于其旅游全部费用已按照要求支付给旅行社，所以旅行社势必要承担起经济利益的分配职能，按照与各旅游相关环节所订立的经济合同予以合理分配旅游收入。

5．信息提供职能

旅行社提供信息的职能主要表现在两个方面：一方面，旅行社要将旅游者的需求及时提供给各供应部门；另一方面，旅行社要将旅游产品的信息传递到旅游市场上去，以促使旅游者购买。

① 王缇萦．旅行社经营管理[M]．上海：上海人民出版社，2006.8：3—8.

1.2.2 旅行社的基本业务

1. 产品开发

旅行社产品开发主要体现在为它的生产职能。产品开发业务包括产品设计、产品试产与试销、投放市场和产品效果评估四项基本内容。

2. 旅游服务采购

旅游采购业务是指旅行社为生产旅游产品而向有关旅游服务供应部门或企业购买各种旅游服务要素的一种业务活动。旅行社的采购业务主要涉及交通、住宿、餐饮、景点游览、娱乐和保险等部门。另外，组团旅行社还需要向旅游线路沿途的各地接待旅行社采购接待服务。

3. 产品销售

旅行社产品销售业务，包括制定产品销售战略、选择产品销售渠道、制定产品销售价格和开展旅游促销四项内容。

4. 旅游接待

接待业务是旅行社日常业务的主要内容，包括团体旅游接待业务和散客旅游接待业务。旅行社产品的特殊性决定了产品的购买先于消费，因此，旅行社的产品销售并不意味着交换过程的终结，旅行社还要组织众多人力、物力及财力协调各有关部门，依照合同向旅游者提供各种服务。

旅游接待业务主要包括：安排交通、住宿、餐饮、观光游览、休闲度假、导游、领队、旅游咨询、旅游活动设计服务。旅行社还可以接受委托，代订交通客票、代订住宿和代办出境、入境、签证手续等。

1.3 旅行社的分类体系

由于不同国家和地区的旅行社业的发展背景不同，发展水平也有很大差异，所以旅行社在分类体系上有以下几类。

1.3.1 欧美国家旅行社的分类体系

欧美旅行社大都采用垂直分工体系(图 1.1)，它有二分法和三分法之说。

二分法分工体系通常是将旅行社分为旅游批发商(Tour Wholesaler)和旅游零售商(Tour Retailer)。实力较强的旅行社具有开发旅游产品的能力，规模不断扩大，形成批发商；大多数旅行社实力较弱，不具备市场开发能力，逐步退出旅游产品开发市场，形成零售商。

三分法则在批发商和零售商前面增加了旅游经营商(Tour Operator)。批发商和代理商共存，形成旅行社市场的“批—零体系”。这是市场发育后形成的一种自然分工体系，旅游商品与一般商品一样，在市场中以“批—零体系”进行销售。

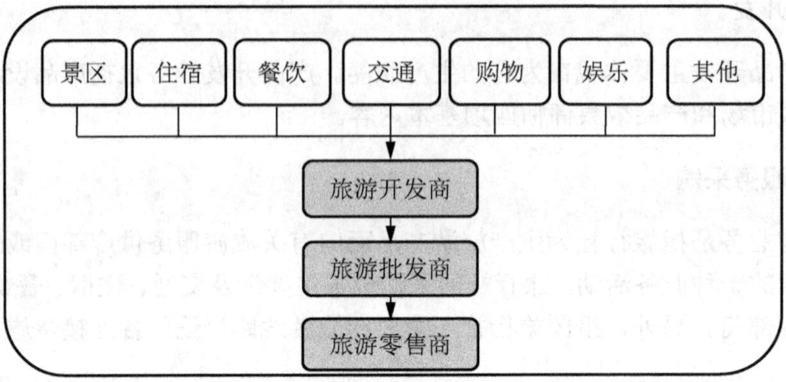

图 1.1　欧美旅行社垂直分类示意图①

旅游开发商往往从旅游服务供应商(如航空公司和饭店)那里用较低成本购买旅游产品，然后包装后销售给批发商，由其批发销售。其特点一是根据市场需求设计产品；二是设计产品交由批发商销售，并获得设计及其他费用。

旅游批发商通常需要进行前期投资，如缴纳设计旅游项目的研究费用、开发宣传品和其他销售工具的费用，以及缴纳一大笔订金以保障供给(订购大批客房、餐饮、运输)等。其特点一是代理多款产品，并在媒介宣传领域里活动；二是其利润主要来自于各服务组成部分净成本基础上的加价。批发商购买旅游“期货”，预先冒险，通过对旅游者未来旅游走向的预期进行投资，如果因各种原因失败，前期投资就可能付诸东流，因此，批发商承担的风险大于零售商，但回报也较高。

旅游零售商通过在顾客市场周边形成庞大的零售网络来占据市场。其特点一是一般情况下代理多款产品；二是直接与旅游者面对面销售；三是收入主要来自代理佣金。

1.3.2　日本—中国台湾旅行社的分类体系

1. 日本旅行社分类体系

日本旅行社分类体系兼有垂直分工和水平分工，属于混合分类体系。1996 年以前，日本旅行社采取的是一般旅行社、国内旅行社和旅行社代理店的混合分工体系，其中既有水平分工(一般旅行社和国内旅行社)，也有垂直分工体系。1996 年 1 月日本根据新的《旅游业法》，将旅行社分为Ⅰ、Ⅱ、Ⅲ三类，如图 1.2 所示。

(1) Ⅰ类旅行业：专门从事国际旅行、国内旅行和出国旅行三种包价旅游业务，主要是开展对外旅行业务，规模较大。

(2) Ⅱ类旅行业：从事国内包价旅行业务(包括接待到日本的入境旅游者和日本公民的出境游)。

---

① 杜江．旅行社经营管理[M]．天津：南开大学出版社，2001.6：22.

(3) Ⅲ类旅行业代理店：专门代理各类旅游产品的销售，是旅行社行业面向旅游者的窗口。

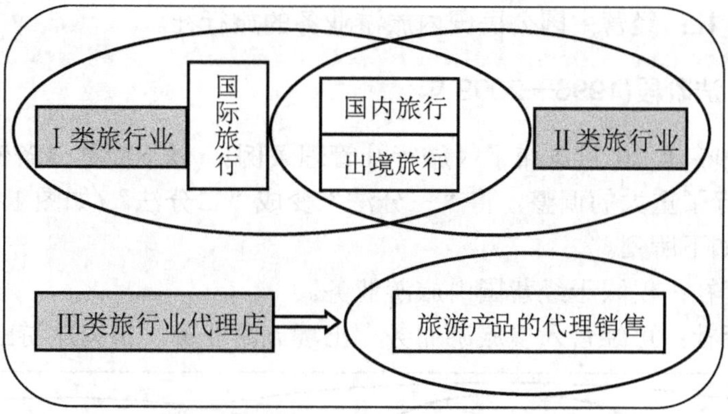

图 1.2 日本旅行社混合分类示意图

2．中国台湾旅行社分类体系

中国台湾旅行社分类体系跟日本有相似之处。根据中国台湾地区《发展观光条例》，旅行社分为综合旅行业、甲种旅行业和乙种旅行业三类，也是以水平分工为主，兼有垂直分工。

(1) 综合旅行业：经营一切旅游业务(出境、入境和国内旅游)，类似日本Ⅰ类。

(2) 甲种旅行业：经营出境旅游业务，类似日本Ⅱ类的出境旅游。

(3) 乙种旅行业：经营入境和国内旅游业务。

1.3.3 中国旅行社的分类体系

迄今为止，我国旅行社经历了四个发展阶段[①]，这四个阶段的分类体系各有侧重。

1．外联权垄断与外联权下放阶段(1978—1984 年)

在 1984 年前，全国仅“国、中、青”三家旅行社有外联权，能够经营国际旅游业务，众多中小旅行社只能经营国内业务。1984 年后外联权下放，结束了三家旅行社的寡头垄断局面，更多的企业开始经营国际旅游业务，极大地促进了中国旅行社业的飞速发展。

2．水平三分法阶段(1985—1995 年)

国务院于 1985 年颁布了《旅行社管理暂行条例》(以下简称《暂行条例》)，条例规定：按照业务范围将我国旅行社划分为“一类、二类、三类”社。

(1) 一类旅行社：经营对外招徕并接待外国人、华侨、港澳台同胞来中国、归国或回内地旅游业务的旅行社。

① 邓方江．我国旅行社分工体系重构研究[D]．乌鲁木齐：新疆大学，2009：22—24.

(2) 二类旅行社：不对外招徕，只经营接待第一类旅行社或其外部门组织的外国人、华侨、港澳台同胞、归国或回内地旅游业务的旅行社。

(3) 三类旅行社：经营中国公民国内旅游业务的旅行社。

3. 水平二分法阶段(1996—2009 年)

国务院于 1996 年 10 月颁布了《旅行社管理条例》(以下简称《条例》)，该条例对中国的旅行社又进行了重大的调整，将“三分法”变成“二分法”(如图 1.3 所示)。二分法分为两部分，分别如下所列。

(1) 国内旅行社：仅限于经营国内旅游业务。

(2) 国际旅行社：可经营入境旅游业务、出境旅游业务、国内旅游业务。

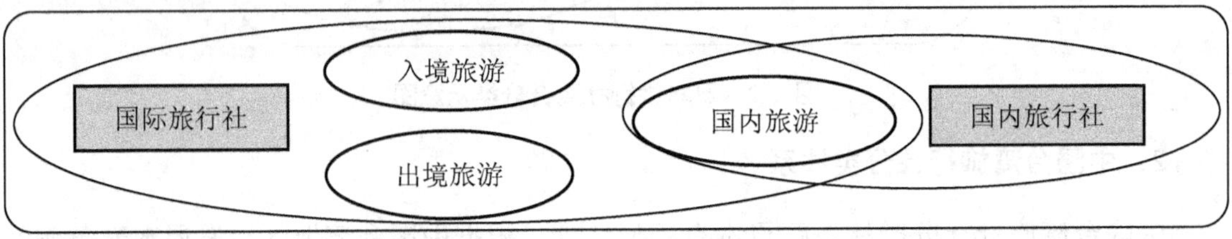

图 1.3　水平二分法阶段我国旅行社分类示意图

4. 淡化分工阶段(2009 年至今)

针对旅行社行业分工不合理、批零体系不健全，旅行社经营承包挂靠、部门管理倒挂、对过程监管严重失控，旅游市场秩序混乱(恶性竞争、零负团费、强行购物、企业拖欠)等问题，2009 年 5 月 1 日国务院签发了新的《旅行社管理条例》。

相对于旧《条例》，新《条例》有了以下变化：一是取消旅行社类别划分，旅行社只有业务划分而没有类别划分；二是降低注册资本，提高质量保证金；三是强化了对旅游市场的监管，表现为市场调节和宏观管理相结合、并重监管规范经营主体和市场，以及对“零负团费”、旅游合同细化等内容进行强调等特点；四是关于旅游合同应包含的内容作了较详细的规定；五是对增加旅游景点、自费项目和购物做了特别规定。

应该说，现阶段我国旅行社的分工体系仍属于典型的在政府主导下的水平分工，但是刻意淡化了水平分工的提法，逐渐向着“批—零”垂直分工体系转变。旅行社四次分工调整从一定程度上可以说就是我国旅行社的曲折发展，是旅行社由计划向市场转换的一个缩影。

1.4　旅行社的组织结构

1.4.1　旅行社的主要岗位及职能

我国传统旅行社大都采取内部生产过程导向的部门分类方法，这些旅行社将其主要业务分前台业务和后台业务。其中前台业务包含外联、计调、接待和综合业务(含票务)等环节，后台业务包括人力资源、财务、行政管理等环节。后台业务为前台业务进行支撑和协助作用，二者共同服务于旅行社的发展。

1. 外联

外联也被称为营销或者市场营销等。外联主要负责对外设计线路，宣传、招揽、组织游客工作，具体而言，其主要职能分为以下三点。

(1) 提供信息：做好旅游市场调查工作，及时向旅行社经营决策者提供通过调查和分析成果，以便决策者做出正确的经营决策；

(2) 设计产品：根据目标市场的特点，认真研究旅游消费者的旅游动机和消费倾向，设计有吸引力的旅游产品；

(3) 市场营销：负责招徕客户，与客户进行业务洽谈、签订旅游合同，积极参加旅游展销、促销活动，做好对外旅游宣传工作。

2. 计调

计调就是计划与调度的总称。计调负责专职旅行社内部旅行团、散客的运行接待计划，据相关信息统计，与接待相关的旅游服务采购和旅游业务调度等工作。其主要职能具体如下。

(1) 收集信息：包括收集、整理旅游行业的信息，并将汇编的信息编辑，然后存档，下发到相关部门；向决策层提供信息资料及分析报告等。

(2) 统计信息：包括编写年度业务计划，统计业务报表，编写接待报告，制订并分发旅游团的接待计划，向旅行社的决策部门、财务部门提供旅游团流量与所需房、餐、车等方面的业务统计与分析报告。

(3) 值班联络：做好昼夜值班记录和电话记录并准确无误的进行转达，掌握全社接待计划及旅游团的变更情况，及时通知有关人员与部门做好相应安排。

(4) 服务预定：根据业务合同对旅游相关服务部门进行旅游服务采购，与票务中心共同落实团队交通客票等。

(5) 调度变更：为各种原因导致的旅游团(散客)运行变更做好相应协调工作。

3. 接待

接待就是各语种导游(翻译)人员根据旅游接待计划(合同)，为旅游团和散客提供具体的旅游向导、讲解宣传、生活服务及安全照顾等工作。其主要职能如下。

(1) 按照接待计划安排和组织游客参观、游览。

(2) 落实对游客的导游、讲解，介绍中国(地方)文化和旅游资源。

(3) 配合和督促有关部门安排游客的交通、住宿、保护游客的人身和财产安全。

(4) 反映游客的意见和要求，协助安排会见、座谈等活动。

(5) 耐心解答游客的问询，协助处理旅途中遇到的问题。

经典案例 1-1

"七擒孟获"中的向导官

三国时，诸葛亮五月渡泸，深入不毛。他知道"向导"的重要性，就使用了熟悉云南地理的永昌人吕凯为行军教授兼向导官，并按照吕凯所绘《手蛮指掌图》进军入滇，从而获得七擒七纵孟获的胜利，使南方少数民族各首领心服口服，声称"丞相天威，南人不复反矣"。从此，诸葛亮六出祁山、九伐中原有了一个稳定的大后方。

【点评】诸葛亮能取得此次南征的胜利，应该说很大程度上与向导官吕凯的贡献有关。向导在组织前往不熟悉地区的活动中起着不可替代的重要作用，旅游导游也是如此，他们可以被誉为"游客之师"。

4．综合业务(含票务)

旅行社的综合业务主要涉及散客旅游服务(咨询、招揽、单项委托)等业务。具体而言，其主要职能如下。

(1) 受理旅游咨询：向旅游者提供包括旅游交通、饭店住宿、餐饮设施、旅游景点、旅行社产品种类与价格等各种与旅游有关的信息和建议。该服务一般不向旅游者收取费用。

(2) 办理单项委托业务：通过当地委托、联程委托和国际委托等不同方式为旅游者提供导游服务、交通集散地接送服务、代办交通及文娱票据、代订饭店客房、代办参观游览项目、代办护照和签证、代办旅游保险等单项服务。

(3) 销售选择性旅游产品：向散客旅游者销售短程旅游产品和单项旅游产品，如包价旅游的可选择部分、散客的市内游览、晚间娱乐活动、风味品尝、旅游景点"一日游""多日游"等项目。

(4) 处理散客票务预定：根据接待计划，由票务(或与票务中心协作)预定好旅行社所需要的散客交通客票。

需要补充的是，在旅行社的经营管理中，市场营销、计调、接待构成旅行社具体操作的三大基本模块，其中计调处于中枢位置，往往决定着旅行社赢利能力高低、内外运转衔接顺畅与否。

1.4.2　旅行社的组织结构设计原则

1．为战略目标而设置原则

旅行社的组织结构是为保证旅行社经营战略目标的实现而设置的，因此，必须围绕旅行社的经营战略目标来设置组织结构。旅行社应因事设置机构并明确职能，再配备以合适的工作人员。

2．因生产专业化而设置

将相类似的工作尽量同类化来实现专业化运作，以减少工作重复，节约成本和运作时间；必要的分工也会提高效率，减少因工作交叉而带来的效率低下。

3. 适度管理跨度原则

管理跨度是指一个管理人员所拥有的直接下属的数量。跨度小则意味着管理工作负荷量小；反之，则工作负荷量大。跨度大小具体要因管理工作的复杂度、任务性质和管理人员及员工的素质等因素而定。

4. 集权与分权原则

权利的集中与分散是辩证统一的。组织的决策是否有效，下属的工作积极性是否得到有效发挥是衡量其合理性的尺度。适度分权可以减轻高层管理者的工作压力，使之更集中于重大问题的研究与决策，也可以充分调动下属的聪明才智；但过度分权会导致个人主义和本位主义，以致集体组织成本增加。

5. 社会适应度原则

组织设计应与当地政治、经济和社会制度保持同步，便于业务联系与沟通。

1.4.3 旅行社的传统组织结构

我国旅行社的传统组织结构围绕着旅游市场出现了以下几种。

1. 直线职能式

早期的旅行社按照“直线职能式”设置部门，如图 1.4 所示，小规模的旅行社也采用。这种部门设置的好处是简单、灵活，反应快捷；遵循了职业专门化的原则，可以简化训练工作；提高工作效率，比较适合处于组织成长阶段的企业。其缺点也很明显：过分专业化，办事效率低；各部门之间利益不均、协调困难；增加了管理协调中的难度；不利于全局性管理，尤其可能会出现个人利益威胁组织利益现象。

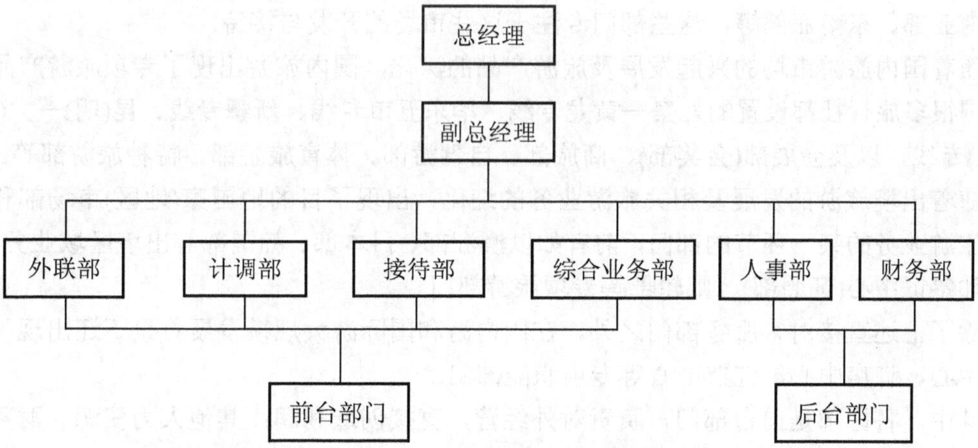

图 1.4 直线职能式组织结构图

更小规模的旅行社也采用直线职能式组织结构，一人多岗是其典型特征。对小旅行社而言，这样有利于减少中间环节，提高周转效率和工作效率，节约时间和劳动成本。

2．市场主体设部式

由于我国旅游发展道路是先发展入境旅游，再发展国内旅游，然后再发展出境旅游，具有明显的时代痕迹，其经营部门的设置根据主体市场的变化而变化，按市场主体设部是其最明显的特征，如图 1.5 所示。

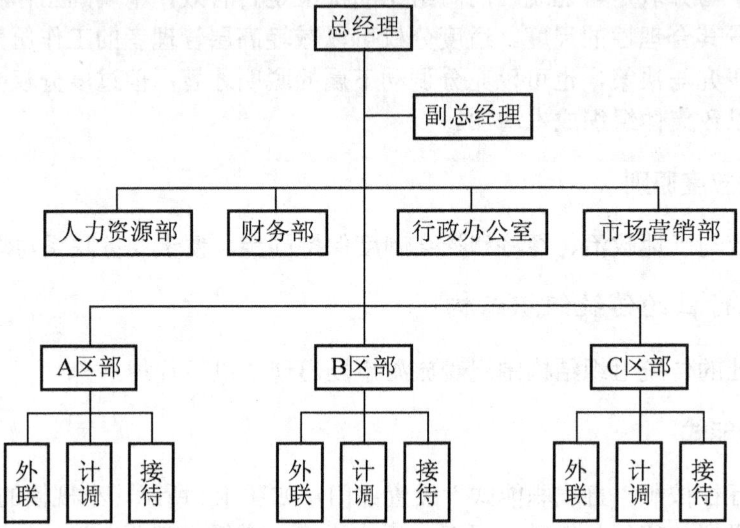

图 1.5　按市场主体设部式组织结构图

早期以入境旅游为主体市场时，我国的国际旅行社往往按照各自主要负责区域设置部门，如针对国际市场的美大部、日本部、欧洲一部、欧洲二部、欧洲三部、澳新部、韩国部、南亚部、东南亚部等，这些部门专注于这些市场的开发与接待。

随着国内旅游市场的兴起发展及旅游产品的深化，国内旅游出现了专项旅游产品部，如我国很多旅行社都设置的九寨—黄龙专线、华东五市专线、新疆专线、昆(明)—大(理)—丽(江)专线，以及会展部(会奖部)、商旅部、自驾游部、体育旅游部、特种旅游部等。

随着出境旅游的发展及相关旅游业务的细化，出现了目的地国家(地区)市场部和专门负责旅游业务的某一环节的部门，前者如以澳洲部、日本部、韩国部等出境区域业务部门，后者如签证中心(证照部)、邮轮部等专项旅游部门。

除了上述直接对客服务部门之外，在国内游和国际游大规模发展背景下还出现了电子商务中心、订房中心、订票中心等专项职能部门。

其中，各区部是前台部门，负责对外经营，直接创造利润；其他人力资源、财务等部门则为后台部门，不直接创造利润，但为前台部门服务，为前台业务发展提供有力支撑。

知识链接

企业组织架构设计

企业的组织架构就是一种决策权的划分体系以及各部门的分工协作体系。组织架构需要根据企业总目标，把企业管理要素配置在一定的方位上，确定其活动条件，规定其活动范围，形成相对稳定的科学的管理体系。没有组织架构的企业将是一盘散沙，将会阻碍企业的正常运作，甚至导致企业经营的失败；相反，适宜、高效的组织架构能够最大限度的释放企业的能量，使组织更好发挥协同效应，达到“1 + 1 > 2”的合理运营状态。

常见的企业组织架构有金字塔型(直线型、职能型、直线职能型、矩阵式、事业部制)、扁平化和智慧化(也称为C管理模式)组织结构。

企业组织架构设计没有固定的模式，根据企业生产技术特点及内外部条件而有所不同。

资料来源：企业组织架构的三大类型. 华人企业管理网，2012-11-12.

1.4.4 旅行社的组织结构优化

旅行社的组织结构优化最明显的特征是实行旅行社组织业务流程再造。随着信息技术的发展，社会对其依赖度越来越高，以信息技术为核心的组织结构调整也成为一种大的趋势。

知识链接

业务流程再造

业务流程再造的英文全称为Business Process Reengineering(简称BPR)，是20世纪90年代初兴起于美国的最新管理思想。随后，在美国及西方各类公司开始了BPR改革的热潮。BPR是国外管理界在TQM(全面质量管理)、JIT(准时生产)、WORKFLOW(工作流管理)、WORKTEAM(团队管理)、标杆管理等一系列管理理论与实践全面展开并获得成功的基础上产生的。BPR是西方发达国家在20世纪末，对已运行了100多年的专业分工细化及组织分层制的一次反思及大幅度改进，是对企业僵化、官僚主义的彻底改革。

专业制分工及组织分层制是西方工业国家取得大规模工业化成功的前提，在托福勒的《第三次浪潮》一书中，对“大就是好”的大规模生产时代进行了最详尽的描述，并预言其时代的终结。但十多年过去了，大企业并未消失，而是采用了BPR及其他先进思想使自己获得了新生。

在我国企业管理信息化过程中，特别是ERP项目实施过程中，BPR是不可或缺的一项关键性步骤，是企业管理信息化成功的重要因素。同时，BPM业务流程管理也是BPR落地施行的基础，这也是用友、金蝶等许多传统的ERP软件厂商，在BPM时代代理协达软件等新兴软件厂商BPM业务流程管理产品和技术的原因。

资料来源：百度百科. 业务流程再造. http://baike.baidu.com/view/589763.htm?fr=wordsearch

1.5 旅行社的筹建与公司组织形式

1.5.1 旅行社的筹建

筹建旅行社需要合理的组织结构、优秀的运作团队、舒适的办公条件、足够的财务能力和广泛的业务关系网络。具体地说，它需要以下5个条件。

(1) 一定数量的专业人员：如计调、外联、导游、财务、人力资源及行政管理人员。

(2) 一定的办公条件：固定的营业场所，电话、传真、打印机、复印机、扫描仪、互联网等办公设施。

(3) 一定的财务能力：包括注册资本、质量保证金及公司经营和市场开拓所需经费。

(4) 一定的交通工具：用于办公和团队接送的大小车辆(可以通过租赁等方式解决)。

(5) 一定的业务网络：包括与饭店、餐厅、娱乐、交通、购物、景区等的业务联系，与纵向和横向组团、地接旅行社的业务联系等。

知识链接

我国对经办旅行社的规定

根据我国《旅行社条例》(2009年5月)规定，经营国内旅游业务和入境旅游业务的旅行社应当向所在地省(自治区、直辖市)旅游行政管理部门或者其委托的地区的市级旅游行政管理部门提出申请，并满足以下条件：有固定的经营场所；有必要的营业设施；有不少于30万元的注册资本。

申请经营出境旅游业务的旅行社应当向国务院旅游行政主管部门或者其委托的省(自治区、直辖市)旅游行政管理部门提出申请。设立外商投资旅行社，由投资者向国务院旅游行政主管部门提出申请。

另外，经营国内旅游业务和入境旅游业务的旅行社，应当存入质量保证金20万元；经营出境旅游业务的旅行社，应当增存质量保证金120万元。质量保证金的利息属于旅行社所有。

资料来源：根据《旅行社条例》(2009.5.1)整理

1.5.2 旅行社的公司组织形式

根据不同情形，旅行社企业可以采用以下几种公司组织形式。

1. 个人独资企业

个人独资企业是指依法设立，由一个自然人投资，财产为投资人个人所有，投资人以其个人财产对公司债务承担无限责任的经营实体[①]。

① 摘自《中华人民共和国个人独资企业法》第二条。

个人独资企业特点：一是只有一个出资者；二是出资人对企业债务承担无限责任，独资者直接拥有企业的全部资产并直接负责企业的全部负债；三是独资企业不作为企业所得税的纳税主体，其收益纳入所有者的其他收益一并计算交纳个人所得税。

2．合伙企业

合伙企业是指依法设立，由各合伙人订立合伙协议，共同出资，合伙经营，共享收益，共担风险，并对合伙企业债务承担无限连带责任的营利组织。

合伙企业特点：一是有两个以上所有者(出资者)；二是合伙人对企业债务承担连带无限责任；三是合伙人通常按照他们对合伙企业的出资比例分享利润或分担亏损；四是合伙企业本身一般不交纳企业所得税，其收益直接分配给合伙人。

3．公司企业

依照《中华人民共和国公司法》(以下简称《公司法》)设立的公司企业，又分为有限责任公司和股份有限公司。

(1) 有限责任公司。根据《公司法》的规定，股东以其出资额为限对公司承担责任，公司以其全部资产对公司的债务承担责任。

有限责任公司的特点：一是有 2～50 个出资者；二是对公司债务承担有限责任；三是公司交纳企业所得税。

(2) 股份有限公司。根据《公司法》的规定，股份有限公司的其全部股本分为等额股份，股东以其所持股份为限对公司承担责任，公司以其全部资产对公司的债务承担责任。在现代企业的各种组织形式中，股份有限公司据企业组织形式的主导地位。股份有限公司是与其所有者即股东相独立和相区别的法人。

股份有限公司的特点：一是有限责任，股东对股份有限公司的债务承担有限责任，倘若公司破产清算，股东的损失以其对公司的投资额为限。二是永续存在，股份有限公司的法人地位不受某些股东死亡或转让股份的影响，其寿命较独资企业或合伙企业更有保障。三是可转让性。一般而言，股份有限公司的股份转让比独资企业和合伙企业的权益转让更为容易。四是易于筹资，因其永续存在及举债和增股的空间大，股份有限公司具有更大的筹资能力和弹性。五是对公司的收益重复纳税，公司的收益先要缴纳公司所得税，税后收益以现金股利分配给股东后，股东还要缴纳个人所得税。

4．外商投资旅行社

外商投资旅行社包括中外合资经营旅行社、中外合作经营旅行社和外商独资旅行社三类。根据我国《旅行社条例》，外商投资旅行社除了不得经营中国内地居民出境外游业务以及赴香港、澳门和台湾地区旅游业务以外，设立条件与内资旅行社完全相同。

外商投资旅行社具有代表性的有：中国第一家中外合资旅行社——中瑞合资云南力天旅游有限公司(1998)、首家商务旅行合资公司——国旅运通旅行社(2002)、首家外商控股旅行社——中旅途易旅游有限公司(2003)、中国首家外商独资旅行社——日航国际旅行社(2003)等。

本章小结

在旅行社的由来与基本内涵部分，首先阐述了旅游活动的含义、旅游业的产业内涵，然后简述了世界旅行社业的产生与发展及中国旅行社的产生，接着介绍了旅行社的基本内涵，其中包括概念、性质、行业地位与行业作用。

在旅行社的职能与基本业务部分，着重介绍了旅行社的五个基本职能、旅行社的四项基本业务。

在旅行社的分类体系部分，介绍了欧美国家旅行社属于垂直分工体系，有三分法和二分法之说；日本和中国台湾旅行社的分类体系兼有垂直分工和水平分工，属于混合分类体系；中国旅行社的分类体系则经历了下放外联权、水平二分法、水平三分法，到现在的刻意淡化水平分工提法，逐渐向着"批一零"垂直分工体系转变的四个发展阶段。

在旅行社的组织结构部分，介绍了旅行社的主要岗位及职能、旅行社的组织结构设计原则、旅行社两大类组织结构，以及旅行社的组织结构优化思路。

在旅行社的筹建与组建形式部分，则主要介绍了旅行社筹建的条件、旅行社四类主要公司组织形式。

本章是全书的理论基础。通过对这一章的学习，读者可以建立起对旅行社的初步印象，为学习后面章节中关于旅行社如何生产产品、如何开展市场营销、如何提升服务质量、如何开展主要业务部门的管理，以及如何实施旅行社的人力资源管理、财务管理、战略管理等，奠定基础。

练习与思考

一、单项选择题

1. 新中国成立以后第一家旅行社是(　　)。

A. 中国国际旅行社　　B. 华侨服务社
C. 中国旅行社　　D. 中国青年旅行社

2. 被誉为"近代旅业的鼻祖"的是(　　)。

A. 托马斯·库克　　B. 斯塔特勒·泰勒
C. 陈光甫　　D. 史蒂文森

3. 在我国设立旅行社需要很多条件，其中包括一定数量的注册资本、一定数量的取得国家规定资格的经营管理人员，以及(　　)等。

A. 300平方米以上的营业用房　　B. 旅游用豪华大巴
C. 高级注册会计师2名　　D. 必要的营业设施

4. Tour Operator指的是(　　)。

A. 旅游批发商　B. 旅游零售商　C. 旅游代理商　D. 旅游开发商

5. 以下(　　)不属于计调部的工作职责。

A. 收集和统计信息资料　　B. 值班联络
C. 质量检查　　D. 落实团队安排

6. 美国旅行社分为生产商、批发商和零售商三种，属于典型的(　　)。
A．垂直分工　　B．水平分类　　C．综合分类　　D．自然分类

7. 不属于旅行社的主要业务有(　　)。
A．提供导游服务　　B．销售旅游产品
C．办理旅行证件　　D．提供膳食服务

8. 旅行社的作用体现内容不包含(　　)。
A．促进国民经济发展　　B．推动社会文化交流
C．为旅游者服务　　D．充当旅游企业的中介
E．监督旅游服务质量、维护交易公平

9. 不属于旅游零售商的特点是(　　)。
A．直接与旅游者面对面销售　　B．收入主要来自代理佣金
C．利润来自净成本加价　　D．代理多款产品

10. 出资人对企业债务承担无限责任属于(　　)。
A．个人独资企业　　B．合伙企业
C．有限责任公司　　D．股份有限公司

二、名词解释

旅行社

三、简答题

1. 简述旅行社的行业地位。
2. 旅行社的作用有哪些？
3. 简述旅行社的基本职能与基本业务。
4. 简述旅行社的各主要业务部门的主要业务。
5. 筹建旅行社需要哪些基本要素？
6. 对比我国旅行社分类体系各阶段的特点。

四、思考题

是否可以说新中国的旅行社业一开始就为我国旅游业的发展培养了大批优秀旅游行业人才，他们是中国旅游业发展的人才基础？为什么？

补充阅读

托马斯·库克与英国通济隆旅行社①

托马斯·库克(Thomas Cook，1808—1892年)，英国旅行商，出生于英格兰德比郡的墨尔本镇，近代旅游创始人。

① 根据“世界旅行商之代理鼻祖托马斯·库克”(张广瑞编译. 世界博览. 1988.10：33—35)和托马斯·库克旅行社网站(www.thomascook.com)整理而成。

托马斯·库克自幼家境贫寒，4 岁丧父，母亲改嫁。10 岁辍学从业，先在一家蔬菜花木店当帮工，后又当木工学徒。17 岁时进入拉特兰浸礼教会做诵经人。1828 年托马斯·库克成为一名传教士，云游四方，散发浸礼教会的小册子，宣传教义。这使得托马斯·库克游历了英格兰的许多地方，对旅游产生兴趣。另外，出于宗教信仰的原因，他后来成为一位积极的禁酒工作者。

1841 年 7 月 5 日，托马斯·库克包租了一列火车，运送了 570 人从莱斯特前往洛赫巴勒参加禁酒大会，往返行程 22 英里，团体收费每人 1 先令，免费提供带火腿肉的午餐及小吃，还有一个唱赞美诗的乐队跟随。这次旅游是人类第一次利用火车组织的团体旅游，它是近代旅游活动的开端。

1845 年托马斯·库克放弃了木工的工作，开始专门从事旅游代理业务，成为世界上第一位专职的旅行代理商。他在英格兰的莱斯特城创办了世界上第一家商业性旅行社，“为一切旅游公众服务”是它的服务宗旨。同年夏，出于营利目的，他组织了从莱斯特到利物浦的团体消遣旅游，为期一周，共 350 人参加，并编发了导游手册——《利物浦之行手册》，分发给旅游者。这是世界上第一本旅游指南。这次旅游的组织方式更具现代包价旅游的特点，体现了现代旅行社的基本特征，开创了旅行社业务的基本模式。

1846 年，托马斯·库克亲自带领一个旅行团乘火车和轮船到苏格兰旅行。旅行社为每个成员发了一份活动日程表，还为旅行团配置了向导。这是世界上第一次有商业性导游陪同的旅游活动。此后，他每年都要组织 5000 多人在英伦三岛之间旅行。每次他本人都亲自陪同，编印旅游指南。他成功地把铁路、水路和地上交通设施紧紧联系在一起。他的旅行社的业务得到较大发展。

1851 年，托马斯·库克组织了有 16.5 万多人参加的“伦敦水晶宫”世界博览会。他还创办名为《观光者》的月刊杂志，专门介绍各地风光和旅游者的见闻。此后，他又成功地组织了旅客参观 1853 年的都柏林展览和 1857 年的曼彻斯特展览。

1855 年，托马斯·库克组织了从英国莱斯特前往法国巴黎的旅游，在巴黎停留游览 4 天，全程用一次性包价，其中包括在巴黎的住宿和往返旅费，总计 36 先令。当时的《曼彻斯特卫报》称此举是“铁路旅游史上的创举”。由于这次活动精心筹划，旅费低廉，深受欢迎。在某种意义上说，这也是他走向世界的一次尝试，也是世界上组织出国包价旅游的开端。

到 1864 年，经托马斯·库克组织的旅游人数已累计 100 多万。1865 年托马斯·库克开办了一家旅游用品商店，同年，为了进一步扩展旅行社业务，他与儿子约翰·梅森·库克(John Mason Cook)成立托马斯父子公司(即通济隆旅游公司)，迁址于伦敦，并在美洲、亚洲、非洲设立分公司。此后，托马斯·库克又组织了到法国等地的旅游活动。

1872 年，托马斯·库克做了一次环球旅行的探索，为后来大批环球旅行团开拓了道路。参加这次旅行的共有 9 个人，托马斯·库克带队当向导，其路线是由“英国→纽约→尼亚加拉→芝加哥→盐湖城→旧金山→横滨→上海→新加坡→锡兰→印度→亚丁→苏伊士→巴勒斯坦→土耳其→希腊→英国”，全程共用了 272 天，花费 220 英镑，其中长距离的旅行主要靠轮船。在旅行期间，他把在各地的印象写成报道，由当时的《泰晤士报》的专栏连载，他回来后整理成一本书出售，书名为《来自海上与异国他乡的信——对环球旅游的描述》。

这次探索性的环球旅行有目共睹，它的成功受到世人的称颂。碰巧在同一年，法国作家凡尔纳发表了《八十天环绕地球一周》的幻想小说，其情节和托马斯·库克一行的情节有相似之处，这更表明了人们当时对环球旅行的兴趣。托马斯·库克回来后宣称，环球旅行是可行的，他的公司随时都可以出售环球旅行票。他本人亲自带领一个9人旅游团访问纽约、华盛顿、南北战争战场、尼亚加拉大瀑布、多伦多等地，把旅游业务扩展到了北美洲。这次环球旅行令他的旅行社声名远播，产生了极大的影响，使人们“想到旅游，就想到库克”。

1878年，托马斯·库克退休，业务由其子约翰·梅森·库克主持。1939年，通济隆旅行社在世界各地设立了350余处分社。

到了20世纪初，英国托马斯·库克旅游公司、美国运通公司、比利时铁路卧车公司，被称为世界旅行代理业的三大公司。

从1865年公司成立初期，全部兵马也不过老少爷俩和两名助手，到1890年，这个公司已有雇员1714名，84个办事处，85个旅行社。1911年，英国通济隆旅行公司进入中国。与此同时，它不再是单一的旅行代办机构，而是一个旅游业的直接经营者。他们创建并经营一支行驶在尼罗河上的汽船队，在怀特岛拥有一家旅馆，并在普莱斯塔丁经营一个假日野营地。该公司在世界主要市场上还开设了“旅游商品”零售店。

1892年，通济隆旅游公司创办了最早的旅行支票，可在世界各大城市通行，凡持有旅行支票的国际旅游者可在旅游目的地兑换等价的当地货币，更加方便了旅游者进行跨国和洲际旅游。通济隆旅游公司还编印了世界最早的旅行杂志，曾被译成7国文字，再版达17次之多。同年7月，年满84岁的托马斯·库克离开人世，长眠于英格兰萨里郡泰晤士河畔的瓦尔顿城。

托马斯·库克一生创造性地经营着新兴的旅游业，在世界旅游史上创造了许多项第一次。托马斯·库克作为世界近代旅游业的创始人，他的名字已成为旅游的代名词。

讨 论

1. 为什么具有开创性精神的托马斯·库克旅行社会诞生在英国，它有什么背景吗？
2. 托马斯·库克一生对旅行社的发展做出了哪些卓越的贡献？
3. 托马斯·库克旅行社有什么历史意义？

第 2 章　旅行社行业情况与行业管理

学习目标

知识目标	技能目标
1. 了解世界和中国旅行社的发展历程	1. 了解世界上第一家旅行社的产生背景
2. 熟悉世界和中国旅行社业的发展现状	2. 了解旅行社在旅游行业中的地位与作用
3. 掌握旅行社行业管理的管理组织与方法	3. 掌握旅行社行业管理的一般方法

知识结构

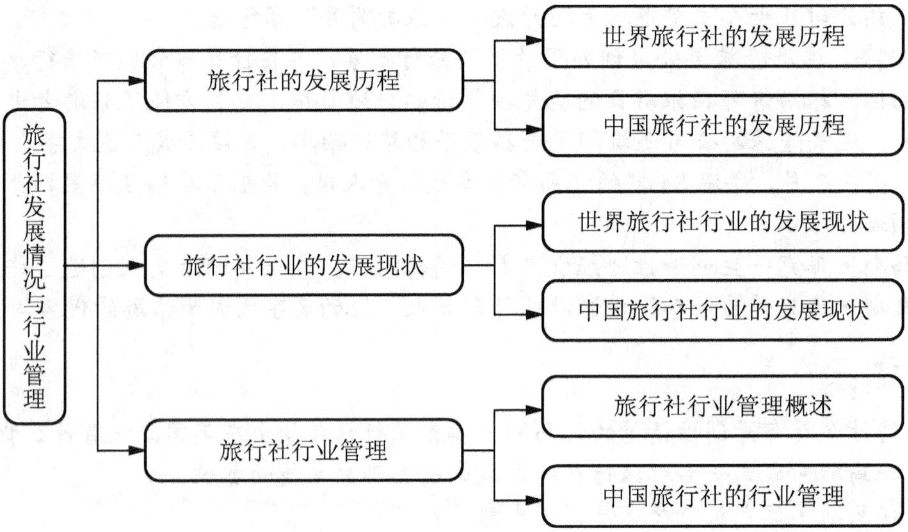

导入案例

深圳宝中旅游的快速扩张

1998年，宝中旅游的前身——深圳宝中旅行社成立。2006年开始实行产销分离，连锁加盟经营模式。自2009年1月宝中旅游以向厦门航空国旅输出管理为契机，开始全国发展战略步伐。2009年8月组建运营重庆、四川宝中。2010年宝中旅游初步实现了旅行社经营规模化，从单一入境旅行社到综合旅游集团发展的转型。截至2011年10月宝中旅游初步实现了经营规模化和全国发展规划目标，在国内完成深圳、四川、重庆、福建、山西、云南、湖南、河南、湖北、江西、江苏(苏州)、浙江(宁波)、贵州、山东、安徽、陕西16个子公司的组建运营，分布在全国各地的服务网点已达1600余家。2011年度在中国旅游集团20强中排名第15名。

宝中旅游的所有门店实行“统一采购、统一产品、统一广告、统一财务、统一人事、统一选址、统一形象、统一组团”的八统一管理。宝中旅游逐渐从地区性旅行社向全国性综合旅游集团公司转型发展，未来发展愿景是打造成为中国最大的连锁旅游(集团)服务商之一。

资料来源：宝中旅游·走近宝中. http://www.bacts.com/about.html.

【点评】在全国旅行社还在走“店中店”承包、转包的低水平发展道路时，深圳宝中没有沿袭老路走轻松收管理费的发展捷径，而是依托雄厚的资本实力和现代化的经营理念，以品牌运作的方式走了现代旅游企业连锁性扩张的道路。在短短13年，宝中旅游从一家国内小社成功地实现了到全国性连锁经营大社的规模扩张，所到之处被称为“旅游大鳄”“旅游神话”。其“八统一”经营模式引发了中国旅行社经营管理模式新的波澜，引起了行业内的广泛关注。

2.1 旅行社的发展历程

世界范围内的旅行社的发展也是经历了从无到有，从粗放到成熟，再到完善的发展过程。

2.1.1 世界旅行社的发展历程

世界范围内的旅行社业大致可以分为萌芽期、发展期和成熟期三个阶段。

1. 旅行社的萌芽期(1845年——第一次世界大战前)

从1845年世界上第一家旅行社成立以来，人们的旅游需求得到了更好地满足和引导，旅行社的前景则被越来越多的商家看好。在19世纪中后期，英国及欧洲大陆的法国、德国、比利时等国家出现了很多经营旅游业务的组织，美国的交通业巨头运通公司也抓准时机，开始经营旅游代理业务。到20世纪初，英国的托马斯·库克、美国运通和欧洲铁路卧车公司(以比利时为主)已经发展成为规模较大的旅游公司，成为当时世界旅行社行业的三大巨头。这一时期是旅行社诞生并在欧美发达国家迅速成长的时期，已经初具现代旅行社的特点，但业务范围相对较小，而且经营多为短途的旅游项目。

2. 旅行社的发展期(第一次世界大战——第二次世界大战结束)

两次世界大战给世界带来灾难，但在客观上却促进了科技的进步。交通工具的进一步改善，汽车的普及和民用航空业的兴起，使旅游活动在速度、舒适度方面有了极大的改善，人们出行日益方便；同时，发达国家工薪阶层的待遇和地位的提高，使更多的人有经济能力和时间来旅游，特别是带薪休假制度的颁布，“在 1931—1939 年，有权享受带薪假期的工人数量就从 150 万人增加到了 1100 万人”①。旅游活动能够涉及的范围正在扩大，旅行社也开始了更广泛的长途旅游项目，如横跨欧洲和北美洲之间的洲际旅游，而由于参与旅游的人越来越多，需求也呈现出不同，这使旅行社的产品走向多样化，既有豪华的“商务或娱乐航空旅行”，也有专门为工人家庭准备的“乡村采摘活动”。

3. 旅行社的成熟期(第二次世界大战后至今)

第二次世界大战后，几乎所有的西方国家的社会和经济都经历了一个复苏和快速发展时期，经济发展的契机使旅游市场迅速扩展和发展成熟起来。20 世纪 60 年代兴起的包价航空旅行，使“工薪阶级已经开始享受以前只有中上层阶级才能享受的海外长途旅行”②，大众旅游时代的到来使旅游行业的各项配套设施得以完善。而对整个旅游行业的规范也势在必行，各国纷纷出台旅游立法以约束旅游相关企业的经营行为，旅行社的发展也逐步走向法制化，并在法律和行业的约束下形成了以旅游批发商、零售商和代理商为主的成熟的行业体系。旅行社行业内部也结成多个国际性和地区性的旅行社组织，如世界旅行社协会(WATA)和世界旅行社协会联合会(UFTAA)，促进了行业交流和形成广泛的服务网络，客观上促进了旅行社业在国际上进一步发展和运营管理的完善。

知识链接

美国运通公司

旅行社界几乎无人不知美国运通。但是很少有人知道，在 163 年前创立之初，美国运通最初只是由三家快递邮件公司合并而成的快递公司，以邮件与货物快递运输服务为主业，因快速与可靠而获得信誉。发展至今日，该公司已是全球最大的独立发卡机构，拥有全球最大的旅行社，其核心业务是信用卡业务和旅游业务。

美国运通公司拥有 1030 亿美元资产，在全球 10 240 万张卡，消费金额超过 2100 亿美元，全球雇员 63 500 名，跨越 130 个国家和地区。美国运通公司年收益 316 亿美元，是世界最受尊崇的品牌之一，有数千万家特约商户。1891 年，美国运通的一个雇员发明了旅行支票，两次性的签名对证，减少了由偷盗带来的损失。旅行支票很快就成为公司的重要产

① [英]史蒂芬·佩吉，等. 现代旅游管理导论[M]. 北京：电子工业出版社，2004：27.
② [英]史蒂芬·佩吉，等. 现代旅游管理导论[M]. 北京：电子工业出版社，2004：27.

品之一。内战结束后，随着美国大众到国外旅行的人数日益增加，运通在欧洲的网络发展非常迅速。1955年，运通为客户提供了约125亿美元的旅行支票，占据了全世界旅行支票行业市场份额的75%。到了1977年，运通发放了全世界所有旅行支票的50%。直到今天，运通的旅行支票依然可以开出任何数额的金额以替代现金，在世界的很多地方使用。

1915年，开办美国运通旅行社，运通旅行社是美国运通公司下属的以办理商务旅行为主的世界第一大旅行社，在全球130个国家设有1700个旅游办事处；在全球175个国家设有2300个办事机构。

2002年12月3日美国运通公司和中国国际旅行社总社签署了合作协议，指定国旅为其在中国休闲旅游唯一的被授权特许经营伙伴，成立国旅运通公司，2005年国旅运通航空服务有限公司在上海正式成立。目前在中国已有400个以上的城市接受美国运通卡签账，包括酒店、餐厅、商店、航空公司等众多行业。

资料来源：孙扬. 中美两大鳌头旅行社成功之处比较——美国运通公司与中国春秋旅行社[J]. 商业经济，2008(1):105-107；about American Express. *American Express*[EB/OL]. https://www.americanexpress.com/.

2.1.2 中国旅行社的发展历程

中国旅行社的发展经历新、旧两个时代：旧时代(1949年以前)的艰难萌芽与困顿谋生，新时代(1949 年以后)的应时而生与调整适应。其中，新时代又在改革开放前后分为三个阶段(改革开放前、改革开放后与旅行社行业管理调整)。

1. 旧时代(1923—1949年)

这一阶段的中国旅行社行业处于艰难萌芽与困顿谋生状态。

近代中国的半殖民地半封建社会压制了中国民族产业的发展，西方列强在中国取得了各方面的特权。20世纪20年代之前，美国运通、日本国际观光局、英国通济隆相继进入中国市场，在上海、天津和广州等地开设分支机构，垄断了中国的旅游业务。1923年，实业家陈光甫借鉴外国经验，在上海商业储备银行旗下设立旅游部，经办中外交通和为留学生办理出国事宜，随后发展成为组织旅游观光的旅行社，并在1927年挂牌为中国旅行社(详见本章“补充阅读”)。

这一时期中国处于内忧外患、积贫积弱的现状，旅行社的规模非常小、数量少，且主要分布在沿海少数大城市。如中国旅行社在1927年之后曾在北京、青岛等地开办分社，在马来西亚、菲律宾、印度、越南、缅甸、美国和中国香港等地开办办事处，但由于战乱频繁、社会积贫积弱等原因，也不得不在20世纪30年代迁到中国香港。从第一家成立到新中国成立前的20多年里，中国的旅行社经历了从无到有的过程，但终因客观原因没有发展和壮大。

2. 新时代(1949年至今)

新中国成立以后，中国旅行社应时而生，并得到了逐渐成长。此时，我国旅游业选择了非常规发展模式，即先发展国际旅游，再发展国内旅游。这种模式与建国初期我国的国情相符合。

但由于在新时代初期，国家实行对旅游业不提倡、不支持、不鼓励的“三不”政策，旅游业发展非常缓慢。因此很长一段时间里，中国旅游以接待外国客人这一特定的政治任务为目的；改革开放早期，为了争取更多的外汇资金和加强国际交流，国家仍然以发展入境旅游为主导。

20 世纪 90 年代后我国国内旅游才逐步发展。1999 年，国务院推行新的休假制度，客观推动了国内旅游的发展。中国的第一家旅行社成立于 20 世纪 20 年代，但是中国旅行社业的形成却是在 1978 年中国实行改革开放政策以后。在开始实行改革开放政策以后的 20 多年的时间里，中国的旅行社业从无到有、从小到大，并随着市场经济改革的深入进行而不断得以发展。

(1) 行政化接待阶段(1949—1978 年)。新中国成立后第一家旅行社是 1949 年 11 月 19 日建立的厦门华侨服务社(现名厦门中国旅行社)。中国政府出于对外接待工作的需要，决定成立两个旅行社系统：其一是 1954 年成立的中国国际旅行社总社及其分支社，负责接待外国自费旅游者，由国务院及地方政府的外事办公室领导；其二是 1957 年由各地的华侨服务社组建而成的华侨旅行社(1974 年改名为中国旅行社)总社及其分、支社，负责接待海外华侨、外籍华人、港澳台同胞，属于政府的侨务系统。两者都是由总社负责从国外引进客源，各地分、支社负责当地的接待工作。从体制上说，两者都是直属政府的行政或事业单位。

(2) 市场化探索阶段(1978—1995 年)。

其一是在 20 世纪 80 年代初实行外联权下放。我国旅行社改革开放初期以接待国际入境旅游者为主，“国、中、青”三大旅行社总社掌握入境旅游外联权，这种格局无法满足庞大的入境旅游市场规模需要，“外联权下放”成为旅行社外联业务以市场需求为导向的转变。

其二是 20 世纪 90 年代中国三大旅游市场快速成长，入境旅游不再成为主体。中国经济增长的“投资、出口、消费”三驾马车客观促进了中国公民国内游和出境游的规模增长，旅游市场的共同繁荣刺激了旅行社行业规模的快速扩张，产生了一大批定位于国内旅游市场的中小旅行社。与此同时，这一阶段中国旅行社行业进入无序竞争的状态，1998 年亚洲金融危机以后我国出现了“零负团费”“人头费”“旅行社部门转包”现象，充分暴露了旅游市场的混乱和旅游质量严重下滑。

其三是自 1993 年开始，旅行社企业进行产权制度改革的尝试。为促使旅行社企业做到产权明晰、权责明确、管理科学，改革方向主要包括产权制度改革，开展集团化、网络化和个性化经营。20 世纪 90 年代后期，产权制度改革效果比较突出的“上海春秋国旅”和广州“广之旅”。20 世纪 80 年代起步的上海春秋国际旅行社从国内散客旅游做起，逐步在全国设立旅行社专业的广域网络，先后开展休闲包机游、境外设批发商旅行社、中外游客同车游，尝试垂直分工，构建了自己的批发——零售网络。广之旅国际旅行社股份有限公司 1998 年 6 月整体转制为股份有限公司，是广州地区首家转制的国有大型旅行社企业。经过近 10 年的发展，“广之旅”已经在泰国、马来西亚、法国，中国的香港、澳门、北京等地设有分支机构。

从一定程度上讲，我国旅行社目前仍然处于在企业化改革进程中。有些旅行社已经找到了适合的改革路径，而更多的旅行社还处在探索阶段。完成产权制度改革，实现集团化、网络化经营和个性化发展成为我国旅行社改革的必然方向。

(3) 国际化探索阶段(1995 年至今)。国际化是一个互动的过程，一是中国旅游者和旅行社走向世界，二是境外游客和旅行社进入中国市场，而中国个别旅行社如中国国际旅行社总社在 20 世纪 80 年代就走向了世界，我国最先开发的旅游市场是入境旅游。2001 年中国加入 WTO，承诺旅游市场的开放，尤其是旅行社行业。通过互动，中国的旅行社业一方面通过积极研究旅行社国际经营惯例，学习发达国家旅行社的行业分工体系与市场经营规则，走向世界旅游市场，如中国国旅、中国招商和上海春秋在境外一些国家和地区开设了办事处。另外，1998 年 10 月，国务院批准了《中外合资旅行社试点暂行办法》及 2010 年 9 月《中外合资旅行社经营出境游监管暂行办法》，既为进入中国市场的境外旅行社提供了条件，也为外资旅行社经营中国公民出境旅游提供了条件。截止到 2010 年年底，我国共有外资旅行社(包括中外合资、中外合作和外商独资旅行社)44 家，广泛分布于我国 32 个省(市、区)，尤以北京、上海和广东最为集中[①]，获得了来华入境旅游业务和中国公民出境旅游业务。

2.2 旅行社行业的发展现状

2.2.1 世界旅行社行业的发展现状

从世界上第一家旅行社开办至今，旅行社已经有 160 多年的持续发展历史。但从世界范围来看，受国家和地区经济发展水平的制约，世界旅行社的发展不平衡，地区差异明显。欧洲、北美发达国家的旅游业发展成熟，其旅行社在世界旅游接待和出境业务市场中占有主要地位；非洲地区由于经济的不发达，旅行社发展相对缓慢；亚洲特别是东南亚及太平洋地区，旅游业起步较晚，但随着经济的进步和吸收发达国家旅游业的经验，使其旅游业和旅行社业在近二三十年来有突破性发展。

1. 旅行社的生命周期进入成熟期

从第二次世界大战后到 20 世纪 90 年代初，是旅行社数量上的快速增长阶段。以美国为例，20 世纪 50 年代，航空运输协会(ATC)指定的旅行社 1949 家，到 1960 年，发展到 3939 家。1973 年年底 10 002 家，1982 年达到 20 000 家，到 20 世纪 80 年代末，突破 30 000 家，20 世纪 90 年代以后，西方国家旅行社的数量猛增的趋势有所缓和，旅游发达国家旅行社数量的基本稳定[②]。旅游发达国家一般每万人拥有一家旅行社或营业点，这种规模逐渐稳定下来。这说明旅游市场和旅行社数量形成了合适的比例，旅行社业的发展已经从粗放型的数量增长阶段进入了集约型的质量增长阶段，旅游业的生命周期在这些国家已经进入成熟期。

2. 垄断经营逐渐占据主导

发达国家旅行社行业从过去以私人企业为主体、以国家为界限的分散化市场运营，逐

① 新浪财经．出境游率先向中外合资旅行社开放[EB/OL]．http://finance.sina.com.cn/roll/20100909/04058627343.shtml。

② 国家旅游局网站．www.cnta.gov.cn。

步向以少数大企业集团为主体的国家大市场发展，并通过价值链进行纵向整合。世界旅游企业纷纷采取合并、收购、联合等多种方式扩大自己的规模，在竞争中占据优势地位。美国、德国、英国等国家的大型旅行社为主导的企业兼并、收购与战略联盟，使得发达国家旅行社的产业组织结构发生极大的变化，形成了一批对整个市场产生重要营销的旅行社行业巨头。

3．垄断旅行社体系庞大

垄断旅行社凭借其资金、信息、人才和抵御风险等方面极大的优势和在旅游产品开发、旅游服务采购、旅游接待、旅游市场开拓成熟的市场经验，建立了庞大的市场分销体系。以日本最大的日本交通公社(JTB)为例，该社 2009 年有 2500 多家分支机构，遍布日本全境，渗透到中小城市、旅游景点以及许多超市商场。同时，该旅行社在全球也广泛分布，其业务涉及旅游观光、休闲度假、饭店餐饮、会议展览、金融保险、房屋地产、建筑装饰、教育卫生、技术情报、广告娱乐、印刷出版、运输物流、网络 IT 等多个领域。旅游仍是日本交通公社(JTB)的主业，2010 年旅游收入比重达到 88.5%，占据绝对份额①。

4．信息技术广泛应用

网络最为显见的功能就是对信息的分散和再汇集。西方发达国家应用信息技术早，国民应用信息技术也非常成熟，在旅游营销领域得到了广泛的应用。如英国是欧洲最大的在线旅游市场，根据英国旅游代理商协会 2010 年的数据显示，其 52%的游客通过旅行社预订旅游产品，其中 24%游客通过网络直接与旅游经营商预订旅游产品。另外，英国有 25%的游客通过电话或网络直接向饭店预订。

网络技术在旅行社行业中的充分应用，极大地方便了旅游者，也对传统实体旅行社的经营模式提出了挑战。

5．部分发达国家的旅行社行业呈现微利状态

根据英国普利穆索尔出版公司(Plimsoll)发布的分析报告，英国 1000 家旅游经营商中有 133 家连续 2 年以低于成本的价格在市场角逐，这直接恶化了旅行社业的经营环境，进一步影响了整个行业的利润水平。全行业利润率低，平均利润仅 0.6%，而获利旅行社的平均利润率也仅为 6.8%。

6．个性化旅游需求成为市场主导

现代旅游市场需求总体呈现出差异化、复杂化、个性化和多样化的特征。传统的观光旅游模式正逐渐被追求多种兴趣以及富有新意的旅游体验所替代，人们对按自己的要求而“量身定制”的旅游安排越来越感兴趣。为适应旅游需求日趋个性化和差异化的发展趋势，旅行社逐步调整其市场营销战略，通过细分甚至超细分市场，提供多样化的旅游产品，以满足日趋复杂多变的旅游需求。大众营销战略逐步被新型营销理念和营销模式如定位营销

---

① 张斌．日本 JTB 百年长青的奥秘[EB/OL]．第一旅游网．http://www.toptour.cn/detail/info66930.html。

和一对一营销等所取代。这些营销理念针对消费者的心理需求与购买动机，准确定位、投其所好，并不断地开发和满足需求，取得成功。

在新型营销策略的影响下，旅行社提供的产品和服务越来越多样化，很多旅行社更加重视对散客的经营，以丰富多样的产品和完美的服务来赢得更多更高要求的散客市场。

2.2.2 中国旅行社行业的发展现状

1. 中国旅行社业的三大市场现状

根据国家旅游局发布的2012年全国旅行社统计调查情况公报，截至2012年年底，全国旅行社总数为24 944家，实现营业收入3374.74亿元，上缴利税31.16亿元，平均利润率为0.92%。

其中从国内旅游、出境旅游、入境旅游看，2012年度全国旅行社组织三大市场旅游人次所占份额分别为76%、15%、9%，如图2.1所示。具体分析可得以下两条结论。

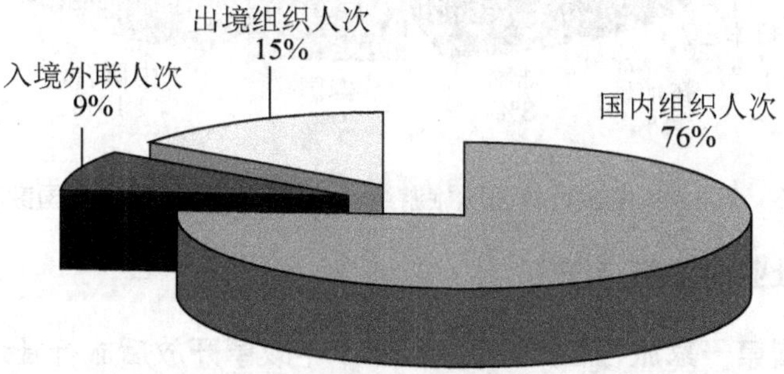

图2.1 2012年度三大旅游市场人次比较

(1) 国内旅游市场：2012年度全国旅行社国内旅游组织1.44亿人次、4.34亿人天；实现旅游收入1878.33亿元。

(2) 入境旅游市场：2012年度全国旅行社入境旅游接待0.24亿人次、0.78亿人天；实现旅游收入282.36亿元。

2012年度旅行社入境旅游接待人次排名前十位的客源地国家和地区依次为中国香港、中国台湾、韩国、中国澳门、俄罗斯、美国、日本、马来西亚、泰国、新加坡，如图2.2所示。

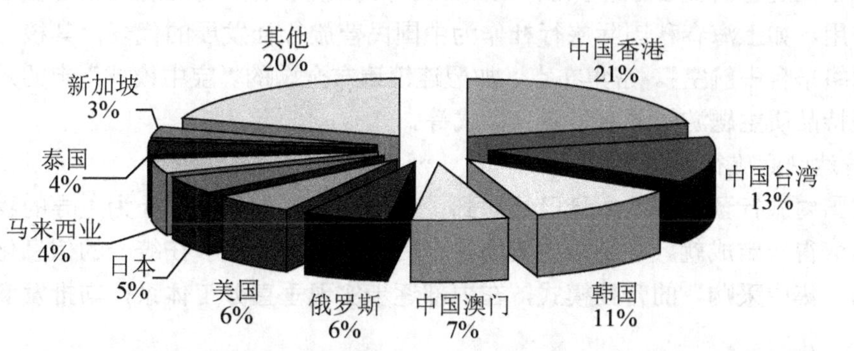

图2.2 2012年度旅行社入境旅游接待人次排名前十位的客源地国家和地区

2012年度旅行社入境旅游接待人次显示了我国的客源地国家和地区入境旅游以周边临近的东亚、东南亚的中国港澳台地区、韩日、泰马新及美国为主体客源市场。

(3) 出境旅游市场：2012年度全国出境旅游组团社组织出境旅游2830.57万人次、1.30亿人天；实现旅游业务营业收入936.06亿元。

2012年度旅行社出境旅游组织人次排名前十位的目的地国家和地区依次为中国香港、中国澳门、中国台湾、泰国、韩国、新加坡、日本、马来西亚、越南、法国。显示了我国出境旅游以周边游览为主；法国则成为中国公民洲际旅游的最热门地区，如图2.3所示。

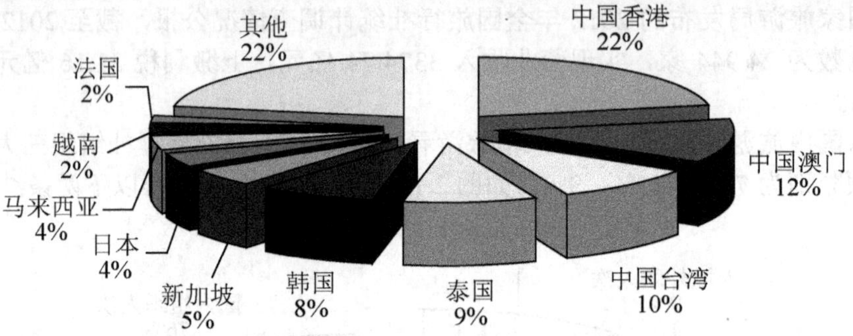

图2.3　2012年度旅行社出境旅游组织人次前十位的目的地国家和地区

2. 中国旅行社业的发展特征

自1923年中国第一家旅行社产生，到1978年改革开放后旅行社逐步步入正轨，中国旅行社从无到有，取得了巨大的进步。但与国外100多年的发展历程相比较，中国的旅行社业存在以下特征。

1) 中国的大型旅行社市场规模小、产业集中度低①

与欧美日等国大型旅行社规模大、实力强相比，中国旅游市场缺少引领者，行业集中度低造成“小弱散差”的病态市场结构，缺乏产品升级及优化的能力及动力，主要体现在产品同质化、打价格战、低利润、服务水平低、消费者需求多样化上。

2) 主流企业选择复合业态发展模式

主流企业选择的复合业态保证传统市场，开拓新市场，对现阶段旅行社发展起到了积极促进作用。如上海春秋国际旅行社作为中国民营旅行社发展的代表，其核心业态是“旅行社＋网络平台＋航空”。密集布点、加盟连锁遍布全国的“宝中模式”走的是不搞加盟与承包，坚持品质主题游的“新景界”模式等。

3) 发达网商旅行社迅速成长

目前国内旅行预订网站数量已经达到了上千家，以大型旅行社为主导的我国旅行社信息化道路取得一定成就。如港中旅集团整合后，旅行社板块“在统一的信息化平台上实行前后分离、集中采购”的管控模式，在内部逐步实现垂直分工体系，向批发商、渠道商过

① 吴晓梅．旅行社业将迎来一场革命[N]．中国旅游报，2010.10.25：第4版．

渡；将地面旅行社与“芒果网”在线旅游有机结合，形成一个立体的销售和服务网络，成为中国旅行社行业的标杆性企业。

过去的几年里，多家在线旅游企业已经率先行动了起来：芒果收购易休、易网通收购游易、艺龙也对几家酒店代理网并购、国际旅游巨头 Expedia 收购酷讯……并购的结果必然是更加激烈的竞争，在线旅游市场正处于百花齐放的时期，未来在线旅游行业的纷争会愈演愈烈①。绝大多数的中小旅行社的旅游电子商务存在起点低、规模小、发展慢等特点，其信息技术应用水平仍然任重道远。

4) 旅行社发展水平不均衡

旅行社发展水平不均衡主要体现为：一是经营水平不均衡。我国旅行社的绝对数量大，2012 年我国有 24 944 家旅行社，但经营规模小，国际社少，国内社多，绝大部分国内旅行社属于中小型企业，注册资本少，硬件设施简单，有些小到只有一间办公室，两三个工作人员，有些年接待量不足千人。二是空间布局不平衡。由于我国东部与中西部的社会经济发展水平，交通等旅游基础设施，旅游接待设施和经营管理观念存在很大差异，旅行社行业呈现出区域性非均衡发展态势。从数量上看，全国半数以上的旅行社主要集中分布在以北京、上海、广东、浙江、江苏为代表的东部沿海省，对外开放口岸城市和经济发达地区，以及客源输出地和交通枢纽地区。从经营效益上看，营业收入和上缴税金的前三位几乎每年都是北京、广东、上海三地。

5) 企业市场口碑差，缺乏行业口碑

在 2013 年 10 月 1 日《中华人民共和国旅游法》(以下简称《旅游法》)颁布实施以前，旅行社行业整体管理不规范，行业内部缺乏自律，经营诚信缺乏，诸如“零负团费”“人头费”、强迫购物等引起形形色色违规操作十分普遍。低价竞争的结果是旅行社的收入依靠“人头费”、购物及自费项目回扣等名目繁多的“灰色收入”。游客因而习惯用“黑车、黑导、骗钱、宰人”等极端的词语来描述旅行社的服务；旅游市场中关于旅游投诉屡见不鲜。这种经营状况下，基本没有旅游行业口碑，除了个别旅行社以外，整体旅行社行业口碑也难保证。

可以预测的是：中国旅行社尚处于市场化、企业化和法治化进程的初级阶段②，出现的各种问题是在市场化初级阶段的集中反映。随着旅游市场的不断发育和经济体制改革的不断深入，与国际市场的接轨不断加强，中国旅行社现阶段所面临的矛盾和问题会逐步消除。

6) 行业整体水平不高

旅行社行业整体水平不高主要表现为：其一是平均利润率水平低，2012 年全行业平均利润率为 0.92%，与英国旅行社行业利润水平相似；其二是行业学历水平低，全行业直接就业人员 318 223 人中，大专以上学历者为 222 760 人，约占 2/3；其三是主打产品层次低，观光游产品仍然是市场的主要卖点。

---

① 徐万佳．去携大战的背后[N]．中国旅游报，2012.2.20：第 8 版.

② 中国旅行社发展现状与发展对策研究课题组．中国旅行社发展现状与发展对策研究[M]．旅游教育出版社．2002：3.

2.3 旅行社的行业管理

现阶段我国旅游发展中存在“两高两弱、两化两转、一大一小”问题。所谓“两高两弱”，即人们对旅游的需求高、期望值高和旅游管理部门统筹能力弱、旅游产业支撑弱。所谓“两化两转”，即大众化的旅游需求激增、个性化的旅游服务快长，既要有效满足迅猛增加的大众化旅游观光需求，又必须立足长远实现旅游发展的转型和旅游服务方式的转变。所谓“一大一小”，即旅游大市场和政府管理小部门，严格意义上讲旅游不是单一行业，推动发展需要综合运用规划、财税、建设、监管等多种手段①。

2.3.1 旅行社行业管理概述

1. 行业协会内涵

关于行业协会尚未找到一个确切的定义，不过国内外就此讨论的不少，如下所述：

“行业协会使一些为达到共同目标而自愿组织起来的同行或商人的团体。行业协会作为企业的利益集团，代表企业界的各种利益。”——美国《经济协会百科全书》

行业协会是以增进共同利益为目的而组织起来的失业者的联合体。——日本经济界人士

英国关于行业协会的权威定义是：由独立的经营单位组成，保护和增进全体成员既定利益的非营利组织。

德国企业协会给出行业协会的定义是：行业协会是企业自由参加的注册团体，代表各个不同产业的利益。

我国关于行业协会的基本共识是：行业协会是同行业企事业单位在自愿基础上为增进共同利益，维护会员合法权益而依法组织起来的非营利性、自律性的经济类社会团体法人，具有民间性、非政府性、非营利性、行业代表性等特征。②

戴彬、杜江认为我国旅行社行业管理机构是非官方的旅行社行业协会。它是由若干旅行社为实现本行业的共同利益和目标，在自愿基础上组成的民间组织，它具有三个特征。

(1) 旅行社行业协会是民间性组织，而非官方机构或行政机构。

(2) 旅行社行业协会是旅行社为实现单个企业无法达到的目标而组成的共同利益集团。

(3) 旅行社是否加入行业协会完全出于自愿，而且可以随时退出。

在世界范围内影响最大的有世界旅行社协会和世界旅行社协会联合会，在我国影响最大的是中国旅游协会和中国旅行社协会。

2. 美日两国行业协会模式

在不同的国家，由于经济体制和政治体制不同，行业协会生产路径、管理模式也存在很大差别。美国、德国和日本代表了世界上两种发展较好的行业管理模式。

---

① 鲁勇．现代旅游“起飞”呼唤理论支撑[N]．中国旅游报，2013.08.19：第16版.

② 陈一楠．我国行业协会管理模式研究[D]．北京：首都经济贸易大学，2007.3.

(1) 美国模式：美国行业协会为民间自发的行业组织。它的特点是在行业协会的组建及日常活动下，没有专门行业协会的法律，各协会完全依照宪法赋予的“结社自由”权利组织协会。政府不加以干预，也不予资助，对所有协会一视同仁。美国行业协会的主要作用是在企业之间进行技术、信息交流与协调，以及向立法、行政部门反映本行业会员愿望；当出现政企矛盾时，可以诉诸议会，对政府施压；开展国际性交往活动等。

(2) 日本模式：相对于美国奉行的自由资本主义，日本的经济制度计划部分更多一些，政府对经济的干预更广泛深入，而不仅仅是守夜人。政府为了更好地制定指定各种各样的经济政策、产业政策，迫切需要行业协会这样的中间组织来沟通政府与企业之间的关系，因此又有人称这种模式为“政社共管”。从历史上看，日本有相当多的行业协会的前身是当时君主立宪时期由国家强制推行的，而且这种封建行会具有社会互助的传统。第二次世界大战以后，日本企业面临着来自美英等国的激烈竞争，以及对海外市场的依赖超越了单个企业的能力，因此，企业有联合的必要，有与政府合作、取得政府支持的强烈诉求。日本行业协会的主要作用是为企业提供商业、政策信息和经济技术交流、培训等服务；维护企业利益，减少中小企业交易成本，影响政府产业等政策制定；开展协调价格与行业自律；贯彻政府有关政策，协助政府进行行业管理等[①②]。

3．国际旅行社行业组织

(1) 世界旅行社协会(World Association of Travel Agencies，WATA)。世界旅行社协会于1949年正式成立，总部设在日内瓦，它是一个由私人旅行社组织而成的世界性非营利组织，其宗旨是将各国可靠的旅行社建成一个世界性的协作网络。该协会出版关于会员社提供的各种服务项目的价目表，及有关国家概况和饭店介绍的《世界旅行社协会万能钥匙》，每年一期，免费提供给各旅行社。

(2) 世界旅行社协会联合会(Universal Federation of Travel Agents' Association，UFTAA)是一个专业性和技术性组织，于1966年11月22日成立于意大利的罗马。它由1919年在巴黎成立的欧洲旅行社组织和1964年在纽约成立的美洲旅行社组织合并而成，总部设在比利时的布鲁塞尔。其会员是世界各国的全国性旅行社协会。其宗旨包括团结和加强各国全国性旅行社协会和组织之间的联系，协助解决会员间在专业问题上可能发生的纠纷；在国际上代表旅行社成员同旅游业有关的各种组织与企业建立联系并与之进行合作等。该协会还每月出版发行《世界旅行社协会联合会议使报》(COURRIER UFTAA)。

(3) 太平洋亚洲旅行协会(Pacific Asia Travel Association，PATA)于1952年1月成立于夏威夷檀香山，协会总部设在美国旧金山。其宗旨是促进进入亚太地区及亚太地区内部旅游和旅游业的发展。

4．旅行社行业自律

行业自律是为了规范行业行为，协调同行利益关系，维护行业间的公平竞争和正当利益，促进行业发展而进行的自我约束。

---

① 朴松爱，吴鸣岐．旅行社管理[M]．2版．北京：中国旅游出版社，2011.8：206-207.

② 陈一楠．我国行业协会管理模式研究[D]．北京：首都经济贸易大学，2007.3：28.

行业自律包括两个方面，一方面是行业内对国家法律，法规政策的遵守和贯彻，另一方面是行业内的行规行约制约自己的行为。而每一方面都包含对行业内成员的监督和保护的机能。

2.3.2 中国旅行社的行业管理

1. 法律与制度体系

1) 法律法规

我国旅行社行业已基本形成了系统的法律法规体系，有国家立法机关制定的法律和中央政府，国家旅游行政主管部门，地方人大与地方政府、地方旅游行政主管部门国家颁发的法令、政令、法规等，对旅游企业的经营进行管理。

(1) 国家立法机构：目前我国制定的与旅游活动开展、组织、消费等相关的法律有《中华人民共和国旅游法》(2013.5)、《中华人民共和国公司法》(2006.1)、《中华人民共和国民法》(1987.1)、《中华人民共和国消费者行为保护法》(2009.8)等。

(2) 国务院及旅游行政主管部门颁布法规：《旅行社条例》(2009)及《旅行社管理实施细则》(1996)、《旅行社质量保证金制度》、《国内旅行社业务经营许可证》(1996)，《导游人员管理条例》、《导游服务质量》及《旅行社国内旅游服务质量要求》(1996)，《中外合资旅行社试点暂行办法》(随《旅行社条例》颁布后废除)。

(3) 地方人大、地方政府及地方旅游行政主管部门颁布的地方性法律、法规及政令。如四川省的《四川省旅游管理条例》(1997)、《四川省旅游服务质量管理条例》、《四川省旅游条例》等。

2) 旅游行政管理监督制度

(1) 旅行社业务经营许可证制度。指的是经办旅行社需要旅游行政主管部门和工商行政管理部门的审核。其中《旅行社业务经营许可证》是旅行社经营旅游业务的资格证明，由具有审批权的旅游行政管理部门颁发。未取得许可证，旅行社不得从事旅游业务。持有旅行社经营许可证以后方才再向工商行政管理部门申请营业执照，开办旅行社。

(2) 旅行社监督制度。根据《旅行社条例》，各级地方政府的旅游行政管理部门可定期或不定期对本辖区的旅行社依法进行监督检查。检查内容包括旅行社的服务质量、旅游安全、资格认证、对外报价、财务账目情况、外汇收支经营情况等。

(3) 旅行社年检制度。根据《旅行社条例》，旅游行政主管部门每年对旅行社进行一次例行的业务年检。年检主要涉及调查旅行社并评估旅行社的基本情况，检查旅行社的合法经营与管理情况，检查旅行社遵守有关法律法规情况，检查旅行社安全事故、投诉与奖惩情况等内容。年检结束后，旅游行政主管部门将发布年检公告。对没有通过年检的旅行社，年检主管机关可注销其经营许可证，并通知工商行政管理部门注销其营业执照。

(4) 质量保证金制度。质量保证金是指由旅行社在成立时向银行缴纳、由旅游行政管理部门管理的、用于保障旅游者权益的专用款项。实施质量保证金是与国际通行规则全面接轨，在维护旅游者合法权益、提高旅游服务质量等方面发挥了积极作用。

旅行社质量保证金是旅行社企业财产的一部分，存入银行的保证金及其利息属于缴纳旅行社所有。在其终止经营时，旅游行政管理部门应退还保证金。

3) 旅行社行业管理体系

(1) 中国旅行社协会。中国旅行社协会(China Travel Agency Association)是由中国境内的旅行社按照自愿原则组成，并经国家旅游行政主管部门和民政部门依法登记的非营利性法人社会团体，接受国家旅游局和民政局的领导与管理，业务上接受中国旅游协会的指导。中国旅行社协会的宗旨是推行行业服务与自律管理。

(2) 地方性旅行社协会。主要是在各旅行社业发达地区组建的地方性旅行社协会，各地方旅行社协会也是在地方各级旅游局的领导之下，或者在旅游协会下领导之下，仍然是政府行政管理的附属机构，其主要活动仍被看作行政主管部门的拾遗补缺。这种协会积极促进了地方旅行社行业的管理，但这种体制也在一定程度上忽略了行业协会的生命之源——行业内所有企业的共同利益。

知识链接

旅行社质量保证金的赔偿条件

旅行社缴纳质量保证金的标准是：经营国际旅游招徕和接待业务的旅行社(含经国家旅游局许可设立的中外合资旅行社)60万元人民币；经营国际旅游接待业务的旅行社30万元；经营国内旅游业务的旅行社10万元；特许经营出国(出境)旅游业务的旅行社另缴100万元。

适用质量保证金赔偿的情形：因旅行社过错未达到合同约定的服务标准而造成旅游者经济损失的；旅行社的服务未达到国家或行业规定的标准而造成旅游者经济损失的；旅行社因歇业、解散、破产或合并而造成旅游者预交的旅游费损失的；国家旅游局认定的其他情形。

不适用质量保证金赔偿的情形：旅行社因不可抗力因素不能履行合同的；旅游者在旅游期间发生意外事故的；除了适用质量保证金赔偿的情形以外的其他经济纠纷；超过规定时效期限的；司法机关已经受理的。

质量保证金赔偿的条件：符合上述质量保证金赔偿的范围的；请求赔偿的人是旅游合法权益直接受到侵害的旅游者或其合法代理人；有明确的被投诉的旅行社、具体要求和事实根据。

资料来源：国家旅游局《旅行社质量保证金暂行规定》(19950101)、《旅游投诉处理办法》(20100401)

2. 旅游保险体系

为规范旅行社的经营行为，降低旅行社的经营风险，引入旅游保险来提高旅行社应对风险的能力，对帮助游客应对旅游过程中的不测事件起到了稳定器的作用。

旅游保险从两个角度出发，一是根据保监会与国家旅游局共同起草的《旅行社责任保险管理办法》对旅行社企业的经营行为予以规范和保护；二是由旅行社或旅游服务供应商推荐、由游客自行购买的个人相关保险，以降低因为旅游不测事件对游客带来的扩大化的伤害。

经典案例 2-1

张某获得的旅行社责任险赔偿

2006 年 3 月 24 日，张某随某旅行社参加“厦门—鼓浪屿—武夷山”双飞 6 日游。2006 年 3 月 27 日在武夷山，由于当地旅行社使用的旅游车脚踏板胶皮不牢固，导致游客张某滑倒摔伤，立即送往当地医院就诊，经医生检查确诊为骶骨骨折，其估损金额为 300 元，游客回沈阳后，继续治疗。旅行社随即向保险公司报案。经确认保险信息，该旅行社已于 2006 年 1 月 6 日在某财产保险公司投保了《旅行社责任保险》。保险期限为一年，保险金额国内旅游每人赔偿限额为 10 万元，出入境旅游为 20 万元。

经保险公司确认保险信息，游客张某是在旅游期间由于意外事故引发的事件，根据旅行社责任保险条款第二条第一、二项“在本保险合同期限内，因被保险人的疏忽或过失造成被保险人接待的境内外旅游者遭受下列经济损失，依法应由被保险人承担的经济赔偿责任，保险人负责赔偿：一是因人身伤亡发生的经济损失、费用；二是因人身伤亡发生的其他相关费用，包括医疗费，必要时近亲属探望的交通、食宿费，随行儿童或长者的送返费用，旅行社人员和医护人员前往处理的交通、食宿费及补办旅游证件的费用和因行程延迟所导致的费用”。确定本案游客滑倒摔伤，是由被保险人的疏忽或过失所致的损失，属于保险责任，应该按照保险合同赔偿。该旅行社于 2006 年 3 月投保了《旅行社责任保险》，作为被保险人，提出索赔申请是应当的，及时报案对被保险标的减少损失是很有指导意义的。

经保险公司理算，该游客在旅行社组织活动期间发生事故，属于保险责任，给付赔偿医疗费 307 元(是在保险合同约定扣除 10%免赔额后)。

资料来源：旅行社责任保险案例分析[EB/OL]. 大家保网，http://www.dajiabao.com/zixun/747.html

【点评】《旅行社责任保险》在为旅行社分散责任风险、保护广大游客利益等方面都发挥了积极作用。但是与此同时，由于我国旅游保险尚属于新兴市场，没有实践经验和充分的统计数据，旅行社责任保险还处在总结经验、不断完善的阶段。随着这一市场不断地走向成熟，出现一些问题是不可避免的，重要的是要总结经验教训，对出现的突出问题及时加以解决。在旅游市场日益红火的背景下，旅行社责任保险及相关的旅游保险应及时跟进，实现旅游保险的和谐发展。

个人游客对目前市场上的旅游保险，如旅行社责任保险、旅游意外伤害保险等认识还存在不同程度的误区。旅行社责任保险由旅行社负责投保的，旅游意外伤害保险是游客自愿买的。很多人觉得既然旅行社已经买了保险，自己的安全就有保障。其实旅行社责任保险与旅游意外伤害保险有很大差别，对于国内游，旅行社责任保险最高只能赔偿 8 万元，而旅游意外伤害保险就无此限额。因此，游客要根据实际情况来购买旅游意外伤害保险。

1) 旅行社责任保险

旅行社责任保险是指以旅行社因其组织的旅游活动对旅游者和受其委派并为旅游者提供服务的导游或者领队人员依法应当承担的赔偿责任为保险标的的保险。旅行社责任保险是承保旅行社在组织旅游活动过程中因疏忽、过失造成事故所应承担的法律赔偿责任的险种，该险种的投保人为旅行社。投保后，一旦发生责任事故，将由保险公司在第一时间对无辜的受害旅客进行赔偿。旅行社责任险具有很强的社会公益性。旅行社责任险责任限额由旅行社与保险公司协商确定，但每人人身伤亡责任限额不得低于20万元人民币。

知识链接

国家旅游局关于《旅行社责任险》的相关规定

旅行社责任保险承担责任：旅游者人身伤亡赔偿责任；旅游者因治疗支出的交通、医药费赔偿责任；旅游者死亡处理和遗体遣返费用赔偿责任；对旅游者必要的施救费用，包括必要时近亲属探望需支出的合理的交通、食宿费用，随行未成年人的送返费用，旅行社人员和医护人员前往处理的交通、食宿费用，行程延迟需支出的合理费用等赔偿责任；旅游者行李物品的丢失、损坏或被盗所引起的赔偿责任；由于旅行社责任争议引起的诉讼费用；旅行社与保险公司约定的其他赔偿责任。

旅行社不承担赔偿责任：旅游者参加旅行社组织的旅游活动，应保证自身身体条件能够完成旅游活动；旅游者在旅游行程中，由自身疾病引起的各种损失或损害；旅游者参加旅行社组织的旅游活动，应当服从导游或领队的安排，在行程中注意保护自身和随行未成年人的安全，妥善保管所携带的行李、物品；由于旅游者个人过错导致的人身伤亡和财产损失，以及由此导致需支出的各种费用，旅行社不承担赔偿责任；旅游者在自行终止旅行社安排的旅游行程后，或在不参加双方约定的活动而自行活动的时间内，发生的人身、财产损害，旅行社不承担赔偿责任。

旅行社责任保险的保险期限：一年。

旅行社责任保险的保险金额标准：国内旅游每人责任赔偿限额人民币8万元，入境旅游、出境旅游每人责任赔偿限额人民币16万元；国内旅行社每次事故和每年累计责任赔偿限额人民币200万元，国际旅行社每次事故和每年累计责任赔偿限额人民币400万元。旅行社组织高风险旅游项目可另行与保险公司协商投保附加保险事宜。

资料来源：根据《旅行社投保旅行社责任保险规定》(2001年9月1日)整理

2) 游客个人旅游险种

目前大部分保险公司都开办如下旅游险种：旅客意外伤害保险、旅游人身意外伤害保险、旅客住宿人身保险、旅游救助保险、航空意外保险等险种。这类险种主要由旅行社或旅游服务供应商推荐、游客自行购买，或包含在服务承运费以内。

经典案例2-2

周先生获得的旅游意外伤害险赔偿

33岁的周先生是建设银行某支行的会计，拥有稳定的收入和幸福的家庭。年轻的周先生酷爱旅游和运动，经常与好友结伴外出游玩。2002年的夏天，周先生与朋友相约要到丰宁坝上草原骑马。到旅行社报名时，在工作人员的介绍下，购买了旅游意外伤害保险。7月20日，是一个周六，周先生一行来到了向往已久的坝上草原。刚到达目的地，他们立即兴致勃勃地来到骑马场，周先生挑选了一匹剽悍的棕马，扬鞭策马奔向辽阔的草原。蓝天白云下，在一望无际的大草原骑马奔驰，远离了都市的喧嚣，让周先生很兴奋，忘情地加快了马儿的速度。突然，一个颠簸，使周先生的身体失去平衡，摔于马下。不幸的是，由于速度过快，周先生的头部又正好碰撞在坚硬的石块上，不省人事。周先生当即被送往当地医院救治，但因伤势过重，抢救无效死亡。

保险公司在接到旅行社报案后，对事故进行了调查。通过调查得知，周先生的妻子即将临产，在得知这一噩耗后，痛不欲生。妻子突然之间失去了丈夫，尚未出生的孩子失去了父亲，一个家庭失去了生活的支柱和重要的经济来源，精神和物质的双重打击使原本充满欢声笑语的家庭变成了痛苦的深渊。保险公司以最快的速度核定了事故性质，认定属于保险责任，给付受益人意外身故保险金和遗体遣返费共计 39 000 元。

资料来源：购买旅游险是对家人负责的体现[EB/OL]. 中国平安网. http://shop.pingan.com/fuwu/yiwaixiananli/20081027154350000.shtml

【案例点评】出游过程中造成的人员伤亡对游客及其家人来说是不幸的，巨大的伤害也伤害了旅行社的正常经营。游客在出游前购买旅游个人保险，不仅可以减轻对游客及其家人的损失，而且能减轻旅行社的经营负担，在出现事故的时候减少诸多不必要的口舌周折。旅行社有在适当的时候向游客推荐保险的责任，游客也应该知晓旅游中的“不测风云”可能带来的危害而主动购买个人保险，尤其是风险性大的旅游活动项目。本着方便自己、方便大家的出发点，购买旅游个人保险是有必要的。

(1) 游客意外伤害保险：该险种属于强制性购买产品，其保费已包含在票价之内，游客在购买车票、船票时，实际上就已经投了该保险，其保费是按票价的 5%计算的，每份保险的保险金额为 2 万元。保险期限为验票进站或中途上车上船起，至检票出站或中途下车下船止。在保险有效期内，因意外事故导致游客死亡、残疾或丧失身体机能的，保险公司除按规定支付医疗费用外，还要向伤者或死者家属支付保险金。

(2) 旅游意外伤害保险：指游客从购买保险进入旅游景点或景区时起，至离开景点或景区时止的这段时间内，如因意外伤害事故而导致身亡、身残或丧失身体机能，按规定会获得全数、半数或部分保险金额。该险种适合参加探险游、生态游、惊险游的旅客投保。

(3) 旅客住宿人身保险：指在保险期内，旅客在住宿期间因遭意外事故、外来袭击、谋杀或者为保护自身或他人生命财产安全而致身亡、身残或身体机能丧失或随身物品被盗、被抢等而损失的，保险公司按不同标准支付保险金

(4) 旅游救助保险：这类保险是国内各保险公司普遍开办的险种，是保险公司与国际救援中心联合 SOS 推出的，游客无论在国内外任何地方遭遇险情，都可拨打电话获得无偿救助。将原先的旅游人身意外保险的服务扩大，将传统保险公司的一般事后理赔向前延伸，变为事故发生时提供及时的有效的救助。

(5) 航空意外保险：是以航空飞机旅行为保险标的一种航空保险。当承保的飞机由于自然灾害或意外事故而受损坏，致使第三者或机上旅客人身伤亡、财产损失时，由保险公司负责赔偿。该险种适合开展短期旅游时乘坐飞机的乘客。

3. 我国旅行社行业协会管理现状

1) 我国旅行社行业协会现状特征

由于我国特殊的国情，目前我国的行业组织多由政府自上而下官办而成，而不是企业之间自发联合而成。我国旅行社行业协会是典型的政府主导型，加上我国旅游市场发育的不成熟，目前我国旅行社业界还未建立有效的旅行社行业自律体系。

2) 现阶段我国旅行社行业协会的主要缺点

(1) 行业覆盖面过窄：中国旅行社行业协会覆盖面一般不超过全行业总数的40%。

(2) 行业协会性质不清：从国家到地方的旅行社协会，基本上都是挂靠或从属于旅游行政管理部门之下，其运作与效力发挥都不能离开政府的干预，往往被看作“二政府”，难以承担为行业企业代言及实现集体共同利益的目标。

(3) 协会组织缺陷：我国旅行社行业协会大都延伸了部分政府职能，协会领导人又毫无例外的由政府主管部门“任命”，其作用难以得到体现，无法充分代表会员利益。

(4) 发展落后：大多数旅行社协会职能没有得到充分发挥，且受政府职能转换制约而功能不完善。

知识链接

行业自律

行业自律是一个行业自我规范、自我协调的行为机制，同时也是维护市场秩序、保持公平竞争、促进行业健康发展、维护行业利益的重要措施。

行业自律包括两个方面，一方面是行业内对国家法律，法规政策的遵守和贯彻，另一方面是行业内的行规行约制约自己的行为。而每一方面都包含对行业内成员的监督和保护的机能。

行业自律的内涵主要包括以下五个方面：

(1) 严格执行相关的法律、法规、行业管理办法、合同法、其他相关法律、法规。

(2) 制定和认真执行行规行约“行规和行约”是行业内部自我管理，自我约束的一种措施。行规和行约的制定和执行对会员无疑起到一种自我监督的作用，推动本行业规范健康的发展。

(3) 向客户提供优质、规范服务。

(4) 行业自律也是维护本行业和企业的利益，避免恶性竞争，维护本行业持续健康的发展。

(5) 行业协会是行业自律的当然监督机构之一。

行业自律是建立在行业协会的基础之上的，如果一个行业没有一个行之有效的行业协会的话，行业自律也就无从谈起。行业自律是市场经济体制的必然产物。每个行业只有认真地做好了行业自律的工作，本行业才能得以在竞争激烈的市场中生存下去，才能有一个健康有序的市场。

资料来源：根据MBA智库百科“行业自律”相关内容整理

本章小结

在旅行社的发展历程部分，介绍了世界范围内的旅行社业大致可以分为萌芽期、发展期和成熟期三个阶段，经历了从无到有，从粗放到成熟、再到完善的发展过程。中国旅行社经历了新中国成立前后两个阶段，前一阶段属于艰难萌芽与困顿谋生，后一阶段应时而生与逐渐成长，先后又经历了行政化接待、市场化探索和国际化探索三个阶段。

在旅行社行业的发展现状部分，主要介绍了世界旅行社行业发展现状、中国旅行社行业的发展现状与发展特征。

在旅行社行业管理部分，首先对行业管理进行简要概述，介绍了行业协会的内涵、代表了世界上两种发展较好的美国和日本两种行业管理模式；其次介绍了与旅行社行业管理相关的国际行业组织、旅行社行业自律等相关内容；然后着重介绍了中国旅行社的行业管理体系中的法律与制度体系、旅游保险体系；最后扼要评价了我国旅行社行业协会管理现状。

本章旨在交代旅行社的发展现状与行业管理现状。通过本章学习，读者可以对世界范围内和中国的旅行社的发展历程和发展现状有一个大致的把握，了解我国旅行社行业协会管理现状，知晓中外旅行社的经营管理及行业管理的差距所在。

练习与思考

一、单项选择题

1．旅行社出现商务或娱乐航空旅行的产品是在(　　)。

A．旅行社萌芽期　　B．旅行社发展期

C．旅行社高速发展期　　D．旅行社成熟期

2．在市场化探索阶段我国居于垄断的旅行社不包含(　　)。

A．中国国际旅行社　　B．华侨服务社

C．中国旅行社　　D．中国青年旅行社

3．为避免在旅游景点或景区内因意外伤害事故而导致身亡、身残或丧失身体机能而造成的额外伤害，游客应该购买(　　)。

A．游客意外伤害保险　　B．旅游意外伤害保险

C．旅客住宿人身保险　　D．旅游救助保险

4．新颁发的《旅行社条例》(2009.5.1)属于中国旅行社的行业管理体系的是(　　)。

A．法律法规体系　　B．监督制度体系

C．旅游保险体系　　D．旅行社协会体系

5．以下不属于行业协会特征的是(　　)。

A．民间性　　B．非政府性　　C．营利性　　D．行业代表性

6．(　　)险种的保费已包含在票价之内，游客在购买车票、船票时，实际上就已经投了该保险，保险期限为验票进站或中途上车上船起，至检票出站或中途下车下船止。

A．旅行社责任　　B．游客意外伤害

C．旅客住宿人身保险　　D．旅游求助保险

7. (　　)属于“双证制度”，需要旅游行政管理部门和工商行政管理部分别审核允许。

A．旅行社业务经营许可证制度　　B．旅行社监督制度

C．旅行社年检制度　　D．质量保证金制度

8. (　　)适合游客从购买保险进入旅游景点或景区时起，至离开景点或景区时止的这段时间内，如因意外伤害事故而导致身亡、身残或丧失身体机能，按规定会获得保险救助。

A．旅行社责任保险　　B．游客意外伤害保险

C．旅游意外伤害保险　　D．旅游救助保险

9. 中国旅行社业的各省市(自治区)现状中，(　　)不属于旅游强省传统前三甲。

A．北京　　B．上海　　C．四川　　D．广东

10.在新中国建立以后中国旅行社经历的初步市场化探索阶段，呼吁对“国、中、青”三大旅行社总社掌控的(　　)下放，以进一步满足入境旅游的需要。

A．自主经营权　　B．外联权　　C．监管权　　D．审核权

二、名词解释

1．质量保证金

2．行业协会

3．行业管理

三、简答题

1．比较日本、美国旅行社行业管理两种不同模式的各自特点。

2．比较世界与我国旅行社行业的发展特点，并简析原因。

3．世界旅行社行业发展现状是什么？

4．中国旅行社行业发展现状是什么？

5．现阶段我国旅行社行业协会管理的主要特点是什么？有什么缺点吗？

6．简述我国旅行社行业管理体系的基本内容。

四、论述题

试论述我国旅行社行业发展现状及“零负团费”“人头费”现象。

补充阅读

中国旅行社与实业家陈光甫[1]

民国时期陈光甫是一位极富传奇色彩的人物，是“中国最成功的银行家之一，也是那个时期最具影响力的一位工商界领袖”[2]。其成功创办并经营被誉为“中国花旗银行”的全国最大私营银行——上海银行；日本人将他看作“江浙财阀”的主要代表人物；美国人称

① 王专．陈光甫与中国近代旅游业[D]．苏州：苏州大学，2009.4．有改动

② [美]费正清，费维恺．剑桥中华民国史(上卷)[M]．北京：中国社会科学出版社，1993：848

他为“中国的摩根”。但是旅游界更忘不了的是他一手创办的中国旅行社给中国旅游业带来的深远影响。

1. 生平

陈光甫(1882—1976年)，原名辉祖，后易名辉德，字光甫(英文名 Kwang Pu，K.P.)，镇江商人家庭出生，那个时期著名银行家与工商业领袖。

1898 年陈光甫考入待遇优厚的汉口海关，进入邮政局工作(当时邮政局由海关兼营)。海关、邮局在西人的管理下，重视人才培养、制度规范合理、管理严明有序，令陈光甫耳目一新，若干年后，陈光甫将这些优秀的管理制度与管理方法用到了上海银行及中国旅行社的管理之中。

1904 年，在准岳父景维行(奥地利商人 Ornoed Karlberg Co.买办)的推荐下，陈光甫以美国圣路易斯博览会代表团成员身份，第一次走出国门。博览会年底闭幕，一心向往西学的陈光甫仍留在美国，辗转求学，后进入费城宾夕法尼亚大学的沃顿商学院。

1910 年，陈光甫学成归国后，受圣路易斯博览会时结识的朋友陈琪邀请，到南京负责南洋劝业会外事科工作。陈光甫辅助陈琪，与同仁们精诚合作，详加谋划，认真工作，成功举办了全国性规模、内容丰富、盛极一时的博览会。

1911 年 12 月，陈光甫受江苏都督程德全委托将裕苏官银局改组为江苏省银行，时为全国第一家美式省办银行。

1915 年 6 月 3 日，上海滩资本最小的银行——上海商业储蓄银行在宁波路八号正式开业，陈光甫任总经理。当时上海新式的银行中，资本额最低的中华商业储蓄银行是 25 万元。上海银行号称是资本额 10 万，实收仅不足 8 万，行内职员 8 人。到 1936 年，上海银行资本额已增加到 500 万元，存款额高达约 1.5 亿多元，约占当时私人银行存款总额的 1/10，是当时国内最大的私人商业银行。

2. 创办旅行社

1923 年 8 月，陈光甫出于“与人方便”和“挽回中国之利权”的想法，感慨自己“一生最大得益之处，就是旅行”，在上海银行总行创立旅行部，专司办理代售车船票等旅行业务。由此，标志着中国近代旅游业的正式诞生。

至 1927 年旅行社独立之前，中国旅行部分支机构已达 11 处。它们主要分布在中国各重要城市铁路沿线与长江各埠，例如沪宁、沪杭甬线的南京、镇江、无锡、苏州、杭州，津浦及北宁铁路沿线的蚌埠、济南、天津、北平、奉天，长江沿线的汉口等。

3. 旅行社的主要业务

旅行部除了电信、会计两个基本内务部门以外，相继成立了车务科代理铁路车票业务，航务科代理船票发售，出版科出版定期刊物及旅游指南。后来又依托购买的 3 辆福特卡车，设立了行李科，主要代理客票，发行英文旅行支票，办理行李托运，车站码头接送，组团旅游等，为到华外国人提供导游、行李照料、代订客票及住宿服务，办理国人及华侨出国手续外，重点开展代办学生留洋手续。

1926 年春旅行部组织了 20 余人的日本观樱团，在两周的时间内游览了长崎、京都、东京、日光、大阪等日本名胜，成为中国组团出境旅游的开端。1924 年 3 月，为便利旅客出国赴美、开发学生留洋业务，旅行部出版了《游美手续辑要》。鉴于当时国人视入川如畏途，为宣传西部名胜，发展西部经济，旅行部又特地编辑出版《游川须知》，共13章，对汉口、宜昌、重庆和成都等沿途重要城市及入川交通进行扼要叙述，这是中国旅行社“最早之出版物”。1927年春，旅行部正式创刊《旅行杂志》。

4. 中国旅行社的独立

1927年，经上海银行董事会研究，拨款5万元，使旅行部与银行分立。同年6月1日废“上海商业储蓄银行旅行部”，改称“中国旅行社”，各地的旅行分部也改称“中国旅行社某某分社”，1927年，随着旅游业务的发展，该旅行部独立为中国旅行社，并于1928年1月获得国民政府交通部旅行业元号执业证书。至此，在中国的经济体系划分中，旅游业正式占有一席之地。

中国旅行社在组织结构方面完全按照西方现代企业制度建立。最高负责机构为董事会，董事会成员皆由出资机构上海银行派出，陈光甫任董事长。

5. 继续发展

1934年10月15日，新加坡分社正式成立。这是中国旅行社在海外成立的第一个分社。受制于战争的影响，美国分社无法实现。

后来，中国旅行社业务向住宿业、铁路餐饮业和货运业拓展，分别以自办、合作、承办3种方式创办都市现代化饭店、交通枢纽地区经济型招待所及风景名胜区招待所，承办津浦铁路餐车，租赁场所、开办行李房、办理货物包裹等运输。至抗战前，货运、客运、招待所成为中国旅行社的三大基本业务。

6. 停业与消退

1949年中华人民共和国成立后，政治、经济、社会发生巨大变革，中国旅行社的业务逐渐萎缩。1954年，陈光甫移居中国香港，中国旅行社遭受重挫，几乎陷于停顿。1954年，大陆中国旅行社终于宣告正式结束经营，标志着中国近代旅游业结束。

7. 中国旅行社对中国旅行社业的影响

1927—1949年的20多年间，中国旅行社一直是中国最大的旅行社，唯一一家具有全国性经营网络的旅行社。抗战之前，中国旅行社达到鼎盛时期，国内外分支机构已高达80多个，其业务遍及国内及东南亚等地，与英国通济隆、美国运通公司等国际著名旅游公司建立起了广泛的协作关系，是当时国际上最大的旅行机构之一。

讨　论

1. 陈光甫为何能创立中国旅行社？
2. 中国旅行社创立在中国什么样的大背景下实现的？
3. 陈光甫创立中国旅行社的历程对今天中国旅行社业的发展有什么可借鉴意义？

第3章　旅行社产品开发与定价

学习目标

知识目标	技能目标
1. 了解旅行社的产生过程	1. 了解世界上第一家旅行社的产生背景
2. 了解旅行社的行业作用与行业地位	2. 熟悉旅行社在行业中的地位与作用
3. 熟悉旅行社产品的开发原则	3. 掌握旅行社产品的定价方法
4. 掌握旅行社产品开发流程与定价方法	4. 掌握旅行社服务采购的要点与方法

知识结构

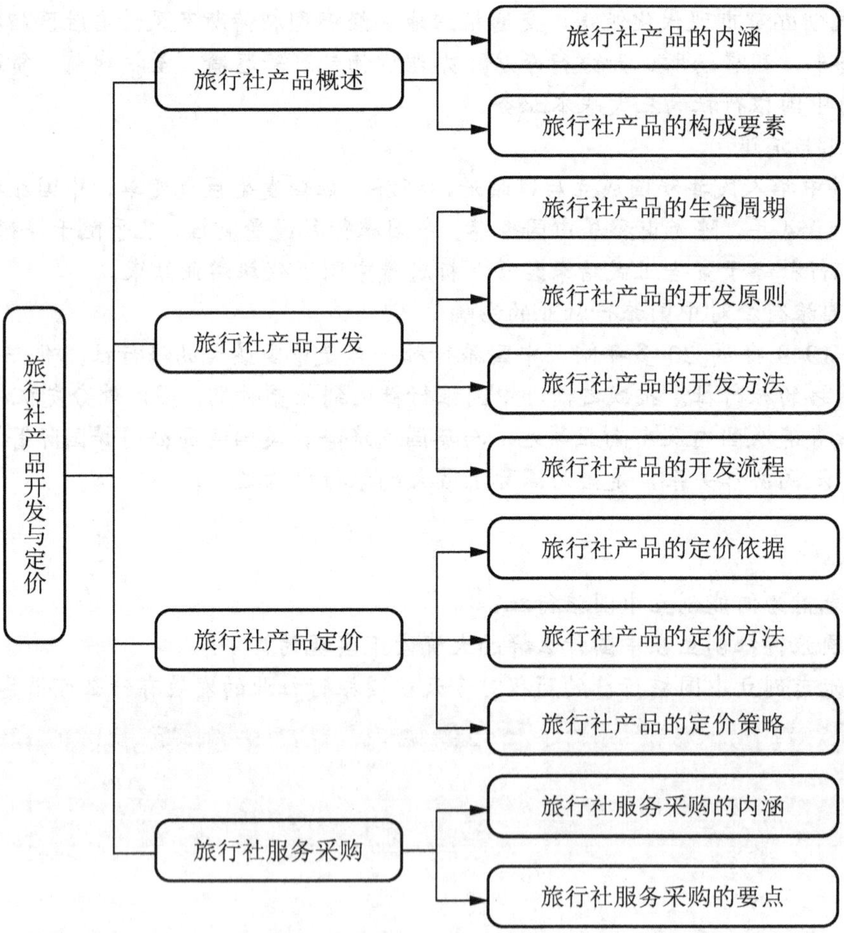

导入案例

定制旅游产品——旅游产品开发新模式？

2013 年年底，随着冯小刚导演的贺岁大片《私人订制》上线，与其相关的概念产品也火爆起来。眼下，正值春节旅游旺季，不少旅游企业也纷纷打出“私人订制旅游”的概念。

春节带着全家去哪里玩，怎么过一个轻松愉快的假期，这是一大家子亲友交给陈欣的重托，为此陈欣花了不少时间泡在旅游网站和铺天盖地的旅游广告中，寻找合适的旅游目的地与产品。

“一大家子出游，真心不想跟团和不认识的人凑在一起走。特别春节出游人又多又吵，一个大团的人一起坐包机，一起入住酒店，走到哪里都是人挤人，说实在有些厌倦了这样的出游节奏。”陈欣说家族出游已不是第一次，行程安排上更希望有舒适的体验感。

一周的产品查询后，陈欣初步把目标锁定了最近各家旅行社都在热推的“私人定制旅游”。“这些定制线路报价比普通产品高出 20%左右，好的方面是两人起就能成团，家族出行不用担心与陌生人拼团。欠缺方面是除了吃的、住的比普通行程好之外，并没有太多其他特色性的附加内容。”

按照陈欣的说法，记者随机对市场展开了调查，了解有关定制游产品的情况。某旅行社一款 8000 多元的定制巴厘岛产品，行程内容以海滩、漂流、SPA、下午茶为主，与常规旅行团队相比行程节奏较轻松，但主要游览内容仍是海神庙、金巴海滩等常规景点。整个定制游的亮点在于入住独栋泳池别墅、面朝海景享用下午茶。

资料来源：私人定制游迎来大众消费时代．第一旅游网[EB/OL].
http://www.toptour.cn/tab1210/info161580.htm，2013-12-25，有改动

【点评】旅游产品定制实际就是根据客户的需求进行产品开发。随着中国公民的消费心理的变化，传统团队游的人数多、游客之间互相不熟悉、玩得不开心的弊端将会受到游客的远离；追崇个性化的旅游消费成为新宠。冯小刚导演推出的热门贺岁电影会在行业中引发新一轮的潮流，但是没有创新，一味地“玩概念”，将原本已经成熟的线路做成小型团，提高食宿档次，只对客人需求进行微调，“概念”也势必走不远。如果能更多的根据客人的旅游设想，由旅行社派出资深策划师来制订个性化的旅程，从而在旅程中让游客有更多的获得感，更好地享受生活，才是代表高端市场的消费定制概念。

3.1 旅行社产品概述

3.1.1 旅行社产品的内涵

1．旅行社产品的概念

产品本是市场买卖双方交换的对象。旅行社本身并不生产产品，而是通过将旅游吸引物、旅游相关服务(住宿、餐饮、交通、购物及娱乐等)组装后形成一定主题的产品，再对

外进行推广销售。因此，有人将旅行社比作成都“麻辣烫”火锅的竹签，一支竹签串起各种美食，满足各类饕餮者的口福追求。

2．旅行社产品的类别

旅行社产品是向游客提供的旅游相关服务。

(1) 根据旅游产品的属性和主题不同，旅行社提供的产品可以是观光的，也可以是度假休闲、探亲、宗教朝圣、体育探险旅游，还可以是红色旅游、黑色旅游、探险旅游、科考旅游。

(2) 根据消费层次不同，旅行社提供的可以是经济型旅游产品，也可以是一般型、舒适型、豪华型、超豪华型的旅游产品，来满足社会不同阶层的需要。

(3) 根据跨越地域不同，旅行社提供的可以是在组织国内公民进行的国内旅游、出境旅游产品，也可以国外公民的入境旅游产品。

(4) 根据所需时间不同，旅行社的产品可以是一日内的短途旅游产品和一般旅游产品(＞24 小时)。

(5) 根据交通工具不同，旅行社提供的产品可以是汽车、飞机、火车、轮船(邮轮)旅游。单一的交通形式已经越来越少，跨越不同的地区成为主流，复合交通型旅游产品成为主流。旅行社提供的产品出现了单飞单卧、双飞、四飞之类，其中汽车以其“门对门的交通”几乎是任何旅游条件下必不可少的，因此，汽车旅游产品几乎不出现在旅游产品的提法中。

(6) 根据服务对象不同，旅行社提供的产品可以是不同年龄段的老年人的夕阳红旅游产品，也可以是青少年修学游旅游产品，商人的商务旅游产品，科学家的科考旅游产品。

(7) 按照产品包含的内容不同，旅行社提供的产品可以分为全包价旅游线路产品和半包价、小包价旅游线路产品，以及单项委托服务。

3．旅行社产品的特征

(1) 综合性。旅游产品的生产直接涉及智力(路线设计、讲解)和体力(导游陪同、生活安排)劳动；依托的部门、单位较多，地域较广，设及面宽，一个旅游产品往往孕育在非常复杂社会活动中。

(2) 无形性。旅游产品表现为客人大脑对旅游线路上多种服务的综合印象、旅游产品的价值和使用价值不是凝结在某个具体物品上，而是凝结在对无形服务的各个环节的感受中。

(3) 地域性。地域性又称为不可转移性。旅游产品生产的基础是资源及设施，而资源本身受到地域限制，旅游产品在旅行社推介销售中只发生暂时使用权的转让，而不是所有权发生变更。

(4) 产消同步性。旅游产品的生产表现为旅游服务的提供。只有当旅游者来到目的地，旅游服务才会发生，游客可预订产品但并不一定完全实现。旅游服务和旅游消费在时间空间上同时发生、同时结束的现象表现出生产和消费的不可分离性，旅游结束，服务中止。

(5) 买卖交叉性。当线路(产品)被游客预订并购买后，旅行社成为卖方；但同时又买进了旅行对象(游客)，旅行社通过计调安排，又转手(分割)批发给各地接社，地接社又零售给旅途各环节各单位，买卖互含。因此，有人又形象地讲旅行社就是“人贩子”公司。

(6) 时效性。又称为不可储存性。旅游产品的核心是服务，服务是无形服务，只有旅行者享受服务时，服务的价值和依靠物的使用价值才得以体现。因此，旅游产品具有强烈的时效性，过时即逝。对旅行社来讲时间就是生命，服务就是效益。

(7) 易折性。易折性又称为脆弱性。旅游产品的使用价值和价值的实现要受到多种因素的影响和制约，易于折损，非常脆弱。任何一个环节发生故障，无论是自然灾害或是人为因素，如地质灾害、饭店客满、汽车超载、火车或飞机事故、政策变化、国际关系动荡等，都可能影响旅游产品价值的实现，影响旅游产品的销售。

经典案例3-1

“5·12”汶川大地震对四川旅游业的破坏性影响

2008年5月12日，四川省汶川县发生了里氏8.0级的特大地震，造成四川省至少68 712人遇难，17 921人失踪，许多基础设施被严重破坏，直接经济损失8451多亿元。作为四川省支柱产业的旅游业，也遭受了巨大打击，2008年四川省旅游收入占全省GDP的比例由2007年的11.6%跌至1.4%。截至2009年8月，入境旅游人数减少185.67万人，入境旅游收入损失35 239.03万美元，国内旅游人数减少5863.74万人，国内旅游收入损失355.08亿元。

资料来源：辛亚平．“5·12”地震对四川省旅游业影响的定量评估[J]．统计与决策．2010(17)：91-93，有改动

【点评】在特大自然灾害面前人类的力量显得特别渺小。汶川大地震对四川旅游业的影响集中地体现了旅游业的脆弱性。大地震带来的破坏是毁灭性的，摧毁了大量的基础设施，造成大量的人员伤亡。这里旅游的脆弱性不仅体现在短期的游客数量显著下降，而且更重要的是旅游业恢复期非常漫长，尤其是海内外游客对四川的旅游信心的恢复。

3.1.2 旅行社产品的构成要素

旅游者在旅游中直接需要的涉及旅游必需的六大服务直接要素(食、住、行、游、购、娱)，以及满足个人生活和旅行安全单项服务等间接要素，如图3.1所示。

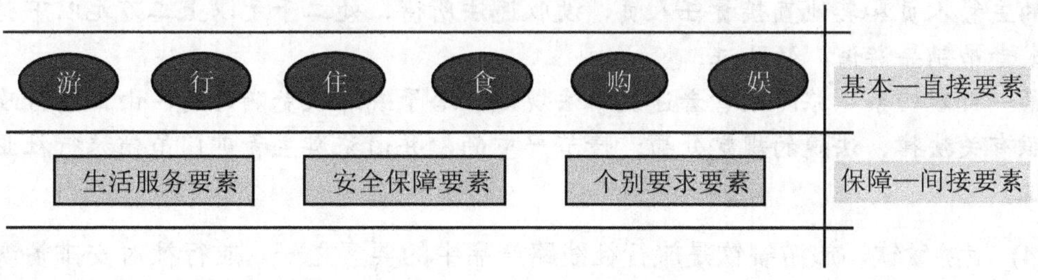

图3.1 旅行社产品的构成要素

1. 直接服务的六大要素

(1) 旅游交通。旅游交通作为旅游业三大支柱之一，是构成旅行社线路产品的重要因素。交通工具有民航客机、旅客列车、客运巴士、轮船(或游轮、游船)等。安排旅游交通方式的原则应当是集方便性、安全性、快捷性、舒适性于一体，并带有一定享受性。

(2) 旅游住宿。住宿一般占旅游者旅游时间的三分之一，它是涉及旅行社线路产品质量的重要因素，旅行社线路产品中必须注明入住饭店的名称、地点、档次以及提供的服务项目等，不得随便更改。安排旅游住宿的原则通常是根据旅游者的消费水平来确定的；对普通旅游者而言，卫生整洁、经济实惠、服务周到、交通便利者是上选。

(3) 旅游购物。旅游购物是旅游基本消费基础上的额外消费活动，是旅游活动的重要组成部分，是目的地附加旅游收入的重要来源。旅游购物分为定点购物和自由购物两种，前者是旅游者到旅行社制定的商店购物，后者是旅游者利用自由活动时间自己选择商店购物。《旅游法》实施以前随着“零负团费”现象的出现，强迫参加自费项目和购物成为旅游市场的一大顽疾，旅游投诉数不胜数。《旅游法》实施以后不敢推荐旅游购物也让游客不甚满意。选择让游客、旅行社、旅游从业人员满意的旅游购物模式有待完善。

知识链接

《旅游法》关于旅游购物的规定

第三十五条　旅行社不得以不合理的低价组织旅游活动，诱骗旅游者，并通过安排购物或者另行付费旅游项目获取回扣等不正当利益。旅行社组织、接待旅游者，不得指定具体购物场所，不得安排另行付费旅游项目。但是，经双方协商一致或者旅游者要求，且不影响其他旅游者行程安排的除外。

第四十一条　……导游和领队应当严格执行旅游行程安排，不得擅自变更旅游行程或者中止服务活动，不得向旅游者索取小费，不得诱导、欺骗、强迫或者变相强迫旅游者购物或者参加另行付费旅游项目。

第九十八条　旅行社违反本法第三十五条规定的，由旅游主管部门责令改正，没收违法所得，责令停业整顿，并处三万元以上三十万元以下罚款；违法所得三十万元以上的，并处违法所得一倍以上五倍以下罚款；情节严重的，吊销旅行社业务经营许可证；对直接负责的主管人员和其他直接责任人员，没收违法所得，处二千元以上二万元以下罚款，并暂扣或者吊销导游证、领队证。

第一百零四条　旅游经营者违反本法规定，给予或者收受贿赂的，由工商行政管理部门依照有关法律、法规的规定处罚；情节严重的，并由旅游主管部门吊销旅行社业务经营许可证。

(4) 旅游餐饮。旅游餐饮是旅行社线路产品中的要素之一。旅行社对安排餐饮的原则是：卫生、新鲜、味美、量足、价廉、营养、荤素搭配适宜。

(5) 游览观光。游览观光是旅游者最主要的旅游动机，是旅行社线路产品产生吸引力的根本来源，也反映了旅游目的地的品牌与形象。旅行社对安排游览观光景点的原则应该是：资源品位高、环境氛围好、游览设施齐全、可进入性好、安全保障强等。

(6) 娱乐项目。娱乐项目是旅行社线路产品构成的基本要素，也是现代旅游的主体。许多娱乐项目都是参与性很强的活动，能极大地促进旅游者游兴的保持与提高，加深旅游者对旅游目的地的认识。

2. 间接服务要素

间接服务要素包括个人生活要素和旅游期间的安全要素。个人生活要素包括旅途中的洗衣服务、医疗服务、通信服务、电话、兑换货币、个人商务业务等。旅游安全要素包括如旅游保险、个人身体健康与安全等服务。旅游保险可以为游客在旅游过程中发生人身和财产意外事故而引起的赔偿。

以上各种要素的有机结合，构成了旅行社线路产品的重要内容。旅行社线路产品是一个完整、科学的组合概念，完美的旅行社线路产品是通过最完美的组合而形成的。

3.2 旅行社产品开发

旅游产品不同于一般商品，它以服务为主，只能感知；它是由若干个单项旅游相关要素组合，旅行社对之不具有所有权；它在市场中也要经历试销投入、游客认可而逐渐成长成熟、新的替代产品出现而消退等过程。旅游产品的开发是旅行社生存和发展的基础与核心，是区别于其他竞争对手的重要手段。旅行社对产品的开发绝不是简单的组合与拼凑，必须遵循一定的原则，采用一定的科学方法。

3.2.1 旅行社产品的生命周期

跟一般商品一样，旅游产品的生命周期也可分为引入期、成长期、成熟期、衰退期四个阶段，如图 3.2 所示，其中产品开发属于引入期。

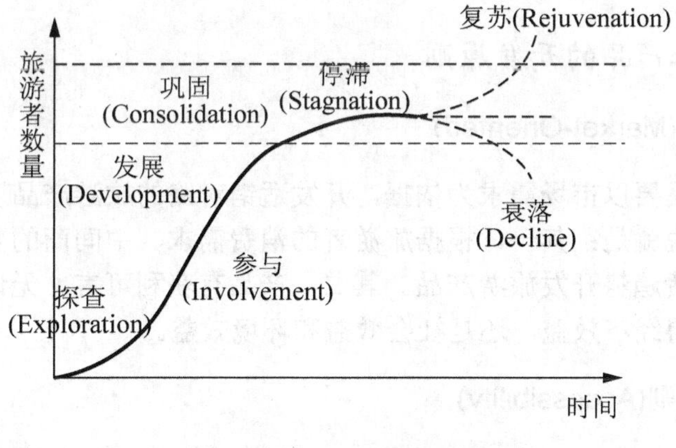

图 3.2 旅游产品生命周期示意图

在引入期这一阶段，用户对该旅游产品不了解，数量增长缓慢。旅游产品属于探索阶段，市场前景不明朗，可能会因为产品没有市场销路、成本控制不严而夭折。

知识链接

产品生命周期理论

产品生命周期(Product Life Cycle，PLC)，是指产品的市场寿命。一种产品进入市场后，它的销售量和利润都会随时间推移而改变，呈现一个由少到多、由多到少的过程，就如同人的生命一样，由诞生、成长到成熟，最终走向衰亡。在市场中体现为产品从进入市场开始，直到最终退出市场为止所经历的市场生命循环过程。产品生命周期理论是美国哈佛大学教授雷蒙德・弗农(Raymond Vernon)1966 年在其《产品周期中的国际投资与国际贸易》一文中首次提出的。

生命周期曲线的特点：在产品开发期间该产品销售额为零，公司投资不断增加；在引进期，销售缓慢，初期通常利润偏低或为负数；在成长期销售快速增长，利润也显著增加；在成熟期利润在达到顶点后逐渐走下坡路；在衰退期间产品销售量显著衰退，利润也大幅度滑落。其不同阶段特征见表 3-1。

表 3-1　产品生命周期不同阶段特征表

	导入期	成长期	成熟期		衰退期
			前　期	后　期	
销售量	低	快速增大	继续增长	有降低趋势	下降
利润	微小或负	大	高峰	逐渐下降	低或负
购买者	爱好新奇者	较多	大众	大众	后随者
竞争	甚微	兴起	增加	甚多	减少

3.2.2　旅行社产品的开发原则

1．市场性原则(Market-Oriented)

市场性原则就是要以市场需求为依据，开发适销对路的旅游产品以最大限度地满足旅游者的需要，展开说就是：其一，根据旅游者的消费需求、中间商的要求开发设计产品；或者瞄准未来的消费趋势开发旅游产品。其二，产品有获利可言。无论是长期的还是短期的效益，无论是获得经济效益，还是社会效益和环境效益。

2．可进入性原则(Accessibility)

可进入性原则就是指目的地是可以进入的，无论是采用哪种交通方式。进入以后能够有效地在目的地进行各种旅游体验。结束后能够及时、方便、安全地从目的地回到客源地。

3．最大效益原则(Beneficial-Mostly)

最大效益原则具体体现为：其一，安排知名度最高的、目的地最有代表性旅游活动项目；其二，安排内容丰富多彩、符合消费者个性心理特征的旅游活动项目；其三，尽量安排游缓旅急，更多地体验旅游活动；其四，在旅游空间位移时，要方便快捷，不走回头路，围绕线状、环状和放射状进行线路设计，且点间距离适中；其五，择点适量、合理搭配，即是要选择温冷点适中、地方性与民族性相结合的、最具代表性的旅游活动；其六，突出主题，特色各异，旅游产品主题越突出，对旅游者的吸引力越强。

知识链接

环状、线状和放射状线路

线状线路如“北京—西安—上海—桂林—香港”的旅游线路，就是以北京为起点，香港为终点，成为一个线状线路。

环状线路从起点和终点可以是同一个节点，中间串联若干个节点，而最后的终点即起点，如“拉萨—羊卓雍湖—浪卡子—江孜古城—扎什伦布寺—拉萨”。环状线路中往往有一个中心城市，充当出入境口岸城市或一个区域的交通枢纽城市。

放射线路以一地为放射核心，向四周多个终点目的地辐射，如“成都—九寨沟—黄龙—成都”，“成都—都江堰—青城山—成都”，“成都—峨眉山—乐山大佛—成都”。这里成都充当了辐射核心，是四川省内最为重要的旅游中转站。

4．以人为本原则(Human-Oriented)

一要重视旅游者的需求及其变化，要根据旅游体验效果递进的特点：“序幕→发展→高潮→尾声”进行产品开发；二要注意新奇与熟悉相结合，常规服务要素设计与个性化设计相结合。

5．机动灵活原则(Flexibility)

产品搭配既要考虑它的有效供给，各项服务设施要得到保障，承诺的服务要兑现，又要考虑因时间、突发事件造成的变化，保持一定的机动灵活，以实现旅游产品的可持续的、规模性经营。

6．时效性原则(Timing)

一方面，旅行社在产品设计时，必须对该产品在何种时段投放最为合适进行考虑；另一方面，体现在对社会信息的即时采集，在最佳时机推出最适合市场需求的产品。过季的产品往往跟市场需求量小、运行成本高、运行稳定性差等相关联。

7．安全性原则(Safety)

具体地说，既要考虑到设计的产品的可进入性，又要兼顾其安全性。在易出现影响游客安全的目的地，如恐怖活动地区(埃及等中东地区)、政局动荡地区(2012 年以来北南朝鲜局势)、地质灾害频繁地区(“5·12”汶川大地震后的四川阿坝州地区)、军事冲突地区(2010 年以来“阿拉伯之春”导致局势持续动荡的利比亚、叙利亚地区)和社会治安存在隐患地区(如 2013 年频繁出现针对各国女性“性侵犯”问题的印度)，尽量避免安排旅游活动，已经开发有市场需求的要妥善安排，周全考虑各方安全与救护，统筹协调各方力量，把可能出现的灾害掌控在可控范围之内，对各种可能问题防患于未然。

3.2.3 旅行社产品的开发方法

旅行社产品开发根据阶段不同，采用的方法也不一样。

1．前期方法

往往在旅游产品资源查询的基础上，采用头脑风暴法、特尔斐法对即将开发的产品主题进行讨论，设计出即将开发的旅游产品的主题。

知识链接

头脑风暴法与特尔斐法

头脑风暴法(Brainstorm)又称智力激励法，由现代创造学奠基人美国的奥斯本提出，是一种创造能力的集体训练法。它把一个组的全体成员都组织在一起，使每个成员都毫无顾忌地发表自己的观念，使每个人都能提出大量新观念、创造性地解决问题的最有效的方法。它有四条基本原则：第一，排除评论性批判，对提出观念的评论要在以后进行。第二，鼓励“自由想象”。提出的观念越荒唐，可能越有价值。第三，要求提出一定数量的观念。提出的观念越多，就越有可能获得更多的有价值的观念。第四，探索研究组合与改进观念。除了与会者本人提出的设想以外，要求与会者指出，按照他们的想法怎样做才能将几个观念综合起来，推出另一个新观念；或者要求与会者借题发挥，改进他人提出的观念。

特尔斐法又称专家意见法。该方法主要是由调查者拟定调查表，按照既定程序，以函件的方式分别向专家组成员进行征询，而专家组成员又以匿名的方式(函件)提交意见。经过几次反复征询和反馈，专家组成员的意见逐步趋于集中，最后获得具有很高准确率的集体判断结果。

资料来源：根据 MBA 智库百科及百度百科有关资料整理

2．中期方法

往往采用网络营销设计法、层次分析法、因子—聚类细分法和旅游地图法。对围绕主题开发出来的旅游服务要素的可行性进行探讨。

(1) 网络营销设计法以互联网为依托，对旅游产品进行市场调研、产品宣传与业务推介、网上交易及善后处理的方法。

(2) 层次分析法是将决策总是有关的元素分解成目标、准则、方案等层次，在此基础之上进行定性和定量分析的决策方法。

(3) 因子—聚类细分法是一种比较复杂的界定细分市场的方法，首先需要将错综复杂的影响因素(变量)列出，进行因子分析；然后将一定数量的样品或关键指标各自看成一类，然后按照样品(或指标)的亲疏程度进行合并；经过多次合并，直至将所有样品(或指标)合并为一类，完成因子聚类。这种方法便于对产品要素进行归类，可以进行最优要素设计或者准备多个备选方案。

(4) 旅游地图法是将旅游要素直观地在旅游地图上显示的方法，这些要素涉及旅游目的地、旅游线路、旅游景观、旅游交通和旅游服务设施等。它不仅能正确、形象、直观地表示旅游区域旅游要素的数量、质量及空间分布情况，而且能形象地反映区域的旅游历史、旅游资源、旅游环境、旅游经济等丰富的内涵。

3. 后期方法

后期往往采用旅游企业经济效益分析法和SWOT分析法。前者针对开发出来的旅游产品从企业投入与产出(量、本、利)之间的比较，分析利润、盈亏平衡和边际效益。

后者从分析企业的内部优势、弱点出发，便于分析企业面临的外部机会与威胁。威胁和机会来自竞争相关的外部环境因素，也可能来自竞争对手力量与相关因素变化，或二者兼有。将外部机会和威胁与企业内部优势和弱点进行匹配，从而形成可行的战略。

知识链接

SWOT分析法

SWOT分析法最早由Learned等人于1965年提出。S代表strength(优势)，W代表weakness(弱势)，O代表opportunity(机会)，T代表threat(威胁)，其中，S、W是内部因素，O、T是外部因素。SWOT分析法在战略管理领域中被广泛运用。

SWOT分析的基本步骤：第一步，分析企业的内部优势、弱点既可以是相对企业目标而言的，也可以是相对竞争对手而言的。第二步，分析企业面临的外部机会与威胁，可能来自于与竞争无关的外环境因素的变化，也可能来自于竞争对手力量与因素变化，或二者兼有，但关键性的外部机会与威胁应予以确认。第三步，将外部机会和威胁与企业内部优势和弱点进行匹配，形成可行的战略。

四种不同类型的组合有：优势—机会(SO)组合、弱点—机会(WO)组合、优势—威胁(ST)组合和弱点—威胁(WT)组合。SWOT分析矩阵图如图3.3所示。

	优势 (strength)	劣势 (weakness)
机会 (Opportunity)	SO(增长性战略)	WO(扭转型战略)
威胁 (Threat)	ST(多种经营战略)	WT(防御型战略)

图 3.3　SWOT 分析矩阵图

3.2.4　旅行社产品的开发流程

一次完整的旅行社产品的开发流程可以从三个阶段、九个步骤进行，如图 3.4 所示。

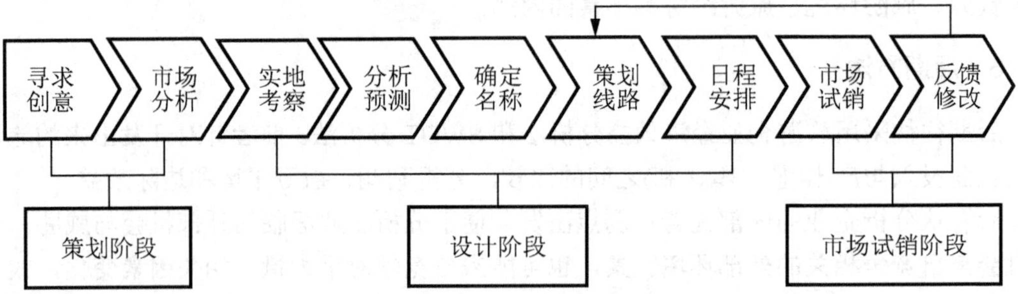

图 3.4　旅游产品开发流程示意图

1．策划阶段

(1) 寻求创意。创意可以来自投诉问题的分析、内部人员会议讨论、旅游中间代理商提供和设计人员的头脑反向风暴法。

(2) 市场分析。产品的策划阶段既需要富有激情的畅想，也绝对少不了冷静的市场分析。市场分析要求以理性的态度来对拟定的产品进行剖析，不仅包括市场状况、游客需求、游客承受心理等外部因素，而且包括产品本身的特点、构成、落脚点等内部因素。

2．设计阶段

(1) 实地考察。通过现场踏勘，了解产品开发的可行性。

(2) 分析与预测。分析产品的细分市场定位、市场受欢迎程度、产品的推广方式与赢利可能性。

(3) 确定线路名称。确定产品的主题，明确针对的细分市场。

(4) 策划旅游线路。围绕主题开展相关服务要素与关联设计，把六大直接要素和三大保障性要素串联起来。

(5) 日程安排。具体设计每天的活动地点、活动内容(食、住、行、游、购、娱)、活动时间长度等，这是整个设计的核心。尤其是购物、自费项目，关系现阶段旅游中出现的欺诈、零负团费等敏感性问题，需要反复推敲。

3．市场试销阶段

(1) 市场试销。市场试销(Test Marketing)是对新产品正式上市前所做的最后一次测试。试销的目的在于让消费者了解商品性能，收集消费者意见，为进一步正式打开销路奠定基础。

(2) 反馈修改。经过市场试销以后的旅游产品在过程中出现的有关信息及时反馈到开发商手中。开发商可以对产品进行改进，为下一轮正式上市销售做好准备。

知识链接

现阶段我国旅游产品开发存在的主要问题

(1) 低水平重复旅游线路，设计单一且层次低。现阶段国内的旅游产品设计大多表现为无差别、无特色、千篇一律。我国旅行社仍然以团队包价旅游产品为主，针对散客的个性化旅游产品比例很小；产品以全包价为主，适合散客的单项服务、小包价、自选式旅游产品较少；产品以观光为主，非观光旅游产品比重仍然较低(历史文化游、乡村游、民俗游等产品)；消费档次上以标准类旅游产品等为主，豪华等和经济等旅游产品比例很小。

(2) 开发组织缺乏严格管理。新产品开发是一项系统工程，要精心组织、严格控制，才能提高成功率。目前我国旅行社在开发设计新产品时，既没有专业的部门来负责，也缺少专业的研发人员。在开发过程中，各部门之间不能通力合作，导致效率低下，开发成本上升，延误开发时机。

(3) 品牌意识淡漠。品牌是企业竞争的王牌。对于购买者来说，品牌可以帮助他们识别、选择和评价不同生产者生产的产品；对于生产者来说，品牌有助于在市场上凸显自己的产品，有助于培养回头客并在此基础上形成顾客的忠诚。目前旅行社普遍不重视品牌企业、品牌产品的创立，低价竞争成为市场竞争的主角。这样不利于增强旅行社的市场竞争实力，提高消费者的购买识别力。

(4) 面临信用危机。面对市场的竞争，为了生存，部分中小旅行社在组团市场拼命地降价以揽到游客，而后向地接社拼命压价，而地接中小旅行社面对竞争压力有的降低地接价格，有的甚至承诺垫付资金，但在业务操作时为了生存则暗地降低服务标准，或者加大购物行程，最终导致回程旅客对组团社反感、甚至发生纠纷，组团社面对游客的投诉和不满又对地接社施压，甚至不结算地接款。如此的恶性循环，导致游客、组团社、地接社三方互相埋怨和不信任。旅行社业为此面临着严重的信用危机，尤其是中小旅行社。这种恶性循环的局面势必严重影响到中小旅行社向健康的方向发展。

资料来源：董红梅．旅游产品开发存在的问题及改进[J]．商业时代．2006(9)：80-81，有改动

【点评】长期以来，一方面由于新产品开发短期内难以在市场上见成效，企业不愿意一次性投资；另一方面，旅行社产品是服务贸易的产品，无法保护其专利，旅行社一旦新产品开发成功，其他旅行社便纷纷效仿，使先期开发者的利益受损。同时，旅行社产品开发中也受自身缺陷的影响。如市场定位不够明晰，信息技术应用不够，经营理念落后，资金投入严重不足，高素质的产品设计人才缺乏等。

3.3 旅行社产品定价

3.3.1 旅行社产品的定价依据

1. 价格构成

旅行社产品的价格构成主要有以下几种。

(1) 从价值形势看，旅行社产品价格主要由成本、税金和盈利构成。成本即是生产旅游产品所消耗的各种花费，如住宿费、餐饮及风味餐费、餐馆门票费、交通费、文娱活动费、日常经营管理费用，可分为固定成本和变动成本；盈利则是指营业收入中扣除成本费用以后的盈余，可以分为税金交纳前的毛利和交纳后的净利润。

(2) 从表现形式看，旅行社产品价格因包含内容不同主要有包价、部分包价和单项服务价格等形式；因档次等级不同有豪华、标准和经济等形式；因需求程度不同有基本旅游价格和非基本旅游价格，前者一般涉及食、住、行、游等环节，后者可能会包括旅游娱乐和旅游纪念品等内容。

2. 定价依据

正常情况下，旅行社的定价以旅游者所能接受的购买能力及认识的基础为上限，以产品本身成本为下限，在此之间有竞争因素决定产品价格上下浮动，如图 3.5 所示。

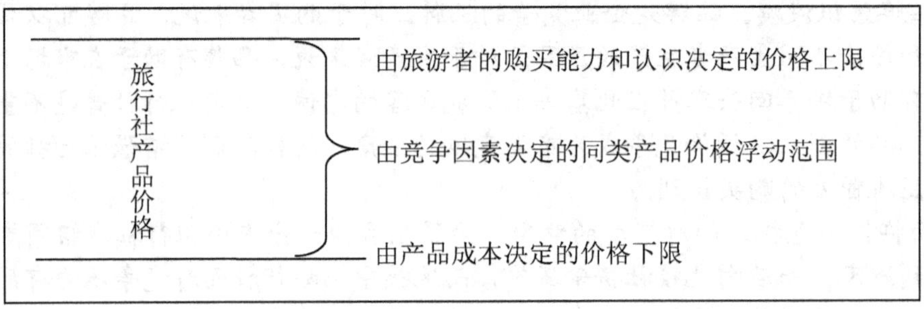

图 3.5 旅游产品的定价范围

3.3.2 旅行社产品的定价方法

旅行社产品价格应该包含各种成本和一定的纯利润(旅行社的毛利扣除税金)。其中，成本包括旅游服务(吃、住、行、游、保险)、采购成本和期间费用(营业费用、管理费用、财务费用)。

1. 成本导向定价

成本导向定价法就是以成本为导向进行产品价格计算的方法。其包含成本加成定价法、综合成本加成定价法、盈亏平衡点定价法和边际贡献分析定价法 4 种。

(1) 成本加成定价法。加成的就是在成本的基础上加上一定量的利润，可以是单位成

本加上一定百分比的加成来制定销售价格，也可以在成本基础上直接加成。其公式为

$$P=C(1+R)$$

式中，P 为产品价格；C 为单位产品成本；R 为成本加成率。

其中，加成率有两种计算方法。以售价来衡量：加成率＝目标毛利/售价；或者以进货成本来衡量：加成率＝毛利÷进货成本。

(2) 综合成本加成定价法：就是在综合多种要素成本的基础上计算产品价格的方法。其公式为

单位产品价格＝综合服务成本×(1＋利润率)＋房费＋餐费
＋城市间交通费＋专项附加费

这里的利润率也相当于成本加成率。

经典案例 3-2

某旅行社推出某项旅游产品，其中接待每人天的综合服务成本总额为 80 元(实际旅游天数为 7.5 天)，每人天房费为 100 元，每人天餐费为 70 元，城市间交通费每人次为 320 元，专项附加费每人次为 400 元，利润为 30%。那么按照运用成本加成定价法，参加这个旅游活动的每位旅游者应该付的价格是多少？

解：单位价格 P＝80×7.5×(1＋30%)＋100×7＋70×7.5＋320＋400
＝780＋700＋525＋320＋400
＝2725(元)

注：住宿计价为 7 天，因为住房只涉及 7 晚。

(3) 盈亏平衡点定价法：又叫保本点定价法，是指旅行社根据产品的成本来和估计销量来确定产品的价格的方法，如图 3.6 所示。其计算公式为

单位产品的价格＝单位产品的变动成本＋单位产品的固定成本

这种定价的是基于市场不景气或者以扩充市场为目的的情况下，做到保本不亏，即使不赚钱也可以。

经典案例 3-3

某旅行社的一条旅游线路的单位变动成本是 1500 元，固定成本是 30 000 元，加入总共有 300 名游客报名参加该旅游线路，请问其保本点是多少？

解：保本点价格＝单位产品的变动成本＋单位产品的固定成本
＝1500＋30 000÷300
＝1500＋100
＝1600(元)

(4) 边际贡献分析定价法：又称变动成本定价法，指利用贡献边际与业务量、利润之间的关系计算保本量(额)，实现任何大于保本点都是盈利的一种方法，如图 3.6 所示。其公式为

单位产品的边际贡献＝销售单价－单位变动成本

全部产品边际贡献＝全部产品的销售收入－全部产品的变动成本

单位产品售价＞单位产品的变动成本

很显然，边际贡献越大越好，在定价决策中，首先保证边际贡献不为负数，其次应考虑，全部产品的边际贡献应足以弥补固定成本，并仍有一定的积余。而在特殊定价中，边际贡献保持正数是接受与否的底线。

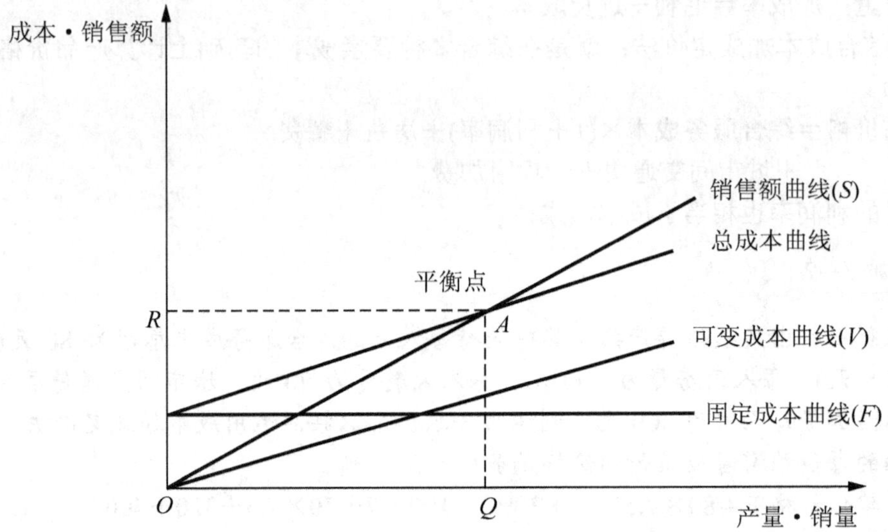

图 3.6　盈亏平衡点分析图

边际贡献分析定价法要求旅行社所制定的产品价格应包括变动成本(直接成本)及对固定成本的边际贡献。这种方法主要用于同类旅行社产品供过于求、市场上卖方竞争激烈而客源不足时，旅行社为了保住市场份额，维持企业生存，必须采用的以保本或少亏损为目的的定价方法。

经典案例 3-4

边际贡献分析定价法提升旅行社销量

某旅行社的一条旅游线路的总成本是 800 元，其中变动成本为 600 元，固定成本 200 元。受现阶段目的地交通(路况)影响，该产品销售非常困难。为了减少亏损，该社决定将价格定位在 698 元，且限定一定数量推向市场。后期市场反响不错，市场销量有较大幅度的回升，人员找到了业务，设备也得到了运转。

资料来源：叶娅丽，王彪．旅行社计调师[M]．北京：旅游教育出版社，2011.3：203.

【点评】用边际贡献分析定价法营销，在市场销售不利的情况下可保住市场份额，并根据市场需求和季节变化进行灵活调整。基于“单位产品售价＞单位产品的变动成本”即可成交，该方法可能会造成一定的利润损失，但是如果不调整，可能会导致更大的损失。

2．竞争导向定价

竞争导向定价法通常有两种：随行就市定价法和投标定价法。

(1) 随行就市定价法。是指旅行社通过对市场竞争、市场需求及旅游者的价格反应等因素的不断监测，按照行业的现行平均价格水平对产品定价的方法。

这种定价方法考虑了市场竞争因素和旅游者的市场反应，所制定出的产品价格容易为旅游者所接受，能够使旅行社在市场竞争中取得优势地位。但是其不足之处是：旅游者的态度受众多因素影响而不断变化，从而判断旅游者态度有困难；旅行社无法预测产品的销售量和经营利润；旅行社采用随行就市定价法容易引起竞争对手的报复，从而导致恶性削价竞争。

(2) 投标定价法。是指旅行社根据旅游产品采购单位拟购买的品名、数量、规格而进行的旅游商品投标以竞争获得购买权的方法。

由于要参考竞争对手的投标内容，所以竞价是竞争其中一个重要的手段。价格过高可能会有较大利润空间，但是因为竞争对手的价格较低可能会失去合同；价格过低可能会赢得合同，但是无利可图。

3. 需求导向定价

需求导向定价法是一种以市场需求强度及消费者感受为主要依据的定价方法，包括认知价值定价法、反向定价法。

(1) 认知价值定价法。是指根据游客所理解的某种商品的价值，或者说根据游客对产品价值的认识程度来确定产品价格的一种定价方法。这是因为随着科技的迅速发展，生产力得到了大幅度的提高，许多产品定价的关键，不再只是单纯地去考虑卖方的成本，还要注重买方对所需产品的价值认知程度。企业如果过高估计认知价值，可能定出偏高的价格；如果过低地估计可能会定出偏低的价格。

(2) 反向定价法。是指旅行社通过对旅游市场的需求、市场竞争状况及竞争对手的同类产品销售价格等方面的调查之后，先确定产品价格，然后相应调整产品的内容和成本的方法。这种定价方法的优点是充分考虑到竞争对手的产品价格和旅游者对产品价格的承受能力及对产品的需求状况，因而能够制定出针对性强，既能为旅游者所接受又能与竞争对手抗衡的产品价格。然而，这种定价方法也存在着明显的缺点，即容易造成产品的质量下降和旅游者的不满，并导致客源减少。

知识链接

旅行社承担的税金

税金是国家为实现其职能，依照法律规定对应纳税的单位和个人强制地、无偿地征收食物和货币的总称，它是国家财政预算收入的主要来源。企业应根据税法规定，正确地计算应缴税金，即足额上交，不得偷税漏税、不得无故不交或拖延交纳。

旅行社作为企业，应按照国家规定缴纳所得税和营业税、城建税、教育附加费等，其中：计算税收时允许在税前扣除旅行社替旅游者支付给其他单位或者个人的成本费用，旅行社自身费用不能扣除。其税率分别是：营业税率：5%，城建税：7%；教育费附加：3%；地方教育附加：2%；堤围防护费：0.1%；企业所得税：25%。

旅行社缴纳所得税时，应根据国家税法把旅行社的利润总额调整为应纳税所得额计算，其公式是：

应纳税所得额＝收入总额－不征税收入－免税收入－各项扣除

－以前年度亏损应缴纳企业所得税

＝应纳税所得额×适用税率

资料来源：旅游业应缴纳哪些税(费)[EB/OL]．第一范文网．
http://www.diyifanwen.com/kaoshizhuanti/kaoshifudao34/0781713544749175_340.html

3.3.3 旅行社产品的定价策略

1．新产品定价策略

针对新产品在开发之后，为及时打开销路，旅行社一般制定采用恰当的定价策略，如撇脂定价策略或渗透定价策略，以实现占领市场并取得满意的效益。

(1) 撇脂定价。属于高价进入市场的策略。在新产品上市之初，以高价格打入市场，迅速获取厚利，短期内收回投资，正如从鲜奶上层撇取乳酪一样，故此得名。

(2) 渗透定价。与撇脂定价相反，这是一种低价进入市场的策略。即在新产品上市之初，把价格定得很低，借以打开产品销路，扩大市场占有率，谋求较长时期的市场领先地位，这好像是倒入泥土中的水，很快从缝隙中渗透进去，故此得名。

2．心理定价策略

心理定价策略是旅行社利用旅游者对价格的心理反应，刺激旅游者购买产品的产品定价策略。常见的心理定价策略有以下几种。

(1) 尾数定价策略。又称奇数定价策略，它是利用旅游者喜欢带尾数价格的心理而采取的产品定价策略。这是因为消费者习惯于接受尾数价格而不喜欢整数价格，因为他们往往认为尾数价格比较便宜，如 198＜200＜202，偏向于选择 198，而 200 和 202 则因为超过了 200 而不被接受，尽管实际这三种价格相差不大。旅游者在购买旅行社产品，尤其是单项服务产品时，旅行社提供的带尾数价格的产品，会给旅游者获得折扣优惠的印象。

(2) 整数定价策略。整数定价策略适用于价格较高的旅行社产品如豪华旅游、团体全包价旅游等。整数定价策略容易使购买这类产品的旅游者产生“货真价实”“一分钱一分货”的感觉，有利于提高产品的形象。

(3) 声望定价策略。声望定价策略多针对旅游市场上享有较高声望品牌的旅行社或较有垄断优势的产品，它们往往对自己的优势产品和优势影响而采取高位定价，一方面能保证品质，另一方面则是凸显身份和营造优质优价氛围的需要。如美国一家公司于 2011 年 1 月与俄罗斯航天部门合作开发太空旅游业务，人均旅费超过 3500 万美元，尽管价格不菲，但不乏众多国际拥趸者。

3．折扣定价策略

往往根据消费者购买产品时达到某种条件而给予一定的折扣。

(1) 数量折扣。累计或单笔金额达到一定的数量给予折扣。

(2) 现金折扣。常见于以一次性现金支付时获得的折扣。

(3) 季节与时间折扣。在消费淡季或非高峰时段而给予一定折扣，以促进消费。

(4) 业务折扣。给予特殊人群的折扣，往往是会员、贵宾、名人或要员。

4．差价策略

往往因销售时间、销售地点或销售对象不同而执行有差异的价格策略。

(1) 时间差价。旅行社对同一种产品依据季节性(如淡旺季)和特殊时令而设定的差别定价。其中，特殊时令执行时间差价持续时间较短，而季节性折扣持续时间则较长。

(2) 特殊人群差价。针对特殊人群如儿童、老人、革命伤残军人、人大代表等而设定的相同的产品不同的价格，不同的游客支付不同费用。

(3) 地区差价。同一产品在不同地区的以不同价格营销，即构成同一产品的地区横向价格差异。这种情况主要针对不同地区的旅游者具有不同的爱好、消费能力等情况。

3.4 旅行社服务采购

3.4.1 旅行社服务采购的内涵

1．旅行社服务采购的概念

旅行社服务采购是旅行社通过合同或协议形式，以一定价格向其他旅游服务企业及相关部门定购相关服务要素的行为，以保证旅行社向旅游者提供所需的旅游产品。

采购旅游服务是旅行社经营活动的重要内容。通过向其他旅游服务企业或相关部门采购交通、食宿、游览、娱乐等单项服务产品，经过再加工后向市场销售。旅游活动涉及到食、宿、行、游、购、娱等方面，航空公司、铁路、轮船公司、酒店、餐厅、景点以及娱乐场所等也就成为旅行社的采购对象，对于组团社而言，还要采购接待社的产品。旅行社服务采购示意图如图3.7所示。

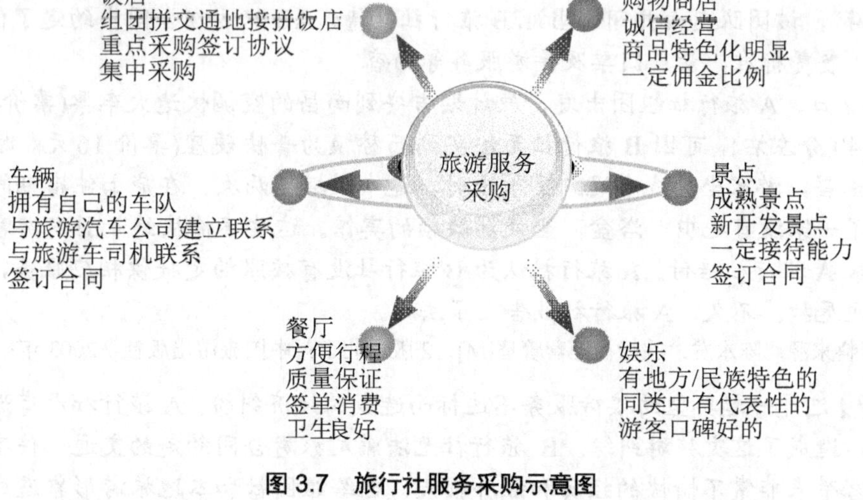

图3.7 旅行社服务采购示意图

2. 采购的基本原则

(1) 保证供应。这是旅行社在采购业务中首要遵循的原则。旅行社组织的旅游活动非常强的计划性，有一定的提前量，要求承诺的服务要素有保障，否则会造成恶劣的后果。

(2) 保证质量。这是现阶段我国旅行社服务中存在问题最多的一个环节，承诺的服务品质与实际消费不一致，比如用准四星级酒店来应对四星级酒店。唯有质价相符，游客满意，才能有客观的回头客，才能树立口碑，旅游市场才会实现公平有序竞争。

(3) 降低成本。旅游采购的重要作用是以低于市场价将若干项旅游服务要素组合起来，以产品的方式提供给消费者。众多的旅游服务供应商乐得有更广泛的销售渠道推销其产品，旅行社因价格较低而获得竞争优势，这是双赢的格局。

3. 采购供应商的择选

(1) 对方有良好的信誉。旅游服务供应商(包括地接社)在市场中应有良好的信誉口碑，能够在压力下提供符合要求的接待服务，这是选择采购商的先决条件。

(2) 对方有较强的接待能力。旅游服务供应商(包括地接社)能够提供组团社委托的各项旅游服务。

(3) 对方有真诚的合作意愿。表现为服务供应商(包括地接社)重视组团社，与之保持密切的联系，就接待服务进行开明的沟通，坦诚地面对并妥善地处理接待过程中可能出现的各种问题，切实保证接待服务质量。

(4) 对方的收费合理。表现为服务供应商(包括地接社)的报价合理，签订接待合同后不擅自提高收费标准或增加收费项目，不变相降低接待服务标准以降低接待成本等。

经典案例 3-5

地接社不称职，组团社拒付余款

上海 A 旅行社组织 14 名游客于 10 月 2 日—7 日进行“红色之旅——井冈山、庐山、南昌 6 日游”，该团队交由井冈山当地 B 旅行社接待。AB 双方在合同中约定了住宿标准、交通工具、餐费标准、景点门票及导游服务等内容。

10 月 2 日，A 旅行社组团出发，原计划吉安到南昌的空调快速火车票(票价 45 元，时长 2 小时 40 分左右)，可因 B 旅行社无法买到而替换为普快硬座(票价 16 元，时长 4 小时 5 分)。在南昌，游客坐的汽车迟到了 1 小时，途中又坏了两次。在庐山住宿期间，游客被安排住进了一家没有毛巾、浴盆，坐便器缺损的宾馆。这些不愉快终于引发游客大怒，回到上海要求 A 旅行社赔付。A 旅行社认为 B 旅行社没有按照约定提供相应服务，因此拒付 10 000 余元尾款。不久，A 旅行社被告上了法庭。

资料来源：陈永发. 旅行社经营管理[M]. 2 版. 北京：中国旅游出版社，2003 年：96，有改动

【点评】这是一起典型的接待服务不达标而造成的经济纠纷。A 旅行社没有选择好合适的地接社，造成了这次旅游纠纷。B 旅行社无法满足旅游合同约定的交通、住宿等多项服务，给游客带来非常不愉快的经历和经济损失，也给组团社和本地旅游形象造成很大的负

面影响。A旅行社可以因为服务不达标与B旅行社沟通交涉，寻求仲裁以及民事诉讼，要求赔付补偿，而拒付余款则是不明智的做法。

3.4.2 旅行社服务采购的要点

1. 旅行社服务采购策略

(1) 集中采购策略。集中采购是旅行社以最大的采购量去争取最大的优惠价格的一种采购策略。集中采购的主要目的是通过扩大采购批量，减少采购批次，从而降低采购价格和采购成本。集中采购策略主要适用于旅游温、冷点地区和旅游淡季。

(2) 分散采购策略。分散采购也是旅行社采购活动中经常使用的一种采购策略。一种是近期分散采购，就是一团一购的采购方式。第二种是旅行社设法从许多同类型旅游服务供应部门或企业获得所需的旅游服务的采购方式。

(3) 协作网络采购策略。建立采购协作网络是旅行社在采购活动中采用的第三种策略。采取此策略必须坚持三个原则：第一，协作网络必须比较广泛，覆盖面比较广。第二，运用经济规律，在互利互惠的基础上长期合作。第三，加强公关活动，建立良好的人际关系。

(4) 分享合同策略。依据上级部门/单位、母公司已签署的涵盖多项目的战略合作协议、长期合同等合同文件，通过分享合同策略，可以实现提高采办效率，获得价格优势。

(5) 长期合作策略。与特定的供应商/承包商建立长期合作关系。有利于降低采办工作量，提高采购效率，实现规模效应，降低采办成本与维护成本，建立长期合作关系。

(6) 竞争采购策略。在供应市场/服务市场条件成熟、竞争激烈时，采用招标、询价等采办方式，引发供应商的市场竞争，以获得最大让利、降低采办成本的策略。

知识链接

卡拉杰克服务采购矩阵

(1) 高风险/低价值＝瓶颈采购。包括独特的服务要求，供应商的技术很重要，由于需求很少，或供应很少造成的选择性差，难以替代，使用波动很大，难以做常规的预测。

(2) 高风险/高价值＝战略采购。包括企业运营要求该服务持续的可得性，客户定制的或独特的服务要求，供应商的技术很重要，没有几个供应商具有足够的技术水平或服务能力，要改变供应渠道比较困难，现有供应商难以替代。

(3) 低风险/低价值＝非紧急采购。包括标准的服务要求或“日用品”型的服务，替代服务很容易获得，由许多服务供应商构成的竞争性市场。

(4) 低风险/高价值＝杠杆采购。包括因为用量大使得对单位服务成本的管理很重要，寻求替代是可能的，由不多的几个供应商构成的竞争性市场。如果采用这种分类方法，所有的服务采购都可以根据他们的特性分为四种类型——非紧急采购、杠杆采购、短缺采购和策略采购。据此，供应管理部门就可以应用适当的工具和技术来确定具体的采购方法并有效的管理某一类服务。

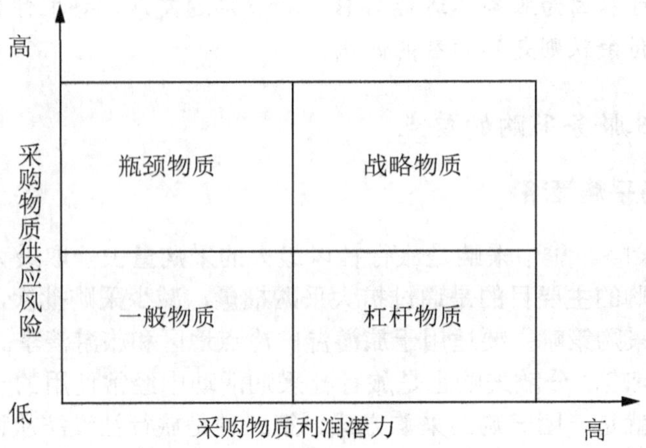

图 3.8　卡拉杰克服务采购矩阵

资料来源：崔南方，等．基于供应商门槛的采购物资定位模型研究[J]．管理评论，2006(4)：55-58.

2．旅游接待计划变更采购

1) 旅游计划变更采购的内涵

旅游活动的计划性强，不允许随意变更。但是“计划不如变化，人算不如天算”，旅游活动又极易受到有关突发情况的影响，导致已定的采购不得不进行变更。

当出现变更要求时，旅行社的计调部应积极协助处理并做出相应调整，如根据团队人数增减、交通变化、行程变动等情况，修改计划或取消原定计划，并随之完成向服务供应商的重新采购工作，将变更结果通知各有关方。

2) 接待计划变采购更应遵循的原则

(1) 变更最小的原则。即将因计划变更所涉及的范围控制在最小限度，尽可能对原计划不做大的调整，也尽量不引起其他因素的变故。

(2) 宾客至上的原则。旅游计划是旅游活动的依据，旅行社同旅游者一旦形成约定关系，一般不要随意更改，尤其在行程进行中。对不可抗力因素引起的变故，应充分考虑旅游者的意愿，并求得他们的谅解。

(3) 同级变通的原则。变故后服务内容应与最初的安排在级别、档次上力求一致，尤其是客房标准。房、餐一旦出现问题，应选择就近或同级房、餐标准。另外，采取加菜、赠品等补救性措施弥补因变故给客人带来的损失。

本章小结

在旅行社产品概述部分，介绍了旅行社产品的内涵(概念、类别)、旅行社产品的构成要素(六大直接服务要素与间接服务要素)、旅行社产品的七种特征。

在旅行社产品的开发部分，介绍了旅行社产品的生命周期，旅行社产品七个开发原则，以及旅行社产品在开发前、开发中和开发后的不同方法，旅行社产品开发的流程三阶段、9个步骤。

在旅行社产品的定价部分，介绍了旅行社产品的构成与定价依据、定价方法(成本导向、竞争导向)和定价策略(新产品定价策略、心理定价策略、折扣定价策略、差价策略)。

在旅行社服务采购部分，首先介绍了旅行社服务采购的基本内涵(概念、原则)、供商的选择，然后介绍了旅行社的六种服务采购策略，以及旅游接待计划变更所导致的采购处理。

通过本章阅读和学习，读者可以了解旅行社产品的开发基本流程，掌握产品定价的原则与方法，不同情况下的定价策略，旅行社服务采购的原则与基本方法，不同情况下的服务采购策略，搭建起围绕旅行社的产品开发而产生的“产品开发—产品定价—服务采购”知识架构。

练习与思考

一、单项选择题

1. 构成旅行社产品要素的间接要素主要有(　　)。
   A. 洗衣服务　　B. 医疗服务　　C. 通信服务　　D. 个人商务服务
2. 以下定价策略不属于新产品的定价策略是(　　)。
   A. 撇脂定价　　B 渗透定价　　C. 整数定价　　D. 尾数定价
3. 旅游服务采购的基本原则不包含(　　)。
   A. 保证供应　　B. 保证质量　　C. 降低成本　　D. 打击竞争对手
4. 旅行社采用市场渗透定价策略(　　)。
   A. 实际上是一种高价策略
   B. 适用于潜在需求对手较多的旅游产品
   C. 适用于价格需求弹性小的旅游产品
   D. 适用于消费者对价格很敏感的旅游产品
5. 以下服务行业(第三产业)的特征中，属于旅行社产品的独有特征是(　　)。
   A. 不可储存性　　B. 脆弱性　　C. 差异性　　D. 不可感知性
6. 旅行社对于垄断性强且短期内难以被仿制的新产品一般采用(　　)。
   A. 撇脂定价策略　　B. 渗透定价策略
   C. 分档定价策略　　D. 招徕定价策略
7. 旅游产品开发的最大效益原则体现为(　　)。
   A. 安排知名度最高的
   B. 目的地最有代表性旅游活动项目
   C. 安排内容丰富多彩
   D. 旅游活动项目符合绝大多数消费者需求心理
8. 按照“序幕→发展→高潮→尾声”进行产品开发属于(　　)范畴。
   A. 以人为本原则　　B. 机动灵活原则
   C. 最大效益原则　　D. 市场性原则

9．采用头脑风暴法、特尔斐法对即将开发的产品主题进行讨论属于旅游产品开发的(　　)阶段。

A．前期　　B．中期　　C．后期　　D．售后服务期

10．以下属于随行就市定价法的是(　　)。

A．竞争导向定价　　B．成本导向定价

C．需求导向定价　　D．客观导向定价法

11．旅行社服务采购供应商的择选条件不包含的是(　　)。

A．对方有良好的信誉　　B．对方有较强的接待能力

C．对方有真诚的合作意愿　　D．对方的背景关系过硬

12．接待计划变采购更时应遵循的原则不包含(　　)。

A．变更最小的原则　　B．宾客至上的原则

C．同级变通的原则　　D．适度收费的原则

二、名词解释

1．旅行社产品

2．旅游产品生命周期

3．旅行社服务采购

三、简答题

1．简述旅行社产品的构成要素。

2．简述旅行社产品开发的原则、方法和流程。

3．思考如何解决现阶段我国旅游产品所面对的问题。

4．简述旅行社产品定价的方法与策略。

5．旅行社产品的特征是什么？

6．简述旅行社集中采购的方法。

7．简述旅行社产品定价的方法。

四、计算题

某旅行社一行10人于2006年3月30日16:05抵达A市游览，并于4月2日8:33离开前往B市，该社淡季综合服务费团队包价是90元/天，旺季是110元/天，试按国旅标准计算人均综合服务费。

国旅标准如下表所示。

地　　点	综合服务费
用早餐(7点)地点	33%
用中餐(12点)地点	34%
用晚餐(18点)地点	33%

五、论述题

1．联系实际，举例说明旅行社新产品的开发过程，及开发中应当注意的要点。
2．试自行设计一条有主题、有吸引力、要素完整的旅游产品，并阐述出其魅力。

补充阅读

天津观光旅行社的“红色旅游”产品开发

2001年年初，天津观光旅行社的周总经理在作市场分析时发现，时值中国共产党成立八十周年，一些高等学校打算组织学生到革命老区进行革命传统教育。周总经理认为，应该抓住这一契机，设计和开放“革命传统教育游”产品。由于这种产品以前未曾面市，究竟能否成功与否，周总经理并非十分有把握。于是，他首先到革命老区——河北省平山县西柏坡村进行实地考察，了解当地的景点、参观线路、接待设施、导游水平以及往返于天津和西柏坡所需的时间。同时，他还与当地的乡、村干部及接待单位的负责人座谈，了解景点门票、食宿的价格。通过实施考察，周总经理认为新产品有较大的市场需求，能够吸引较多的旅游者前来，由于西柏坡村及附近地区可用于接待旅行者的住宿设施数量较少，必须提前预订，以保证在旅游旺季时的供给。于是，他便同当地的旅馆和招待所签订了客房包租协议，以较低的价格包租了当年的全部客房。

2001年4月，新产品开发成功后，天津观光旅行社并没有立即大张旗鼓地利用刊登广告进行宣传促销，而是先在较小范围进行试销。到了6月底，市场上一些旅行社已经开始推出同类产品时，周总经理认为时机成熟，决定大规模地进行促销宣传。广告刊出后，由于该旅行社在价格、线路、包含的内容方面均具有较大优势，吸引了大量旅游者。此时，由于北京、天津等地的旅游者报名踊跃，各家旅行社应接不暇。但是，由于西柏坡村及附近地区的住宿设施已经被天津观光旅行社全部包租，其他旅行社只好将旅游者安排到平山县，甚至石家庄住宿。这样既增加了往返的交通费用，也减少了旅游者在西柏坡的停留时间。

天津观光旅行社在别人未想到的情况下，取得了丰厚的回报，赢得了市场的先机。

讨　论

1. 该旅行社如何能发现市场机遇，整理出符合市场需求的旅游产品？
2. 该旅行社产品的市场赢利点在哪里？
3. 对于旅行社的市场经理来说，一般会根据哪些因素来捕捉市场机会？

第4章 旅行社营销管理

学习目标

知识目标	技能目标
1. 了解旅行社的市场细分的概念、作用、方法与程序 2. 掌握旅行社的目标市场选择的原则与方法 3. 了解旅行社的市场定位的含义、步骤与方式 4. 掌握旅行社的市场定位战略的具体思路	1. 掌握STP模式 2. 掌握市场细分、目标市场对旅行社营销活动的意义 3. 掌握旅行社市场营销管理的基本方法

知识结构

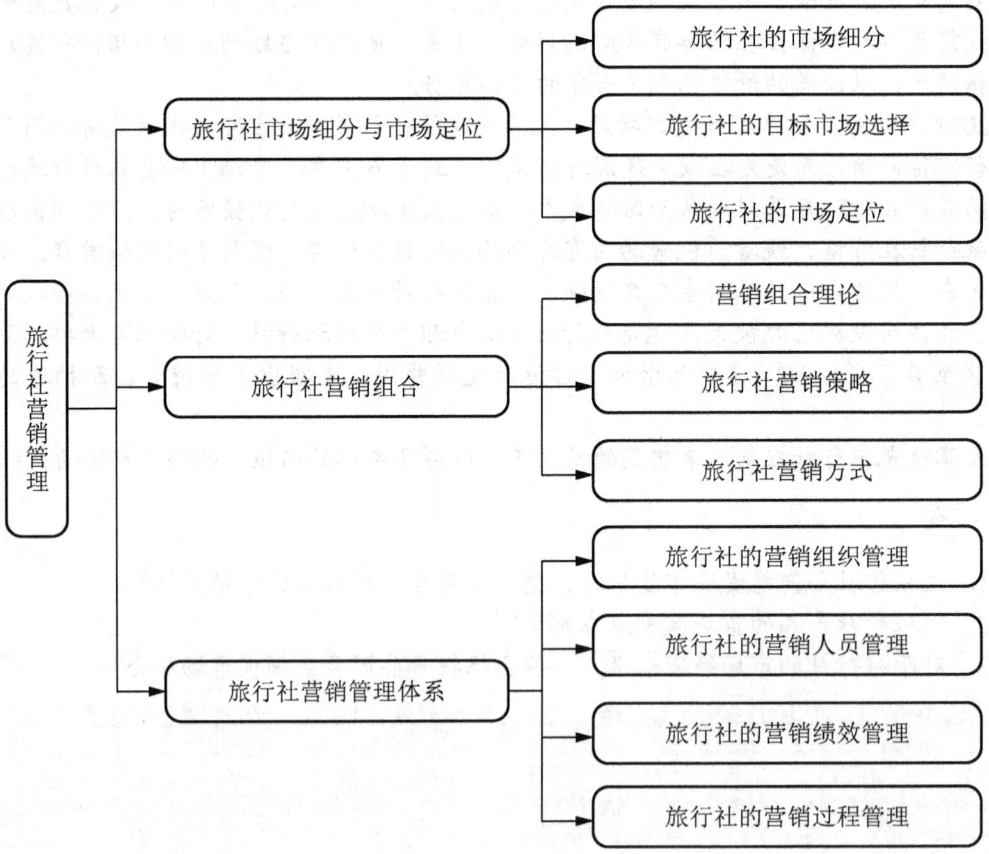

导入案例

三江旅游热法国

广西柳州三江侗族自治县拥有丰富的民族风情及程阳侗族风雨桥和马胖鼓楼等重要人文旅游资源。但是三江地处偏僻的大山之中，交通不便，缺乏知名度，以致旅游不旺，外宾罕见。

20 世纪 90 年代初，某国际旅行社针对欧洲人对东方文化的神秘感，在法国推出了桂林—三江风情旅游线的特种旅游产品。经过一段时间促销，该社驻巴黎办事处在检查促销效果时发现收效不大。通过调研，发现法国人特别崇拜时装名模，于是经过一系列策划后，邀请了数名法国当红知名服装模特到中国三江来拍摄广告照片。当法国某著名时装杂志登出了名模美女们头戴别满毛泽东像章的斗笠、背依侗家木楼悠闲相对以及在以侗族风雨桥为背景的水田中赤脚插秧等一组专题照片后，三江在法国的知名度大涨。十余年过去了，由于种种原因，三江县的旅游仍然裹足不前，但唯有法国团例外。只要到了桂林，法国团多半要去游览三江。法国旅游者们希望在品位东方神秘少数民族风情的同时，能找到当年名模们留影的足迹。

资料来源：陈永发．旅行社经营管理[M]．2 版．北京：高等教育出版社，2008.6：66.

【点评】时装名模促销策略成功地在法国人心目中打下了一个印记。意味着法国人到桂林旅游不仅为了优美的自然山水，遥远国度的神秘东方文化和异域民族风情，更是为了追随熟悉人物的足迹。实践证明，能够保持持久魅力的仍然是文化，正是对文化的热爱、名人的喜爱才让浪漫的法国人对三江旅游保持了持久的热情。

4.1 旅行社市场细分与市场定位

市场营销选择过程采取的是 STP 模式，即市场细分(Segmentation)、目标市场选择(Targeting)和市场定位(Positioning)。市场营销 STP 模式适用于旅行社营销。

旅行社营销管理的首要任务就是找准、找好目标市场，再根据目标市场特点与旅行社自身情况确立销售渠道、价格策略将产品推向目标市场。其中，市场细分是旅行社营销的前提和基础。

知识链接

市场细分理论

1956 年，美国著名市场营销学家温德尔·斯密(Wendell R. Smith)在《产品差异和市场细分——可供选择的两种市场营销战略》一文中提出了市场细分理论，认为市场包含着无数的购买者，每个购买者的需求和欲望千差万别，存在着消费需求的“异质性”，这是市场细分的基础和依据。为满足消费者的需求，可按照某种标准将一个市场分成若干个子市场，主要包括市场细分化、目标市场选定、产品定位等三个工作，而后该理论一直成为市场营销的主导理论。

4.1.1 旅行社的市场细分

旅行社的市场细分是旅行社按照旅游者的需求特点、购买态度、购买行为和消费习惯特征等不同因素，把旅游市场划分为若干个需求大体相同的旅游消费者群体的行为过程。现代旅游市场是一个旅游需求多元化与个性化的市场，任何一家旅行社都没有绝对的精力与无可匹敌的实力，去满足整个旅游市场中旅游者的全部需求。因此，适当地对多元异质的旅游市场进行市场细分，从中选择一个或几个细分市场作为旅行社的营销对象，是制定旅行社营销的基础和前提。

1. 市场细分的作用

旅行社市场细分对旅行社产品生产、营销过程中起着极其重要的作用。一是有利于旅行社发掘市场机会，开拓新市场。通过市场细分，旅行社可对旅游细分市场的购买力、满意率、竞争度等情况进行对比，找寻出利于本旅行社的市场机会，使旅行社及时做出继续、深入或开拓新产品的计划，以更好适应市场的需要。二是有利于旅行社制定灵活的营销策略。市场细分后，旅游信息的传递和反馈变得直接，一旦旅游者的需求发生变化，旅行社可迅速改变营销策略，制定相应的对策，提高旅行社的应变能力和竞争力。三是有利于旅行社提高经济效益。任何旅行社的资源都是有限的，选择了适合旅行社的目标市场，就可集中旅行社资源优势，在某一细分市场获得竞争优势，充分满足这一市场旅游者的需要，从而获得较高的经济效益。

2. 旅行社的市场细分的标准

一般情况下，可根据三种细分标准对旅行社市场进行细分，见表 4-1。

表 4-1　旅行社的市场细分的标准及构成因素

细分标准	细分因素	具体市场举例
地理标准	地理区域、城市规模、自然气候、人口密度、城乡分布	世界旅游组织(WTO)将全球旅游市场细分为六大市场：欧洲市场、美洲市场、东亚及太平洋市场、南亚市场、中东及北非市场、撒哈拉以南非洲市场
人口统计标准	年龄、性别、家庭人数、经济收入、教育程度、职业、宗教、国别、社会阶层、身体状况等	将性别(男、女)、年龄(老年、成年、儿童)、收入(高、中、低)三个变量结合，可分成 18 个子市场
心理行为标准	社会阶层、生活方式、价值观念和个性特征及购买动机、利益追求、购买时机、购买频率、购买形式、营销因素敏感度、待购状态、产品使用状态、品牌忠诚度、对产品的态度等行为	根据购买动机，可将旅游市场分为观光旅游市场、休闲度假旅游市场、会议商务旅游市场、奖励旅游市场和探亲访友旅游市场等；根据忠诚程度，可以分为专一的忠诚者旅游市场、动摇的忠诚者旅游市场、转移的忠诚者旅游市场和犹豫不定者旅游市场等

经典案例 4-1

"深圳情旅"引发单身旅游市场

"深圳情旅"是《深圳晚报》和深圳国旅新景界旅游俱乐部联合主办的,"阳朔之约"是活动的第一站。阳朔站共选出平均年龄 28 岁、个人大事至今没有解决的男女 18 对。"桂林山水甲天下,阳朔山水甲桂林",旖旎的月亮山、清幽的漓江水、古朴的小渔村、浪漫的洋人酒吧、秀丽的阳朔风景,给"情旅"们提供了轻松的氛围,"温馨情旅"的团友们在阳朔过上了神仙日子。

为契合"情旅"主题,主办者煞费苦心设计的一连串游戏,如新颖的"问候语"、趣味的"健身操""看家厨艺大赛""竹筏山歌对唱""榕树下面抛绣球""鸳鸯组合""按摩椅"等,让团友们兴致盎然。在两天的行程中,单身男女抛弃了最初的羞涩,开始了自然而又自由的交往,并在交往过程中暗自观察着、挑选着、表达着,最后速配成功 6 对。

"情旅团"回来以后,主办者携同深圳著名酒吧,举办续缘沙龙,方便"情旅"们有更多的机会彼此了解,而每个人又都带来了很多新朋友,新朋老友欢聚一堂,即兴表演精彩纷呈。这样的沙龙成了"情旅"活动的分享会,又是下次"情旅"活动的介绍会,更是"情旅"会员的扩大会。

从此,深圳国旅成功进入一个全新的旅游市场。

资料来源:张俐俐,杨莹. 旅游市场营销[M]. 北京:清华大学出版社,2005.09

【点评】深圳国旅新景界旅游俱乐部针对深圳的快节奏、高强度的工作节奏阻碍了年轻男女的交往,有针对性地开发"深圳情旅"旅游产品,以"单身+28 岁+白领+旅游"作为市场细分的标准,巧妙地将相亲和旅游结合在一起。旅游为交友提供了良好的认识别人的个性、爱好、心态、习惯和品质等提供了便捷的方式,这对长期生活在快节奏、相对封闭的都市白领来说,具有很大的吸引力。

3. 旅行社的市场细分的程序

旅行社的市场细分是由一系列程序组成的一个完整过程,包括以下四个程序:首先,选定旅行社营销的市场范围。旅行社营销的市场范围是旅行社的市场细分的基础和前提。因此旅行社要进行深入细致的市场调研,分析旅游市场消费需求的特点与走向,结合企业本身所具有资源和能力,做出相应的决策。其次,确定市场细分的因素和标准。旅行社的市场细分的关键在于科学地确定细分因素与细分标准。旅行社要确定市场细分因素与细分标准,必须尽可能地将各种旅游消费需求列出并进行归类,并据此决定市场细分的标准。再次,确定市场细分的名称。旅行社根据各细分市场旅游消费者的主要需求特征,用形象化的方法,为经过筛选后的可能存在的各个细分市场确定名称。最后,评估各个细分市场的经营机会。一般来讲,细分市场的经营机会是与细分市场的需求规模和竞争强度相联系的,需求规模越大,竞争强度越弱,细分市场的经营机会就越好,否则就越差。

4.1.2 旅行社的目标市场选择

旅行社目标市场是指旅行社在市场细分后，根据自己的优势条件选择一个或几个细分市场作为自己的营销对象，这些被选定的细分市场即为目标市场。

1. 选择标准

旅行社以营利为目标的性质，决定了其在选择目标市场时以是否具有长期盈利的潜力作为重要的衡量标准。其一，有一定的市场规模和发展潜力。旅游市场规模过小，发展潜力不大，旅行社即便占有市场很高比率，也不会为旅行社带来较高的利润；若旅行社过多地关注规模大的旅游市场，也易形成众多旅行社在同一细分市场竞争的局面，这既耗费旅行社经营成本，也使一些旅行社处于不利的竞争地位。旅行社在满足现实旅游需求的同时，更要发掘尚未满足的、未来的潜在旅游需求，这是旅行社发展的潜力空间。其二，细分市场结构。市场结构是指旅行社与市场的关系特征和形式。旅行社与市场的关系主要表现为行业内的竞争者、潜在竞争者和旅游中间商对旅行社经营的威胁。其三，旅行社的经营目标与资源。旅行社在选择目标市场时，须将旅行社的经营目标及资源与目标市场的情况结合起来考虑，以确保旅行社的目标市场与企业的经营目标及资源状况相适应，对某些细分市场虽然有较大吸引力，但不能推动旅行社实现发展目标，甚至分散旅行社的精力，使之无法完成其主要目标，这样的市场应考虑放弃。

经典案例 4-2

“舌尖旅游”火爆促市场细分

2012 年，受《舌尖上的中国》热播的影响，国内各大旅游网站纷纷推出“舌尖旅游”线路，北京和丽江线路刚上线 2 天就成团，而原本已逐渐步入旅游淡季的海南，却因海鲜美食再度火爆起来。在长三角，目前最火爆的舌尖旅游莫过于江苏淮安的“小龙虾之旅”，虽然小龙虾价格较去年又有所上涨，但前往盱眙、金湖等产地的游客数量正以每周翻倍的速度增加。另外，湖州、长兴等地的“农家菜”旅游也受到上海、杭州市民的青睐。据长兴水口乡紫笋农家乐老板介绍，最近每个周末都要接待两三百名专门来吃农家菜的游客。

资料来源：“舌尖旅游”火爆促市场细分[EB/OL]，第一旅游网.
http://www.toptour.cn/tabid/1210/InfoID/104225/frtid/1314/Default.aspx

【点评】美食游火爆体现了人们出游对美食的热衷，催生了美食旅游现象，预示着进一步细分的要素可以多样。个性化旅游时代的到来，将使得“买门票观光，跟着导游走一天”的观光旅游逐渐淡出人们的视线。美食、养生、摄影、钓鱼……这些主题鲜明的旅游产品大受欢迎，已体现出旅游市场正在由标准旅游产品向定制旅游产品转换的趋势。

2. 目标市场策略

旅行社在选定目标市场后，就要考虑旅行社产品进入目标市场的具体市场策略，一般采用三种策略。一是无差异性市场策略。该策略是将整个旅游市场看作一个整体目标，并未细分，推出一种旅游产品、运用一种营销组合，强调旅游者的共同需求，忽视其差异性。适合于旅游市场需求有差异，但需求相似程度大；旅游市场的需求虽有实质上的差别，但各个需求差别群体的经济规模较小，难获得理想的经济效益；旅行社行业内竞争程度较低，客源市场的需求强度较高等几种情况。二是差异性市场策略。该策略将整个旅游市场划分为若干细分市场，并推出多种旅游产品、运用多种营销组合，有针对性地满足不同细分市场上的旅游者需求，强调旅游者的需求特征。适合于旅游市场的需求存在着明显的差异；细分市场都具有一定的经营价值；旅行社规模较大，且产品经营能力足以占领更多的细分市场等几种情况。三是集中性市场策略。该策略是在市场细分化的基础上，选择其中一个或几个细分市场作为旅行社的目标市场，集中地满足一个或几个细分市场上的旅游者消费需求，强调集中优势资源，满足部分旅游者需求。适合于细分市场具有明显的、实质性的需求差异；旅行社规模较小，且经营能力有限等情况。其各自优劣势比较见表4-2。

表4-2 旅行社目标市场策略优劣势比较

目标市场策略	优　势	劣　势
无差异性市场策略	能够节约经营活动开支，降低旅游营销成本	满足不了旅游者多样化的需求，难以在市场竞争中取得优势
差异性市场策略	针对性强，满足市场需求的程度高，利于旅行社扩大市场占有率，树立良好形象	旅行社市场调研、开发、管理、促销等经营与管理成本相应增加，不利于旅行社核心竞争力形成
集中性市场策略	利于降低营销成本，增加盈利；利于提高旅行社知名度；利于旅行社在某一个或几个细分市场确立自己稳固的地位，形成竞争优势	目标市场狭窄，一旦消费者偏好发生转移或购买力下降，企业就会面临风险

4.1.3 旅行社的市场定位

旅行社的市场定位是指旅行社针对竞争者现有旅游产品在目标市场上经营状况，根据目标市场需求群体对竞争者产品特征或属性的重视度，为本旅行社产品塑造与众不同、给人印象鲜明的特色与形象，并把这种特色与形象通过有效的方式生动地传递给目标市场消费群体，从而使本旅行社在目标市场上确立适当的市场位置，即“树差异，入人心”。

知识链接

定　位

商业中的“定位(Positioning)”概念最早于1969年由杰克·特劳特首次提出，并在四十多年的实战中不断得以丰富和完善。2001年，定位理论压倒菲利普·科特勒、迈克尔·波特，被美国营销协会评为“有史以来对美国营销影响最大的观念”。杰克·特劳特先生本人被誉为“定位之父”，被摩根·士丹利推崇为高于迈克尔·波特的营销战略家，也是美国特劳特咨询公司总裁。

所谓定位，在对本产品和竞争产品进行深入分析，对消费者的需求进行准确判断的基础上，确定产品与众不同的优势及与此相联系的在消费者心中的独特地位，并将它们传达给目标消费者的动态过程。

资料来源：定位(Positioning)，MBA 智库百科，http://wiki.mbalib.com/wiki/%E5%AE%9A%E4%BD%8D

1. 市场定位步骤

旅行社市场定位的实质是在某一目标市场中与主要竞争对手形成差异，并留下形象生动、鲜明的印象，在进行旅游决策时列为重点考虑对象。因此，旅行社在进行市场定位时，必须研究旅行社的竞争潜力、竞争对手在市场上的地位、实力和特点，并且由此确立并传递自己的市场定位。

旅行社的市场定位的步骤如下。

(1) 收集相关信息，识别旅行社的竞争优势。相关信息的搜集与分析是旅行社的市场定位的基础，包括目标市场旅游者需求及其特点、竞争者优劣势、旅行社本身的竞争优势、目标市场需求满足情况，这便于旅行社识别旅行社参与市场竞争时的成本优势和差别化优势。

(2) 分析并确定竞争对手的市场位置。旅行社须在全面分析主要竞争对手的各种信息，包括他们的市场目标、财务状况、组织机构、产品特色、产品价格、服务质量、管理水平等，运用市场细分标准，全面评估竞争对手的市场定位，从而正确地确定竞争对手在目标市场上的位置。

(3) 确定本旅行社的市场位置，树立正确的市场形象。旅行社在明确竞争对手的市场位置后，可进一步按细分标准全面分析目标市场中的需求情况，确定本旅行社的市场位置。市场定位所选择的定位要素，必须充分符合目标市场群体的利益与需求特点，必须是目标市场旅游者群体十分重视和关注的要素。市场定位的成功的最直接的反映就是，顾客对企业及其产品所持的态度和看法。

经典案例 4-3

麦当劳的市场品牌定位

1959 年，年收入不过 243 万美元的麦当劳公司以每月 500 美元的费用聘请芝加哥的一家公关公司做广告。到 1973 年，麦当劳各店平均营业额高达 6 万美元时，全国广告经销费已达到了 2000 美元，负责麦当劳广告的伊登广告公司拿着这笔巨资策划广告时，针对不同的市场——儿童、青少年、青年及中年，提出不同的销售主张，但在任何一项销售主张中，都以欢乐、温暖和亲切为广告设计的主题。

伊登为麦当劳策划了一整套的儿童故事：“汉堡神偷”(Hamburglar)、“芝士汉堡市长”(Mayor McOheese)、“巨无霸警长”(Officer Big Mac)和“奶昔小精灵”(Grimace)。他们都成为麦当劳餐厅中最受欢迎的人物，也是许多麦当劳广告中的主角。他建造麦当劳儿童乐园在快餐业同行中亦为少见，自从 60 年代以来在美国国内推出“麦当劳儿童乐园”后，它已成为麦当劳餐厅中最主要的特色之一。现在全球 30%的麦当劳餐厅中都设有“儿童乐园”。

另外，麦当劳还树立了一个“麦当劳叔叔”——一个非常商业化的小丑：帽子是一顶放着汉堡包、奶昔和薯条的托盘，鞋子像两块大面包，鼻子上装着一只麦当劳杯子。麦当劳叔叔虽然是大人，却只做小孩子喜欢做的事情：溜冰、打球、游泳；他是和儿童站在一起，而非父亲型人物。麦当劳花费巨资用各种广告媒介来塑造“麦当劳叔叔”形象，使它成为麦当劳连锁的代言人。

资料来源：定位战略[EB/OL]. 全球品牌网，http://www.globrand.com/2006/51925.shtml

【点评】麦当劳的品牌形象树立，是以产品特色为基础，通过一系列的市场形象鲜明的活动，树立了一个“欢乐、温暖和亲切”主题形象，通过积极主动而又巧妙地与顾客沟通，引起顾客的注意与兴趣，取得了顾客的认同。

2．市场定位策略

旅行社的市场定位策略主要有以下几种。

(1) 领先定位策略。通过展示其独一无二的属性，在旅游者心目中占据领先的位置。这要求旅行社在产品质量、价格或服务等方面具有绝对的优势，如“天下第一瀑”“五岳归来不看山，黄山归来不看岳”。

(2) 比附定位策略。旅行社并不去占据目标市场中形象阶梯的最高阶，而是避开第一、寻求第二位的策略，避开了与处于领导地位品牌的正面竞争，保存实力。如牙买加的定位形象表述为“加勒比海中的夏威夷”，从而使牙买加从加勒比海区众多海滨旅游地中脱颖而出。

(3) 逆向定位策略。旅行社借助有名气的竞争对手的声誉来引起旅游者对自己的关注、同情和支持，以便在市场中占有一席之地的广告产品定位策略。

(4) 空隙定位策略。比附定位和逆向定位都要与旅游者心中原有的旅游形象阶梯相关联，而空隙定位全然开辟出一个新的形象阶梯，树立一个与众不同，从未有过的主题形象。这样可避开与实力较强的竞争对手直接发生竞争。

(5) 迎头定位策略。旅行社根据自身的实力，为占据较佳的市场位置，不惜与市场上占支配地位的、实力最强或较强的竞争对手发生正面竞争。由于竞争对手是最强大的，所以竞争过程往往相当引人注目，旅行社及其产品容易较快地被旅游者了解，达到树立市场形象的目的。这种定位可能引发激烈的竞争，具有较大的风险。

(6) 重新定位策略。旅行社对销路少、市场反应差的产品进行二次定位。该策略可帮助旅行社摆脱经营困境，寻求新的活力和获得增长的一条途径；也可帮助旅行社发现新的产品市场范围进行重定位。

(7) 创新定位策略。旅行社力图寻找新的尚未被占领但有潜在市场需求的位置，填补市场上的空缺，生产市场上没有的、具备某种特色的产品。

4.2 旅行社营销组合

旅行社的营销组合是旅行社为追求自身利益而发现、创造、传播和传递旅游者价值的过程，是旅行社营销组合与策略综合运用的过程。

4.2.1 营销组合理论

“营销组合”(Marketing Mix)最早由美国哈佛大学教授尼尔·博登(Neil Borden)提出，一般市场需求在某种程度上受到“营销变量”或“营销要素”的影响，“营销变量”或“营销要素”的有效组合可满足一定的市场需求，获得最大利润。随着市场环境的变化，影响市场反应的变量和要素日益增多，市场营销组合理论也随之发展，主要理论有4Ps(6Ps/10Ps)、4Cs和4Rs等。

1. 以市场导向为中心的“4Ps-6Ps-11Ps”组合

20世纪60年代，美国学者杰罗姆·麦卡锡(E. Jerome McCarthy)在《基础营销》一书中提出了著名的4P组合，即影响营销的要素可分为产品(Product)、价格(Price)、地点(Place)、促销(Promotion)等4Ps分类，通过要素组合策略的实施，可适应市场环境，满足目标市场的需要，实现企业的目标。

20世纪80年代，菲利普·科特勒(Philip Kotler)提出了大市场营销策略，认为企业经营活动与外部环境的影响是相互的，还应考虑权力(Power)和公共关系(Public Relations)等因素，两者可作为企业开展营销活动的可控因素加以运用，为企业创造良好的市场营销环境，因此，就形成了市场营销的6Ps组合

1981年布姆斯(Booms)和比特纳(Bitner)建议在传统市场营销理论4Ps的基础上增加三个“服务性的P”，即人(People)、过程(Process)、物质环境(Physical Environment)，形成了7Ps。该理论突出了人的重要性，不仅揭示了员工参与对整个营销活动的重要意义，而且注重营销过程中的细节，重视顾客需求。

1986年菲利普·科特勒又提出了11Ps营销理念，即在大营销6Ps之上增加了探查(Probe)、分割(Partition)、优先(Priorities)、定位(Position)、员工(People)等因素，并将产品、定价、渠道、促销称为战术4Ps，将探查、分割、优先、定位称为战略4Ps。该理论认为，企业在“战术4Ps”和“战略4Ps”的支撑下，运用“职责”和“公共关系”这2Ps，可以排除通往目标市场的各种障碍。

2. 以需求导向为中心的4Cs组合

20世纪90年代，美国市场学家罗伯特·劳特伯恩(Robert Lauterborn)从消费者的需要与欲望(Consumer Wants and Needs)出发，重点考虑消费者为得到某商品或服务所愿意支付的成本(Cost)，同时关注消费者交易的便利性(Convenience)，并通过消费者沟通(Communications)把顾客和企业的利益整合在一起，这是双向沟通的过程，即4Cs组合。

3. 以竞争导向为中心的4Rs组合

21世纪初，美国学者唐·舒尔茨(Don Shultz)教授着眼于企业与消费者互动与互赢，强调企业应与消费者建立某种关联(Relevance)，在互动的市场中不断提高对市场的反应(Response)速度，从而形成某种长期、稳定的关系(Relationship)，成为命运共同体，以获得

期望中的回报(Return)。4Rs 理论以竞争为导向，在新的层次上概括了营销的新框架，体现并落实了关系营销的思想。

旅行社为获得更好的经济效益和社会效益，需要综合考虑目标市场的需求、经营环境、能力、竞争状况，优化组合自身可控的基本营销因素，综合运用、发挥优势、扬长避短。

4.2.2 旅行社营销策略

旅行社围绕旅游者需求，根据其需求量、购买力、期望值等，有计划地组织旅行社经营活动，采取相互协调一致的产品策略、价格策略、渠道策略、促销策略等，为顾客提供满意的商品和服务，从而完成旅行社的企业目标，如图 4.1 所示。

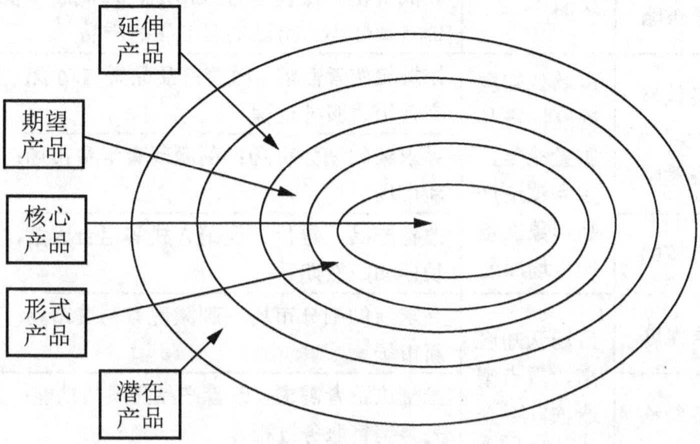

图 4.1 旅行社整体产品结构图

1．产品策略

产品是旅行社经营活动的核心，围绕着旅游者需求而设计、组合，并通过销售产品来实现企业目标，因此，产品策略成为旅行社营销策略的基础。旅行社产品是用于满足旅游者旅游欲望和需要的实务组合，包括有形的物质载体、消费场所、设计思想、文化理念与无形的服务，是一个复杂综合的整体新系统。

(1) 新产品开发策略。旅行社新产品包括全新产品、换代新产品、改进新产品、仿制新产品等类型，在功能、形态、使用等方面体现新的文化、新的理念。新产品开发策略注重产品功能的开发，要求产品在形态、包装、理念等方面有独特的卖点，把产品的功能诉求放在第一位，关注旅游者求新、奇、异、美的心理需要、关注自我精神层面的愉悦与放松。

(2) 产品生命周期策略。美国雷蒙德·弗农教授认为“产品与人一样，会经历一个生命周期过程”，从投入市场到完全退出市场，经历了导入期、成长期、成熟期和衰退期四个阶段。旅行社产品在这四个不同的阶段，根据阶段特点采取不同的营销策略，可发现导致产品衰退的各种因素，延缓产品成熟期，对旅行社的营销活动十分重要。生命周期不同阶段的营销策略见表 4-3。

表 4-3　生命周期不同阶段的营销策略

阶段	营销策略	策略重点	策略特征
导入期	快速撇脂策略	市场认知度低、产品质量不稳定，重点介绍产品功能与属性，扩大市场面	以高价格、强促销进入市场，以良好的市场形象迅速占领市场；适合知名度低、具有产品优势的产品
	缓慢撇脂策略		以高价位、低促销进入市场，快速获得高利润；适合于市场规模小、具有垄断优势的产品
	快速渗透策略		以低价格、强促销进入市场，迅速占领市场；适合于潜在市场大、弹性大，具有高经济效益的产品
	缓慢渗透策略		以低价格、低促销进入市场，以低成本实现高利润；适合于价格弹性小、市场知名度高的产品
成长期	产品改良策略	市场认知度提高，产品质量稳定，重点塑造产品形象，增加市场深度	挖掘旅游者需求，改善产品品质与功能；关注产品附加功能，完善销售服务过程
	市场改良策略		寻求新的细分市场；刺激现有消费市场；寻找有潜在需求的新市场
	促销改良策略		改善产品、定价、促销方式等组合因素，延长产品的市场成长期和成熟期
成熟期	市场改良策略	市场认知度高，重点塑造知名企业，维护市场面	寻求新的细分市场；刺激现有消费市场；寻找有潜在需求的新市场
	产品改良策略		挖掘旅游者需求，改善产品品质与功能；关注产品附加功能，完善销售服务过程
	促销改良策略		改善产品、定价、促销方式等组合因素，延长产品的市场成长期和成熟期
衰退期	维持策略	市场知名度降低，维护知名企业，收缩市场面	保持原有产品模式，顺其自然，适合于大众喜爱产品
	转移策略		关注新产品开发，适合于萎缩产品
	收缩策略		关注盈利市场与渠道，适合于优势显著产品
	放弃策略		放弃经营，适合于衰退较快的产品

(3) 品牌策略。美国市场营销协会(AMA)认为“品牌是一种名称、术语、标记、符号或设计，或是它们的组合应用，其目的是借以辨认某个销售者或某群销售者的产品或服务，并使之同竞争对手的产品或服务区别开来”。品牌的名称简明短小、易识别与记忆、富有吉祥寓意，是企业理念和服务宗旨的再现，向消费者传递企业产品的形象与价值。通过注册后的品牌享有品牌名称和内容的专用权及相应的法律保护，具有排他性。旅行社采用品牌策略，有助于旅行社树立良好形象、获得大众支持，也有助于运用法律手段进行自我保护。可采取无品牌策略、单一品牌策略、统一品牌策略、品牌延伸策略、品牌更新策略、名牌策略等，其中名牌策略是针对具有很高知名度、美誉度，深受广大旅游者喜爱、能给旅行社带来巨大经济利益的品牌。

经典案例 4-4

品牌制胜的新加坡航空

新加坡航空一直是全球盈利能力最强的航空公司之一，以流行趋势引导者及行业挑战者的形象享誉业内。但是新航成立之初，面临了其他航空公司从未碰到过的境况：由于没有国内航线，注定自成立伊始必须与国际航空公司展开竞争，争取国际航线、取得各机场进入许可、飞机起降权及争取新的客源。

为此，新航从一开始就决定实施全面品牌导向的差异化战略。创新、高新科技、高品质和出色的客户服务成为品牌最主要的驱动力。新航在32年的历史中始终坚持自身的品牌特性，率先引进了许多飞行体验服务及娱乐创新，比如，第一家推出热餐、免费酒类及非酒类饮料、拥有独特香味的热毛巾、个人娱乐系统以及根据顾客需求提供影视服务，并且努力做到行业最佳。同时，新航在所有航空公司中始终保持最新的机型，严格坚持替换陈旧机型的制度。新航通常都是第一批使用最新机型的航空公司，如大型喷气式客机波音747、波音777和空客A380。“新加坡空姐”代表亚洲价值观和盛情的、亲切的、热情的、温和的以及优雅的“新加坡空姐”成为是新航服务承诺及优异质量的完美表现。

资料来源：新加坡航空——一个优秀的亚洲品牌[EB/OL]. 走进清华网，http://www.gototsinghua.org.cn/wenku/guanlianli/mba_1488.html

【点评】新加坡航空成立之初所面临的压力之大，是难以想象的。但是它坚持了旨在打造“创新、高新科技、高品质和出色的客户服务”品牌的差异化竞争战略，走出了经营的窘境，塑造了航空领域流行趋势引导者及行业挑战者的品牌形象。

2．定价策略

旅行社产品价格是以货币形式表现的旅游产品价值，是旅游者对产品价值的市场认知。制定产品价格策略时，需要充分考虑产品成本、旅游者认知、市场需求等因素。

(1) 新产品定价策略。旅行社新产品投放市场时，须在考虑产品成本等基本因素后，充分尊重市场供求弹性，在此基础上常选择撇脂定价策略、渗透定价策略和满意定价策略三种。如果旅游产品新颖独特、流行时间短、旅游资源具有垄断性，旅行社会采取高价位投放市场的撇脂定价策略，以期尽快收回成本，在短期内获取丰厚利润。如果产品市场规模大、旅行社供给能力强、且存在众多的竞争者，旅行社会采取低价位吸引旅游者的渗透定价策略，以增加销售量，在短期内获得较高市场占有率。如果产品产销稳定、不愿意以价格战来引发多方面的冲突，旅行社会采取折中态度，采用适中的、令多方面满意的满意价格策略。

(2) 心理定价策略。心理定价策略是以旅游者为中心的营销理念，关注旅游者成本、旅游者价值及其让渡价值，针对不同的旅游产品、不同的旅游者，确定令其满意的价格，以激发旅游者的购买行为。常用的心理定价策略包括整数定价法、尾数定价法、声望定价法、吉祥定价法、组合定价法等。根据旅游者的心理与行为，因势利导，才能定出双方满意的价格。

(3) 折扣价格策略。旅行社为招徕更多旅游者、促进资金回笼，在价格有回旋余地的情况下，采用给予旅游者或中间商让利减价的定价策略，如在购买数量或金额上给予不同价格的数量折扣、按中间商功能的不同给予的功能折扣、在购买季节和时间上给予不同价格的时间折扣、对在一定时间内支付现金的购买者一定折扣的现金折扣，以及实物折扣、促销折扣等多种策略。

(4) 差别价格策略。旅行社因人而异、因时而异、因地而异，在不考虑成本定价的基础上，采取两种或多种价格销售产品或服务，以体现价格的差异性。例如：针对不同年龄、不同职业的旅游者以不同的价格销售同一种产品或服务；针对淡季、平季、旺季以不同的价格销售同一种产品或服务；针对不同的需求市场、不同需求偏好等以不同的价格销售同一种产品或服务等。

3. 分销渠道策略

产品分销渠道经历了直接分销渠道和间接分销渠道两种，其区别在于是否包含中间商环节，如图 4.2 所示。相对于直接分销渠道，间接分销渠道有助于减少旅游产品交易的次数，加快旅游产品的流通过程，提高销售效率。

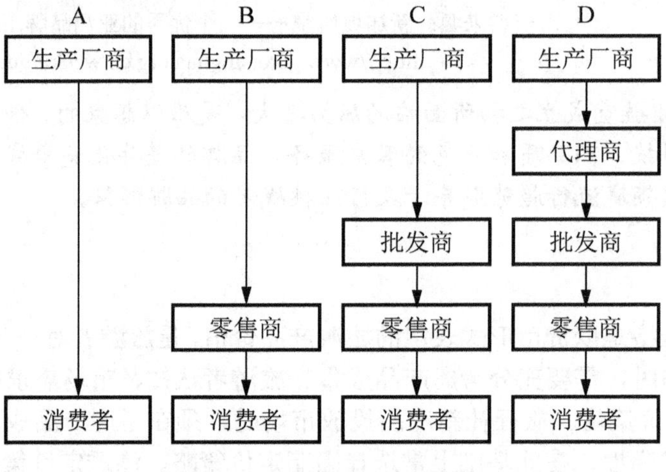

图 4.2　分销渠道的 4 种类型

旅行社采取直接向旅游者售出产品，也采取经中间环节后向旅游者售出产品，旅行社产品不管采取哪种产品流通途径，即旅行社分销渠道。旅行社根据自身具体经营状况、产品品质与特征，采取不同的策略。

(1) 直销渠道策略。直接销售可以使旅行社在产品与市场信息传递迅速、及时、准确，价格相对比较低、具有价格竞争力，且收益空间较大，获取最大化市场盈利。但面临销售范围与销量是有限，成本较高，耗费较多人力、物力和财力等问题。

(2) 间接渠道策略。为节约销售成本，旅行社采取通过旅游中间商把产品销售给旅游者的渠道。根据旅行社具体销售渠道中间商的数量与网点分布格局，又可分为广泛性销售渠道策略、选择性渠道策略、专营性渠道策略三种，它们又各有自己的特点，见表 4-4。

表 4-4　间接销售渠道策略类型比较

策略类型	特　点	优　点	缺　点	适　用
广泛性销售渠道	广泛选择目标市场的中间商	覆盖面广、便于游客购买	成本高、管理难度大、竞争白热化	新产品或新市场开发
选择性销售渠道	有重点和针对性的选择少数中间商	重点集中销售；销售管理成本较低	风险相对集中	成长期产品与市场
专营性销售渠道	选择独家总代理	便于管理，管理成本低	风险集中	新产品

4．促销策略

旅行社通过一定方式、途径和手段，实现旅行社与相关企业间、旅行社与旅游者之间的信息沟通，增强旅游者对旅行社相关产品的认知度和购买欲望，从而短时间内招徕更多的旅游者，实现产品销售的增加和收入的提高。

经典案例 4—5

三八节旅游促销活动多

2012 年，随着三八妇女节的临近，旅游市场上也掀起了女性出游的热潮。三八妇女节促销海报如图 4.3 所示。

图 4.3　三八妇女节促销海报

(1) 买一赠一。3 月 8 日：重庆金佛山实行免票政策；西岭雪山风景名胜对所有女士免门票，同行的男士可享受门票 5 折优惠；九寨沟景区对所有女性游客实行门票“买一赠一”；

黄山对所有女性实施半价优惠；扬州瘦西湖温泉度假村对所有女性实行“5免1”。

(2) 机票白菜价。3月8日：上海飞往三亚、成都，机票2折，仅需400元；上海飞往厦门，特价仅需200元；飞往杭州、南京和武汉最低2折；飞往上海、广州、深圳和成都最低3折；飞往北京、重庆、大连、厦门和沈阳最低5折。

(3) 赏花、温泉、购物是游线主题。从杭州出发，“婺源油菜花2日游”特价200元；“首尔—济州5日游”特价2000元；“港澳5日游”报价1000元。

资料来源：三八节旅游促销活动多 热门线路特惠众景区免票[EB/OL]. 红网，http://tour.rednet.cn/c/2012/03/07/2540551.html

【点评】三八妇女节期间乍暖还寒，全国旅游还普遍处于淡季。但时至春节后第一个全国性节日，女性旅游消费市场大，消费能力强。针对全国性的女性节日开展专门性旅游促销，既迎合了女性消费需求，也营造了一个消费小高潮，皆大欢喜。

旅行社促销实质上就是旅行社和旅游消费者之间的一种信息沟通方式，主要包括广告宣传、人员推销、公共关系、营业推广四种策略。

(1) 广告宣传策略。旅游广告是旅行社通过媒体，以支付费用的方式将本企业产品与服务的有关信息传递给旅游消费者的一种非人员促销方式。目前，留存的广告媒体形式众多，包括电视、广播、报纸、杂志、户外广告、直接邮寄、互联网等，信息覆盖面广、感染力强，效果具有滞后性。

(2) 人员推销策略。旅行社通过派出推销人员深入旅游客源市场，与中间商、旅游消费者进行直接宣传介绍活动，运用各种推销技术和手段，使中间商或旅游消费者采取购买行为的促销方式，具有针对性、灵活性等特点。

(3) 公共关系策略。旅游公共关系是指旅游企业以目标公众为中心、以信息和自身形象为重点、以现代传播沟通工具为媒介，协调旅游企业和社会公众关系及旅游企业内部关系，增进旅游企业与社会公众之间及企业内部的相互了解、支持与合作的一种现代经营管理行为。

(4) 营业推广策略。旅游营业推广是指旅游企业在特定时间、在一定的预算内，对某一目标旅游市场所采取的能够迅速刺激购买欲望以达成交易的临时性促销措施。营业推广是一种短期行为，是旅行社在特定时间向旅游消费者提供的某种激励，是针对目标旅游者的心理而量身定制的，其方式灵活多样。

经典案例4—6

山东加大央视旅游广告投放

自2010年5月1日起，山东省旅游局新增央视1套全天形象广告的投放，每天增加四次“好客山东”形象广告的播出。2010年是山东实施“联合推介”的第三年，正值上海世博会召开，山东提出“唱响好客山东，喜迎世博宾朋”的旅游口号，加大了“好客山东”品牌形象广告的投放力度。

山东省旅游局自2008年在全国率先提出“联合推介”营销战略，整合省、市、县、旅游企业的资源和宣传促销资金，采取集中购买媒体版面和时段节约三分之一、参加“联合推介”的单位出资三分之一、省旅游发展专项资金支持三分之一的模式，在央视等主流媒体开展“好客山东”旅游品牌为统领的山东旅游目的地整体形象宣传，受到了业内外广泛赞誉。“好客山东”知名度迅速飙升，“联合推介”模式也被誉为“全国首创，众省效仿，整合资源，提升形象”。

资料来源：吴洪斌．山东加大央视旅游广告投放[N]．大众日报，2010.5.11：头版 B1

【点评】电视广告是最直观、最有效、最直接的一种融视觉、听觉、感觉于一体的传播。作为最权威、最核心的广告投放平台，央视所拥有的黄金资源与巨大的价值是其他媒体平台所无法比拟的。央视广告资源对旅游企业营销和品牌塑造的作用不言而喻，在央视投放广告成为旅游业获取并巩固领导品牌地位的最便捷途径。山东整合全省资源，主打“好客山东”主题，其影响是深远的。

4.2.3 旅行社营销方式

随着旅游者消费日益趋向理性，其需求的多元化、个性化受到关注。旅行社会根据旅游者的需求特点与产品的内涵，在营销过程中采用不同的方式，如服务营销、关系营销、体验营销、绿色营销、网络营销等。

1．服务营销

20 世纪 80 年代后期，服务作为一种营销组合要素，营销学者在传统的 4Ps 基础上，增加“人员”(People)、“有形展示”(Physical Evidence)、“服务过程”(Process)三个变量，形成了服务营销的 7Ps 组合。

服务营销是企业在充分认识满足消费者需求的前提下，为充分满足消费者需要在营销过程中所采取的一系列活动。

目前，服务营销的研究主要在服务产品营销和客户服务营销两大领域。其中，服务产品营销的本质是研究如何促进作为产品的服务的交换，而客户服务营销的本质则是研究如何利用服务作为一种营销工具促进有形产品的交换。无论是产品服务营销还是客户服务营销，服务营销的理念都是顾客满意和顾客忠诚，通过顾客满意和忠诚来促进有利的交换，最终实现营销绩效的改进和企业的长期成长。

服务营销的组织实施是一个系统性的工程，包括旅游人力资源的管理、制度完善、基础设施的完善、产品设计、服务流程设计等内容。旅游产品组织设计需要充分考虑旅游者的需求，根据旅游者的需求、对旅游产品的价值认知、对旅游服务的敏感性等进行合理设计。其中，对服务流程的设计是对旅游活动过程的全面、系统的设计，必须充分反映旅游者的需求，从而成为旅游服务人员的服务依据。同时，还要对旅游服务人员进行业务培训，提高服务人员在营销过程中的业务水平。

2．关系营销

在社会学中，关系是随着人类社会的诞生而出现，并随着社会的发展而不断发展的。现代社会中，关系体现了个人、企业乃至社会大系统的基本特征。关系网则是指各种人际关系形成各种的网络。人们在社会生产和生活实践中形成各种各样的人与人之间的关系，构成林林总总的复杂人际关系网，这是人际交往的必要条件。

关系营销是从“大市场营销”概念衍生和发展而来的。在20世纪80年代，关系营销围绕“建立顾客关系”兴起。营销学者巴巴拉·本德·杰克逊是积极的倡导者，他认为“关系营销就是指获得、建立和维持与产业用户紧密的长期关系”。

关系营销则是把营销活动看成一个企业与消费者、供应商、分销商、竞争者、政府机构以及其他公众发生互动的过程，其核心是建立、发展、巩固企业与这些组织和个人的关系，其重点在于利益各方相互之间的交流，并形成一种稳定、相互信任的关系。

实施关系营销时应关注：其一，双向沟通促进广泛的信息交流和信息共享，才可能使企业赢得各个利益相关者的支持与合作；其二，关系双方是在双赢的基础上才可能建立和保持长久的合作伙伴关系；其三，参与各方从关系中获得情感需求满足时，合作关系才可能得到稳定和发展；其四，关注参与各方的态度，了解关系的动态发展，及时采取措施消除关系中的不稳定因素和不利于各方利益共同增长因素，这样才能更好地满足市场需求变化。

在我国现阶段进入门槛低、市场运行不规范的旅游市场背景下，关系营销对于旅行社做好市场营销有特别重要的意义。

3. 体验营销

体验营销是指企业通过采用让目标顾客观摩、聆听、尝试、试用等方式，使其亲身体验企业提供的产品和服务，让顾客实际感知产品或服务的品质或性能，从而促使顾客认知、喜好并购买的一种营销方式。这种方式以满足消费者的体验需求为目标，以服务产品为平台，以有形产品为载体，生产、经营高质量产品，拉近企业和消费者之间的距离，如图4.4所示。

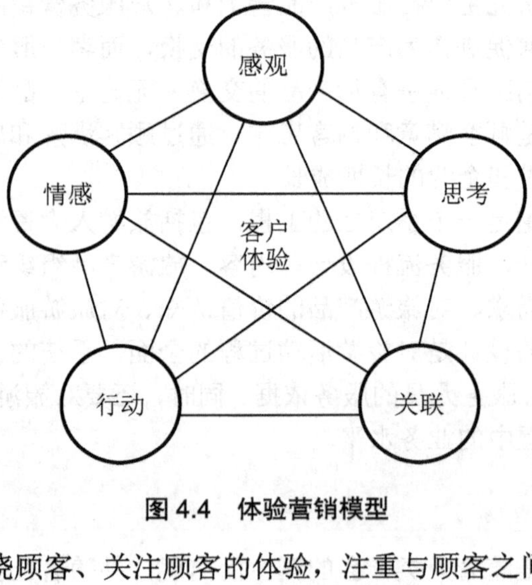

图4.4 体验营销模型

体验营销关键是围绕顾客、关注顾客的体验，注重与顾客之间的沟通，发掘他们内心的渴望，站在顾客体验的角度，去审视自己的产品和服务，以顾客的真实感受为准，去建立体验式服务；以体验为导向设计、制作和销售企业产品。旅游体验营销有多种模式，见表 4-5。

表 4-5　旅游体验营销的模式①

类　型	内　容	特征与要求
美学体验	以满足审美体验为重点，提供给旅游者以美的愉悦、兴奋与享受	运用美学原理和美学手段，按照美的规律去开发旅游资源，配以美的主题，提供美的服务，以迎合消费者的审美情趣，引发消费者的购买兴趣，产生消费行为并留下美好的体验
娱乐体验	以顾客的娱乐体验为诉求，通过愉悦顾客来达到企业的营销目标	将娱乐营销的思想贯穿于旅游营销过程的始终，在顾客旅游的整个经历中时时地加入娱乐体验，使整个旅游过程变得有趣而愉快，从而提升顾客的满意度
情感体验	围绕旅游者内在情感为诉求，满足旅游者情感需要	旅游企业需结合旅游产品特征、探究旅游者的情感反应模式，努力为他们创造正面的情感体验，避免和去除其负面感受
主题体验	设计能打动顾客情感、激发其欲望的主题	构造相互协调的空间、时间和事物的现实整体，实现与旅游目的地本身拥有的自然、人文、历史资源相吻合，从而强化游客的体验
文化体验	利用传统或现代文化，满足顾客文化体验诉求	挖掘旅游产品的文化内涵，构建具有独特个性的产品，提升产品的文化品位，增强旅游的竞争力和吸引力

旅行社可利用传统文化、节日氛围、现代科技、艺术设计、自然环境、情感交流、服务开放、个性展示等手段，营造旅游产品体验情景，增加旅游产品的体验内涵。

4．绿色营销

“绿色”是一个形象用语，泛指保护地球生存环境的活动、行为、计划、思想和观念等。当前全球正悄然兴起一股绿色浪潮，如“绿色食品”“绿色和平组织”等冠以“绿色”的新名词多如牛毛。越来越多的人已经意识到自己生存的环境正遭到破坏和污染。环保运动深化人们的绿色意识，倡导绿色运动与绿色革命，并带动旅游需求与推动人们追求高品质的绿色消费，从而导致了绿色营销的兴起。

绿色营销是以可持续发展理论为指导的，以全球的社会、经济、人口、资源、环境协调发展为基础的，在营销过程之中的各个环节都贯彻和实施“绿色”要求的新型市场营销方式。

绿色营销的内容包括树立绿色营销观念、搜集绿色信息、制订绿色计划、研发绿色产品、进行清洁生产、包装绿色化、制定绿色价格、开发绿色促销、开辟绿色渠道、引导绿色消费等。

进入 20 世纪 90 年代，一些国家纷纷推出一系列以环保为主题的“绿色计划”。围绕着绿色营销，发达国家基本形成“绿色需求—绿色研发—绿色生产—绿色产品—绿色价格—绿色市场开发—绿色消费”为主线的消费链条。

① 周媛．旅游体验营销初探[J]．山西经济管理干部学院学报，2012(2)：28-30.

5．网络营销

世界上没有一个传播的媒体和工具有网络发展这样迅速，规模这样庞大，并以惊人的比例在增长。如此庞大的一个顾客群体吸引了众多的商家在互联网上绞尽脑汁、斗智斗勇，为争夺顾客的“眼球”而搏杀。这就诞生了一种全新的商业营销模式——网络营销。

网络营销也称作线上营销或者电子营销，指的是一种利用互联网的营销形式，建立在互联网的基础上，以线上营销为导向，以网络为工具，由营销人员利用专业的网络营销工具，面向广大网民开展一系列营销活动的新型营销方式。相对于传统营销的 4Ps，网络营销具有自己独特的特点：互动性、虚拟性、私人性、全球性和变化性。

网络营销是知识经济和网络技术相结合的产物，它利用不同的网络渠道组建起强大的不平行的、纵横交织的载体信息，又具有成本低、效率高、传播广、效果好、及时性等特点。

网络营销的职能包括网站推广、品牌展示、信息发布、在线调研、顾客关系，顾客服务、销售渠道、销售促进、在线交易共 9 个方面。

网络营销的具体内容详见 9.3 节。

4.3 旅行社营销管理体系

营销管理(Marketing Management)是在对市场需求及营销环境进行分析的基础上，对营销方案进行计划、组织、领导和控制等活动，以满足市场需求和实现组织与个人目标。

4.3.1 旅行社的营销组织管理

旅行社营销组织是指为了达到特定的营销目标，由许多功能相关的部门结合而形成的有机整体。

1．营销组织特征

旅行社营销组织具有以下基本特征：一是目的性。任何企业的营销都是为了实现某种营销目标而建立起来的，或者说，在其营销活动中表现出一定的方向性和目的性。二是实体性。任何营销组织都是由一定的人、部门以及他们掌握和支配的物质条件构成的。三是系统性。营销组织中的各个要素都是根据一定的内部秩序，按照一定的结构方式结合而成的。四是职能性。营销组织内各部分具有共同的目标，担负着不同的职责，而一个营销组织在它所属的更大系统内又担负着企业和社会赋予它的特殊职能。五是可控性。每个营销组织的建立和完善，都是为了对组织内各部分的相互作用及其活动方向、结果以及内部和外界的关系进行控制。营销组织本身的控制功能以及各部分的可控性，是营销组织的一个重要特征。

2. 营销组织运行

旅行社营销组织设计好以后，就必须把它放到营销活动的实践中去运行。通过实际运行，发现营销组织设计中存在的问题，随时根据运行的情况对营销组织进行改革和调整，使旅行社营销组织的运行始终保持高效率。影响营销组织运行有企业内部因素，如企业战略、经营规模、技术条件、产品和经营的复杂程度等；也有外部环境因素，如国家政策、法律、市场竞争、市场供求关系等。

3. 营销组织管理

营销组织的管理主要涉及以下方面：一是人、事的科学编配。以事定人，知人善任，是企业营销组织结构完善的基本要求。合理化的营销组织系统，必须根据各项工作的需要去安排相应的人员，做到营销人员的品质构成、知识构成、心理构成、经验构成与他们所担负的责任一致。二是责、权、利的相互统一。责、权、利三者之间存在着极为密切的联系。责是取得权、利的前提和基础；权和利是履行职责的保障和条件。有责无权，责任会落空；有权无责，权力会失控；有责有权而无利，责任的履行和权力的运用会缺乏内在的动力，组织系统也将失去活力。三是组织系统运转既要有统一性又要有灵活性。合理化的营销组织系统，既能做到统一指挥，保证上下左右协调一致，又能使各个子系统各负其责，各司其职，活动自如，具有高度的灵活性。四是营销组织气氛的和谐。合理化的企业营销组织系统，能够做到相互理解、相互支持、相互配合，有一种团结和谐的气氛。这种和谐的气氛表现在：营销人员对于企业具有明确的本体意识，营销人员正确地认识企业的使命、目标、现状和前途，对企业具有强烈的归属感和责任感，具有良好的合作意识，上下级之间，部门之间有一致的目标、共同的语言和协调的行动。同时，营销人员能相互关心，相互支持和相互谅解，没有彼此拆台、争功诿过、尔虞我诈的严重冲突；大家同心同德，和衷共济，具有坚强的战斗力。

4.3.2 旅行社的营销人员管理

在竞争激烈的市场中，企业营销人员无疑是冲锋陷阵的企业尖兵。如果说市场是供求关系的总和，那么市场营销人员是这种关系或联系的纽带和媒介。没有一批优秀的市场营销人员，便没有成功的企业。

1. 营销人员素质要求

(1) 企业营销人员所具备的政治思想素质、知识(企业知识、产品知识、营销专业知识)和业务素质(市场调查和预测能力、商品推销能力、销售艺术和技巧、为客户服务的能力)、心理(充满自信、意志坚定、良好的性格、品质)和身体素质等。

(2) 企业营销人员需要具备相关能力，包括观察和思维能力、应变创新能力、组织协调能力、语言表达能力、人际交往能力、团队合作能力等。

(3) 企业营销人员应当具有强烈的事业心和进取精神。营销工作是一种特殊的工作，营销人员长年在外，四处奔波；营销中还要面对千差万别的客户，影响因素复杂，工作效果缺乏确定性，有时还会因世俗的偏见和某些特殊原因而受到客户的误解、遭受冷落、甚至要忍辱负重。这一切说明，营销人员要有强烈的事业心、百折不挠的意志和乐于奉献的进取精神，否则是不可能成为优秀的营销人员的。

经典案例 4-7

乔·吉拉德的故事

乔·吉拉德被誉为世界上最伟大的推销员，他在 15 年中卖出 13 001 辆汽车，并创下一年卖出 1425 辆汽车(平均每天 4 辆汽车)的纪录，这个成绩被收入吉尼斯世界大全。他讲述过这样一个故事：

记得曾经有一次一位中年妇女走进我的展销厅，说她想在这儿看车打发一会儿时间。闲谈中，她告诉我她想买一辆白色的福特车，就像她表姐开的那辆，但对面福特车行的推销员让她过一个小时后再去，所以她就来这儿看看。她还说这是她送给自己的生日礼物："今天是我 55 岁生日。""生日快乐！夫人。"我一边说，一边请她进来随便看看，接着出去交代了一下，然后回来对她说："夫人，您喜欢白色车，既然您现在有时间，我给您介绍一下我们的双门式轿车——也是白色的。"

我们正谈着，女秘书走了进来，递给我一打玫瑰花。我把花送给那位妇女："祝您长寿！尊敬的夫人。"显然她很受感动，眼眶都湿了。"已经很久没人给我送礼物了。"她说，"刚才那位福特推销员一定是看我开了部旧车，以为我买不起新车，我刚要看车他却说要去收一笔款，于是我就上这儿来等他。其实我只是想要一辆白色车而已，只不过表姐的车是福特，所以我也想买福特。现在想想，不买福特也一样。"

最后她在我这儿买了一辆雪佛兰，并开了一张全额支票，其实从头到尾我的言语中都没有劝她放弃福特而买雪佛兰的词句。只是因为她在这里感到受到了重视，于是放弃了原来的打算，转而选择了我的产品。

资料来源：张俊海．成功营销员必备的 11 项素质[EB/OL]．中国营销传播网，http://www.emkt.com.cn/article/189/18963.html，2004-12-14

【点评】乔·吉拉德成为最伟大的推销员不是偶然的，与他所具有的敏锐的观察与思维能力、灵活的应变创新能力、清晰的语言表达能力、注重情感的人际交往能力分不开。

2．营销人员队伍构建

(1) 做好营销人员的招聘工作是建设营销队伍的基础。要多途径多渠道吸引具备营销潜质的人来参加应聘队伍。人员选聘坚持全面、公开、竞争、能级和效率的原则。

(2) 做好营销人员培训。要求企业为营销人员提供与营销有关的知识、技能、态度和行为的学习机会，以增进营销人员的工作业绩，更好地实现企业的整体目标。通过培训可以实现两个目标：一是教会营销人员怎么去做；二是让营销人员做得更好。培训的内容一般涉及企业知识、产品知识、顾客知识、竞争知识和销售技巧等方面。

(3) 打造精干高效的营销团队。企业在市场竞争中的重中之重是市场营销，市场竞争的本质，实际上是一个团队跟另一个团队的竞争。强调是团队而非个人，是因为团队有着共同的理念、利益和目标，在合理分工的基础上利用每个成员的知识与技能进行有效协作，共同解决问题，共同分享成果的一群人。

经典案例 4-8

某公司营销人员的招聘条件

1. 资历要求

(1) 工作经验：有无相关工作经验均可。

(2) 学历要求：大专及以上学历。

(3) 有相关从业资格证者优先。

2. 身体条件

本岗位要求身体健康，精力充沛，具有一定的协调力、控制力、记忆力。

3. 心理品质及能力要求

(1) 智力：具有较强的学习能力，具有理解指令和原理及推理判断的能力。

(2) 具有较强的协调能力、沟通能力、交往能力、亲和力。

(3) 具有团队合作精神，以及较强的服从意识、服务意识和执行力。

(4) 具有一定的洞察力，以及透过现象把握本质的能力。

4. 其他要求

(1) 具有较强的事业心，希望通过努力达到目标的有志之士。

(2) 具有一定的吃苦精神，不畏辛苦，不怕失败，能承受一定的工作压力。

资料来源：前程无忧网，http://www.51job.com/

【点评】该公司对营销人员的招聘比较具有代表性，从资历、身体、心智能力及个人品质上提出的条件并不苛刻，反映了公司对营销人员聘用的基本要求，正如前面所述的营销人员应具备的素质所反映的内容。

4.3.3 旅行社的营销绩效管理

绩效管理是对员工的行为和产出的管理。它属于人力资源管理范畴，以企业发展战略为依据，通过定期的绩效考核，对员工的行为与产出做出客观、公正、综合的评价。

绩效考核也属于人力资源管理范畴，是组织对组织内的成员一段时间的工作、绩效目标等进行考核，是对前段时间的工作总结，同时考核结果为相关人事决策(晋升、解雇、加薪、奖金)等提供依据。也就是说，绩效考核只是绩效管理的一个环节，是对绩效管理前期工作的总结和评价。

营销绩效管理常见方法有目标管理法、关键绩效指标管理法和平衡计分卡法。

1. 目标管理法(MBO)

目标管理(Management By Objective，MBO)由管理大师彼得·德鲁克(Peter Druck)在1957 年提出，被称为“管理中的管理”，是一种被广泛接受的管理理念和应用成熟的绩效考核模式，迄今已有几十年的历史了，已广泛应用于各个行业。目标管理就是让管理人员和被管理者共同参加工作目标制定，在工作中实行“自我控制”并努力完成工作目标的管理制度。其实质是“目标绩效导向的自我管理”，目标体系、有效授权、双向沟通、自我激励是其主要构成要素。

作为计划管理的工具，目标管理将企业经营目标经过层层分解、展开、落实到基层，实现企业内信息自上而下的传递；作为一项激励措施，目标管理在每项计划指标确定过程中，充分与下级讨论，尊重下级的主体性，满足职工的高层次需要，同时实现企业内信息自下而上的流动。

2. 关键绩效指标管理法(KPI)

关键绩效指标(Key Performance Indicator，KPI)考核是通过对工作绩效特征的分析，提炼出最能代表绩效的若干关键指标体系，并以此为基础进行绩效考核的模式。KPI 必须是衡量企业战略实施效果的关键指标，其目的是建立一种机制，将企业战略转化为企业的内部过程和活动，以不断增强企业的核心竞争力和持续地取得高效益。KPI 考核的一个重要的管理假设就是一句管理名言：“如果你不能度量它，你就不能管理它。”

确定 KPI 坚持 SMART 原则。SMART 是 5 个英文单词的首字母的缩写：S 代表具体(Specific)，指绩效考核要切中特定的工作指标，不能笼统；M 代表可度量(Measurable)，指绩效指标是数量化或者行为化的，验证这些绩效指标的数据或者信息是可以获得的；A 代表可实现(Attainable)，指绩效指标在付出努力的情况下可以实现，避免设立过高或过低的目标；R 代表关联性(Relevant)，指绩效指标是与上级目标具明确的关联性，最终与公司目标相结合；T 代表有时限(Time bound)，注重完成绩效指标的特定期限。

3. 平衡记分卡法(BSC)

平衡记分卡(the Balance Score-Card，BSC)是由哈佛大学教授罗伯特·卡普兰(Robert Kaplan)和复兴方案公司总裁戴维·诺顿(David Norton)于 1992 年合作发明的方法，它最重要的特点是要求绩效目标和公司的战略、远景结合，并反映平衡的思想，强调短期目标与长期目标间平衡、内部因素与外部因素间平衡，也强调结果的驱动因素。

BSC 是一种多维管理体系，以战略目标为核心，通过财务、顾客、内部流程、员工学习与发展四个层面来实施管理。这四个方面分别用一系列的指标来描述，各个指标与企业的信息系统集成，四个方面的指标通过因果关系联系，构成一个完整的评价考核的整体。

成功实施平衡记分卡，需要：高层管理人员的支持和推动，没有高层的支持根本不能成功；比较成熟的绩效管理、能力评估、浮动工资制度等体系；比较好的 IT 支持系统，对于人数众多的大公司来说，要想不断地跟踪、处理数据，不断进行调整，没有 IT 支持系统将无法进行；需要专业的战略和人力资源管理咨询。

4.3.4 旅行社的营销过程管理

1. 市场营销计划制订

市场营销计划(Marketing Planning)是为了使企业的营销活动能够有效地为整体战略规

划服务而制订的更具体的营销计划，使得企业的目标、资源、各种环境与机会之间能够建立与保持一种可行的适应性，它为营销实施提供指导，为营销控制提供参照物。

市场营销计划的内容包括八个方面。

(1) 内容提要。即对主要营销目标和措施的简明概括的说明，并给出相应的建议和各项指标的概要，使得上级对整个计划的基本内容在短时间内了解。

(2) 当前营销状况。包括市场的范围有多大，包括哪些细分市场，近几个营业周期的销售额如何；主要竞争对手是谁，他们的主要竞争手段和优势如何，在市场中的影响怎么样；相关产品组合中每个品种的价格、销售量、销售额、利润率等；各主要分销渠道的近期销售额及发展趋势。

(3) 威胁与机会。“威胁”是指营销环境中存在着的对企业营销的不利因素；“机会”是指营销环境中对企业营销的有利因素，即企业可取得竞争优势和差别利益的市场机会。

(4) 营销目标。这是营销计划的核心部分，是在分析营销现状并预测未来的威胁和机会的基础上制订的。营销目标也就是在本计划期内要达到的目标，主要是市场占有率、销售额、利润率、投资收益率等。

(5) 营销策略。指达到上述营销目标的途径或手段。包括目标市场的选择和市场定位策略、营销组合策略、营销费用策略等。

(6) 活动程序。营销策略还要转化成具体的活动程序，内容包括很多方面，比如要做些什么，何时开始，何时完成，由谁负责，需要多少费用，把每项活动都列出详细的程序表，以便于执行及对照检查。

(7) 预算。要编制各项收支的预算，在收入一方要说明预计销售量及平均单价，在支出一方要说明生产成本、实体分配成本及营销费用，收支的差额为预计的利润(或亏损)。

(8) 控制。将计划规定的目标和预算按月份或按季度分解，以便于企业的上层管理部门进行有效的监督检查，督促未完成任务的部门改进工作，以确保营销计划的完成。

2. 营销计划实施

实际上市场营销计划实施是一个艰巨而复杂的过程。美国的一项研究表明：90%被调查的计划人员，他们制定的战略和战术之所以失败，主要是因为实施中的障碍。营销计划实施往往会遇到一些障碍而无法执行，诸如客观环境发生变化，决策管理人员态度发生变化，以及计划本身存在问题。

实施营销计划要做到：首先，制定详细和可操作性强的方案，并将任务层层落实到个人或小组，明确每个人的任务和责任，提出可行的具体措施，并拟定出具体的时间表。其次，建立或更新组织机构，使之同企业的战略一致，同企业的自身特点和环境相适应。组织内部应有明确的分工，并通过正式的组织联系和信息沟通网络，协调各部门和人员的行动。最后，进行计划执行的全方位的有效监督和控制，及时妥善地处理各种突发事件，并为计划多准备几个方案，以防止某个意外事件打乱整个计划进程。

3. 营销活动控制

营销活动控制是指为了实现营销目的，对市场营销计划执行过程进行监控，确保各项活动按计划进行，并对执行中出现的重要偏差进行修正的过程。控制的目的在于使市场营销子系统与其所处的大系统和宏观系统协调地运行。

市场营销控制的包括四个步骤，即建立营销标准、衡量营销绩效、诊断营销行为和采取改正措施。市场营销控制的基本程序是相同的，如图 4.5 所示。

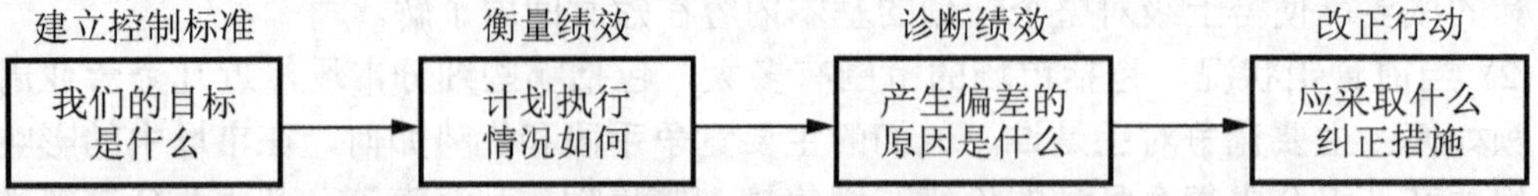

图 4.5　市场营销控制程序

(1) 建立控制标准是通过预先设定的标准来检测实际执行的绩效是否达到了预定的目标，如果达到了，那么就称这个活动有效，可以继续进行下去；如果没有达到，就需要进行相应的调整工作。

(2) 衡量绩效就是把计划实际执行结果与预先设定的控制标准进行比较。如果实际执行结果与预期的控制标准相符，或者优于预定的标准，那么可以继续进行营销活动，并总结相关经验；如果实际执行结果低于预期的控制标准，那么就进入下一步工作，即诊断绩效。

(3) 诊断绩效就是比较实际绩效与预定控制标准之间的偏差，寻找产生偏差的原因并采取相应的措施。有的偏差范围比较小，属于可接受的范围，就不需要进行大的调整。如果偏差范围较大，超出了原先设定的波动范围，那就应该引起营销人员的注意。

(4) 改正行动就是当偏差范围超过了可接受的范围，需要对达到标准的计划内容进行修改，重新设计计划执行方案，重新调配组织工作人员。

本章小结

本章主要介绍了旅行社进行市场营销时所采取的市场细分、目标市场选择与市场定位的 STP 方法，旅行社的市场细分的作用、标准及其程序；旅行社目标市场策略，旅行社目标市场定位的基本步骤及七种基本策略。

在旅行社营销组合及其策略中，介绍了营销组合的三种导向的演变，旅行社营销的四种基本营销策略(产品策略、定价策略、分销渠道策略、促销策略)及重要的营销方式(服务营销、关系营销、体验营销、绿色营销、网络营销)。

在旅行社营销管理环节，则介绍了营销组织的特征、影响构建的基本因素，对营销组织管理的基本内容，以及如何选择、管理营销人员和打造一支营销队伍，对营销绩效管理则着重介绍了目标管理法(MBO)、关键绩效指标管理法(KPI)、平衡记分卡(BSC)三种方法，在营销过程管理节介绍了营销计划制订、营销计划实施、营销过程控制三个环节。

通过本章的学习，学生可以了解市场细分及目标市场定位与选择的原理与方法，熟悉重要的营销方式，掌握旅行社市场营销的基本策略，以及对于营销组织、营销人员、营销绩效及营销过程管理的基本方法。

练习与思考

一、单项选择题

1．市场营销组合中的4Cs组合属于以(　　)为中心。

A．需求导向　　B．产品导向　　C．竞争导向　　D．市场导向

2．营销组织的基本特征是(　　)。

A．目的性　　B．实体性　　C．系统性　　D．职能性

3．旅行社在选择目标市场时，(　　)不在考虑之列。

A．有一定的市场规模和发展潜力　　B．细分市场结构

C．旅行社的市场影响　　D．旅行社的经营目标与资源

4．将整个旅游市场看作一个整体目标，推出一种旅游产品、运用一种营销组合，强调旅游者的共同需求，忽视市场的差异性，这是(　　)策略。

A．无差异性市场　　B．差异性市场

C．集中性市场　　D．共同市场

5．以下属于旅行社市场定位的领先定位策略的是(　　)。

A．旅行社在产品质量、价格或服务等方面具有绝对的优势

B．旅行社并不去占据目标市场中形象阶梯的最高阶，而是避开第一、寻求第二位

C．旅行社借助有名气的竞争对手的声誉来引起旅游者对自己的关注、同情和支持，以便在市场中占有一席之地

D．旅行社全然开辟一个新的形象阶梯，树立一个与众不同、从未有过的主题形象

6．对旅行社产品价格进行声望定价，属于(　　)。

A．新产品定价策略　　B．心理定价策略

C．折扣价格策略　　D．差别价格策略

7．有重点地和针对性地选择少数中间商进行集中销售，属于旅行社产品营销渠道中的(　　)。

A．选择性销售渠道　　B．专营性销售渠道

C．广泛性销售渠道　　D．直销渠道策略

8．旅行社在特定时间、一定的预算内，对某一目标旅游市场所采取的能够迅速刺激购买欲望以达成交易的临时性促销措施属于(　　)。

A．旅游广告　　B．人员推销　　C．公共关系　　D．营业推广

9．(　　)是旅游企业通过采用让目标顾客观摩、聆听、尝试、试用等方式，使其亲身体验企业提供的产品或服务，感知产品或服务的品质或性能，促成旅游消费的行为。

A．体验营销　　B．关系营销　　C．服务营销　　D．绿色营销

10．以下内容在进行营销组织管理的时候无须涉及(　　)。

A．责、权、利的相互统一

B．同心同德、和衷共济的品质

C．统一性和灵活性相结合的运转系统

D．人、事的科学编配

二、名词解释

1．旅行社的市场细分
2．旅行社的市场定位
3．旅行社营销管理
4．关键绩效指标管理法(KPI)
5．目标管理法(MBO)

三、简答题

1．简述旅行社的市场细分的作用、标准与程序。
2．简述旅行社的目标市场选择的标准。
3．简述旅行社市场定位的步骤。
4．简述如何建设一支优秀的营销人员队伍。
5．简述市场营销计划的内容。
6．简述营销活动控制。
7．简述旅行社市场定位的七种策略。
8．简述旅行社营销方式(服务营销、关系营销、体验营销、绿色营销、网络营销)的内容之一。

四、思考题

旅行社需要做好哪些环节，才能保证有效实施旅行社营销管理？

补充阅读

“天府之国”与“东方伊甸园”之争①

2001年，一篇名为《成都是中国第四城》的文章引起轩然大波，杭州、西安、南京、武汉等地迅速跟进，纷纷表示自己是中国的第四城；两年前，“多彩之都”“美食之都”“休闲之都”等头衔渐次飘落蓉城，随后了无下文；一年前，成都市政府向市民广征城市新名片，一时间各种新称谓、新题名泉涌而至。

2004年2月，成都市委、市政府正式将“东方伊甸园”定义为成都的城市新名片。3月12日，成都市政府在北京举行声势浩大的新闻发布会，“东方伊甸园”旅游新名片活动借助百架包机活动在全国范围拉开。4月3日，“百机宴”首架包机从云南抵蓉，在成都掀起一股寻找东方伊甸园的旋风。

放弃历史招牌“天府之国”不用，却借用一个外来的“洋概念”，成都葫芦里究竟卖的什么药？

---

① 杨青．“天府之国”缘何换名“东方伊甸园”?[EB/OL]．人民网，http://unn.people.com.cn/GB/14748/2449808.html，2004-04-15.

1. 成都市房管局局长：最早抛出"东方伊甸园"概念

最早抛出成都是"东方伊甸园"概念的是成都市房管局局长周鸿德，因为政府各职能部门一起建设推销成都的庞大工程，于是以子德为名在科幻世界网上发表文章称，成都就是"东方伊甸园"，应该以此为主题，整合成都的旅游文化资源。"东方伊甸园"之名不仅引经据典，而且援引美国《国家地理杂志》1920年的一篇文章，当时约瑟夫·比奇在《东方伊甸园——中国西部》文中所指的西部就是四川。子德文章一出，跟帖者众，连哈佛大学费正清中心的学者也跑来捧场。

2. 反对的观点："东方伊甸园"纯粹是贴牌

署名府南愚人的网友表示，作一家之言，为学术之得，本也无可厚非。如将"东方伊甸园"作为成都市的定位，简直是混账透顶，莫名其妙，有辱"老母"。网友文中思认为，东方伊甸园是一张可笑的贴牌名片。透过炒作"伊甸园"的现象看本质，"伊甸园"背后是一个没有自信心的民族产业，是一个没有自我品牌的民族产业，最终的结果只能是：一时的喧嚣，永久的痛。

3. 赞成的观点："东方伊甸园"可以洋为中用

四川大学教授认为成都已有"天府之国"古称，东方伊甸园更多的是文化开发的概念，从整合城市文化，开发旅游资源上有一定道理。在全球化的今天，这种"西方名字东方叫"的借用方式可能会带来机遇。对成都而言，多一张名片，多一份色彩不是坏事。

著名经济学家陈家泽认为，成都是否具备"东方伊甸园"的条件，从旅游的角度，成都的旅游资源比较稠密，出于注意力经济的考虑，让这个名字产生广告效益，实则是一种吸引游客的手段。成都的三星堆、金沙遗址和都江堰都是不可复制的旅游资源，现有地方政府如能有效提高城市竞争力，整合不可复制旅游资源，可以进一步增加现有资源的附加值。

"巴蜀鬼才"魏明伦认为从经营、招商和旅游的角度提出的"东方伊甸园"的绰号也未尝不可。因为东方伊甸园不在于山水之间，在于招商经营之间也。只要成都的GDP能就此增长，百架包机行了，这个策划就算成功了。如果若干年后人们还叫成都是东方伊甸园，说明它能经受住历史的考验，如果不能也没关系，再叫回"天府之国"也没什么损失。

4. "东方伊甸园"叫响后的影响

"东方伊甸园"的城市新名片刚刚推出，成都地产界就有了不小的动静。不到一个月，成都的房价上升了300元。据统计，去年成都房价的增幅位居全国第五，今年某房地产商在成都市区东部的三期项目已经叫卖到每平方米4000多元了。即使这样，"房子还是抢不到"。

"东方伊甸园"可以提升成都的国际化形象。INTEL公司已决定在成都注资3.75亿美元建立封装测试厂生产电脑芯片，投产以后将成为四川省外资外贸业的利税大户。

5. 叫响"东方伊甸园"的背后

争做中国第四城是成都多年的梦想。2003年全国人均GDP为1000美元，成都人均GDP达18 998元人民币，比全国平均水平高出一倍多。目前，成都市总人口有1044万，在国内城市人口排名上是老四；去年成都的GDP是1870亿元，在全国15个副省级城市中排名第四；成都的社会消费零售总额为771.5亿元，在15个副省级城市中排位第四。成都市政府苦心经营的城市新名片推广，更多的是希望能让成都挤进与北京、上海、广州、深圳等城市齐名的“名城之列”。

有分析家指出，论城市环境优美，成都不及大连；论经济繁荣和财富，成都比不得上海；说政治、经济和文化中心，北京堪称第一；要谈开放程度和地理环境优越，成都哪里追得上广州；成都也没有深圳的发展速度和开放窗口的作用。就连周边的副省级城市，成都也有很多不足：西安历史文化古城的积淀令成都奈何不了；昆明因为旅游概念推销得早，其旅游业的发达早已在西部为首翘楚；工业总量不及重庆，成都的单个企业规模不大，支柱产业不粗，产品不壮，当地上50亿元的企业很少。

而近年来旅游业现已成为成都新的经济增长点，但旅游业在结构上很不合理，平均消费少的国内游客占了九成以上。如何吸引国际游客，改变旅游构成结构是成都急于换新名片的根本原因之一。“和老外说伊甸园谁都懂，但要解释天府之国就难了，十个有九个听得雾一头。”

10年之后再看，成都的“东方伊甸园”那几年做旅游、搞地产的人印象非常深刻，他们得到了实惠。10年后的“东方伊甸园”也已烟消云散，“天府之国”还是这个城市经久不衰的名牌。

讨　论

1. 成都为何放弃了2000年的名牌“天府之国”而采纳了洋名字“东方伊甸园”？
2. 从营销角度看，做响“东方伊甸园”的招牌，有什么需要配套？
3. 如果进一步深化，可否对外营销称为“东方伊甸园”，对内营销称为“天府之国”？
4. 这个案例对你还能产生哪些启发？

第5章 旅行社服务质量管理

学习目标

知识目标	技能目标
1. 了解旅行社服务、服务质量、服务质量管理等相关概念	1. 顾客有效参与管理，对一线员工的管理
	2. 提高服务评价、洞悉客户预期、管理客户感知风险
2. 熟悉旅游服务三阶段中各自服务质量管理的内容	3. 门市部的服务功能、门市部售前服务的特点、门市部管理的内容
3. 掌握旅行社服务质量管理的目标、过程及原则等	4. 售后服务的重要性、顾客忠诚管理、服务补救、投诉管理
4. 熟悉旅行社全面质量管理的基本方法	5. PDCA、“5S” 等方法

知识结构

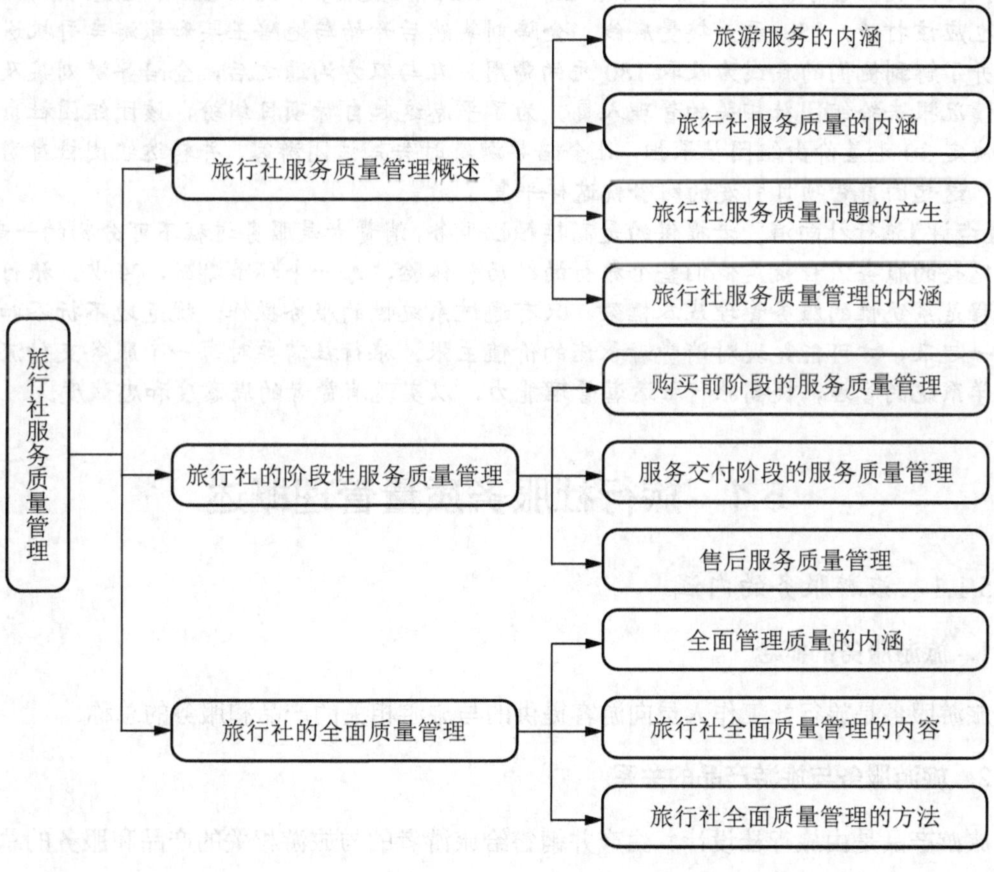

导入案例

自费项目引发的服务纠纷

2010年5月，举世瞩目的世博会在上海隆重举行，引发了赴华东旅游的热潮。5月21日，四川某旅行社组织某政府机关的工作人员赴华东旅游，全陪刘某陪同前往。5月23日，该团地陪王某向该团游客推介自费项目套餐(夜游黄浦江、车游外滩及浦东夜景、登顶世贸大厦)，收费220元。费用构成为：登顶世贸大厦门票100元，夜游黄浦江船票80元，车游外滩及浦东夜景车费40元。游客们在极力推介下最初纷纷表示愿意自费前往。该团地陪王某在与计调部门协调后将晚餐地点定在靠近外滩的南京路某餐厅。晚餐结束之后，该团部分游客之前曾多次来过上海，知道南京路步行到外滩不过20分钟左右的时间，于是提出步行前往外滩观看夜景，取消夜游黄浦江以及登顶世贸大厦的项目，并希望旅游车在餐厅等待他们两个小时。地陪导游王某解释说因旅游车超过服务时间，等待需要另付400元服务费。这一要求引发游客极大的不满，认为既然已经支付该旅游车包车费用，车辆就必须等待他们夜游外滩，并拒绝支付400元服务费。双方为此争执不下。

为了平复双方的情绪，该团全陪刘某及时出面进行斡旋。在与游客进行沟通之后了解到，游客并非真不想参加夜游黄浦江和登顶世贸大厦的项目，只是感觉外滩和浦东的距离不远，收取400元的车费显得非常不合理。而且该团人数众多，100元世贸大厦门票和80元船票也应该打折，150元为接受底线。全陪刘某然后开始与地陪王某和旅游车司机进行沟通，并了解到他们的底线为收取180元的费用。在与双方沟通之后，全陪导游刘某及时将这一情况报告给组团社相关的管理人员。为了平息这起自费项目纠纷，该团组团社负责人立即决定30元差价由组团社承担，让全陪导游及时告知该团游客，并转达组团社对游客的歉意。这起因自费项目引发的纠纷就这样平复了。

【点评】旅行社向消费者提供的是高接触性服务，消费者是服务过程不可分割的一部分，一个完整的服务流程就是他们整个旅行的经历和体验，每一个环节都必不可少。旅行社服务流程是系统性的服务管理基本框架，只有通过系统性的服务操作，规范地不折不扣地融合在一起来，才可能兑现对消费者承诺的价值主张。旅行社需要对每一个服务交付流程进行科学系统的管理，提高旅行社运营管理能力，以实现消费者的满意度和忠诚度。

5.1 旅行社服务质量管理概述

5.1.1 旅游服务的内涵

1. 旅游服务的概念

旅游服务是旅行社工作人员向游客提供的与旅游相关的产品和服务的总称。

2. 旅游服务与旅游产品的关系

旅游产品是由旅行社设计、生产并销售给旅游者的与旅游相关的产品和服务的总称。

与旅游服务相比较，旅游产品则包括软件服务与硬件服务体现的载体(如交通工具、饭店设施、餐饮美食等)，而旅游服务更侧重于人的服务；尽管旅游属于服务产业，但旅游产品与其他产品相比较更侧重于服务。

3. 旅游服务的特点

(1) 无形性。这是旅游服务的最大特点，它不像有形商品那样能看到、感觉到或触摸到。例如，导游服务是由导游服务人员针对游客进行的行为(如导游讲解、住房、餐饮服务)，尽管游客可以看到或接触到服务的某些有形部分(如导游人员的外表形象、宾馆餐厅的设施设备、旅游用车的标准)。

(2) 异质性。旅游服务是旅行社一线工作人员为游客提供一系列服务的过程，游客受到年龄、生活、工作经历、家庭文化背景、个人兴趣爱好、内心情感因素的影响，也受服务提供者的情绪、发挥状态的影响，以及变化的客观外部环境的影响，得到的旅游服务体验也会不尽相同。

(3) 生产与消费同步性。一般情况下，大多数有形商品经历的是“生产—流通—销售—消费”的过程，而旅行社产品却是先销售，然后同时进行生产和消费。这就意味着服务生产时消费者是在现场的，而且会观察到甚至参与到生产过程之中，在服务过程中顾客之间、顾客与导游之间会相互作用，而且会影响最终体验。

(4) 易逝性。旅游服务易逝性意味着旅游服务不可能像有形商品那样进行盘货清点，不能把它们存入仓库后再出售。服务不可储存、不能被退回或反复销售，也就意味着服务企业必须制定有力的补救措施，以防差错的出现。

4. 旅行社三阶段服务

根据旅游服务的发生时间先后顺序，可将旅游服务分为购买前阶段、服务交付阶段与服务结束后阶段(如图 5.1 所示)，每一个阶段都包括若干个步骤。

(1) 购买前阶段。主要由门市部门和销售部门承担售前服务，需要完成为旅游者提供购买前的信息咨询、激发旅游者的消费需求、降低消费者对服务评估的困难和感知风险、提供完整的解决方案等工作。购买前阶段主要围绕如何选择旅行社进行，重点在促使游客购买行为的发生。

(2) 服务交付阶段。具体由接待部门的导游人员来实施完成服务交付工作，主要涉及为旅游者在游览中由导游执行旅行社的团队运行计划，如何按照双方协议规定内容落实旅游接待中的吃、住、行、游、购、娱等相关服务。

(3) 服务结束后阶段。由质检、销售部门承担这一阶段的售后服务，主要负责回访旅游者、游客满意度调查、接受旅游者投诉、对服务交付失败的补救、实施顾客忠诚计划等工作。

1. 购买前阶段 1) 感知需求 2) 信息搜寻 3) 确认可选择的旅行 ● 进入旅行社 ● 选择并评估可选择线路与服务方案 ● 回顾旅行社信息(如广告、宣传手册、网站等) ● 借助第三方进行信息回顾(如社会口碑、网络或博客评论、满意度排名等) 4) 形成购买决策
2. 服务交付阶段 1) 导游接团 2) 旅游开始 3) 导游服务 ● 吃、住、行、游、购、娱等服务的交付 ● 个性化需求与满足 ● 问题处理 4) 游览结束
3. 服务结束后阶段 1) 评估服务绩效 2) 售后服务 3) 旅游投诉与处理

图 5.1　旅游服务三阶段模型图

5.1.2　旅行社服务质量的内涵

经典案例 5—1

我国旅行社旅游服务质量问题表现

近年来，我国旅行社数量发展迅猛，但在服务质量上却不尽如人意，主要表现如下：

(1) 超范围经营，变相出卖经营权。比如，根据《旅行社管理条例规定》对旅行社的经营范围和经营方式做了详细地规定，但是现实经营过程中却存在不少违规情况，如国内旅行社经营国际旅游业务、部门承包、个人挂靠等。

(2) 旅游合同制作条款模糊，广告虚假。一些旅行社常利用双方信息量的不对等及游客法律法规知识的欠缺，蓄意在旅游合同条款上做文章；或玩弄文字游戏，使合同内容模棱两可，以减轻或规避本应承担的责任；或将行政法规的有关原则规定直接作为格式条款合同，以免除自己一方的责任。此外，在旅游过程中，为了揽客，旅行社常常做出诱人的承诺，发布含糊不清的广告，如标明七日游，实则第一天晚上出发，第七天一早返程；标明三星级或准三星级酒店，然后在准三星级酒店上大做文章等。

(3) 擅自降低服务标准，更改行程。由于利益驱使，在旅游行程中，地接社擅自降低服务等级标准，缩短旅游行程，增加购物时间，强迫旅游者购物或参加自费项目，没有征求旅游者的同意而擅自拼团、转团，在发生意外事故时也推卸责任。

(4) 导游员缺乏责任心，甚至诱使旅游者购买伪劣商品。一些导游把购物作为带团的重心，有的甚至在拿到带团旅游行程的开始，就盘算着在何时何地以何种方式去“扎店”，诱使游客购买伪劣商品或以“老乡店”为幌子骗取游客信任，然后以超低价格或以“赠送礼品”为名，变相强迫游客购物；并且在带团过程中讲解少，活跃气氛技能差，甚至违反作业指导书，增加或减少景点，克扣餐标。

(5) 旅游安全存在隐患，组团报价设置价格陷阱。旅游中，“黑车”“黑导”以及旅游车船严重超载，损害了游客人身、财产安全。甚至有些旅行社在出行时，不给旅游者购买人身意外保险。组团过程中，报价存在价格陷阱，如报价低于成本，或采取“零团费”“负团费”等削价方式争夺客源，但在旅游过程中却采取各种各样的办法变相收费。

资料来源：李永利. 我国旅行社旅游服务质量的问题及解决对策[J]. 韶关学院学报(社会科学版). 2009，30(8)：53-55)

【点评】现阶段我国旅行社旅游服务质量问题产生的原因比较复杂，其一是旅游市场发育不成熟，行业进入门槛低，市场秩序混乱，低价或低于成本价揽客普遍，旅游经营者主要靠削价竞争来争夺客源，“人头费”、高额回扣成为利润的主要来源；其二是经营者不诚信经营，降低服务标准、擅自增减活动项目、不如实履行合同约定等；其三是消费者不成熟，出游时一味追求低价，忽略质价相符永恒的定律；其四与旅游法规不完善、旅行社行业内部管理不规范、从业人员素质相对较低、现行导游薪酬制度不健全有关。

这是一个关于旅游市场的乌托邦问题，旅游市场的直接体现是人们对服务质量的关注。市场问题应当由市场来解决。还旅游市场一个晴朗的天空，打造中国的旅游品牌和旅行社品牌，政府的有效法律规制与宏观监管，企业的依法经营，从业人员的恪尽职守，消费者的理性选择，媒介的正面宣传，缺一不可。

1. 服务质量的概念

关于服务质量，1982 年克里斯廷·格罗鲁斯最早提出了顾客感知服务质量的概念，将感知服务质量定义为“顾客期望的服务质量与顾客实际接受的服务质量之间的差异”。帕苏拉曼认为“服务质量是指服务实绩是否符合顾客的期望”。我国国家标准对质量的定义是：“质量是产品或服务满足明确或隐含需要能力的特征和特性的总和。”

2. 服务质量五维度

服务质量有可靠性、响应性、保证性、移情性和有形性五个维度。

(1) 可靠性(Reliability)。指服务企业准确无误地完成所承诺的服务。它反映了一个企业服务绩效的一致性。消费者认为可靠性是服务质量模型五方面中最重要的，因此，许多以优质服务著称的企业是通过“可靠”的服务来建立自己的声誉。

(2) 响应性(Responsiveness)。指企业随时准备为顾客提供快捷、有效的服务。

(3) 保证性(Assurance)。指服务人员的友好态度与胜任工作的能力。它能增强顾客对企业服务质量的信心和安全感。

(4) 有形性(Empathy)。有形性是指服务产品有“有形部分”，如各种设施设备以及服务人员的外表等。由于服务产品的本质是一种行为过程而不是某种实物，具有不可感知的特性，所以顾客只能借助这些有形的、可视的部分来把握服务的实质。

(5) 移情性(Tangibles)。指企业要真诚地关心顾客，了解他们的实际需要并予以满足，使整个服务过程富于“人情味”。

3. 旅行社服务质量的概念

旅行社服务质量的概念有狭义和广义之分。狭义的旅行社服务质量主要是指旅行社的产品开发设计质量同旅游销售人员、接待服务人员的服务质量。广义的旅行社服务质量不但包括了旅行社各部门的服务质量，而且还包含了旅游活动中涉及到的要素供应商的服务质量。由于旅游服务的广泛性与杂合性，所以旅行社的服务质量管理不可控因素更多。

4. 旅行社服务质量五维度

旅行社服务质量具体可体现为围绕着有形性、可靠性、响应性、保证性和移情性的五个维度，见表 5-1。

表 5-1 旅行社服务质量体系五维度

维度	代码	问题
有形性	A1	营业网点方便购买
	A2	前台接待环境舒适
	A3	宣传资料精美，内容丰富
	A4	接待人员精神饱满
可靠性	B1	交通工具符合合同约定标准
	B2	行程线路明确细致，并与预定路线一致
	B3	住宿档次符合合同约定标准
	B4	餐标符合合同约定标准
	B5	娱乐节目符合约定内容
	B6	景点浏览充分
	B7	购物安排及指导
响应性	C1	旅行社员工能及时准确地回答客人的咨询
	C2	能及时通知相关信息
	C3	旅行社对于客人的意见和建议能及时回应
保证性	D1	导游对行程及注意事项介绍清楚
	D2	导游服务的主动性及周到程度
	D3	导游的人际沟通及组织能力
	D4	导游讲解的生动性
	D5	导游处理突发事件的能力
移情性	E1	员工能设身处地为顾客提供合适的咨询和建议
	E2	导游关注客人的个性化需求，能给予合理照顾
	E3	旅行社在服务项目和内容上能为顾客提供便利

资料来源：李永利．我国旅行社服务质量测评的实证研究[J]．旅游论坛，2010，3(10)：76-80.

5.1.3 旅行社服务质量问题的产生

1. 服务质量差距模型

1988年美国学者Berry，Zeithaml和Parasuraman推出了一种被称为“差距分析模型”的分析方法，如图5.2所示，比较客观地分析服务质量问题产生的原因，有助于帮助管理者了解如何着手才能有效改进服务质量。

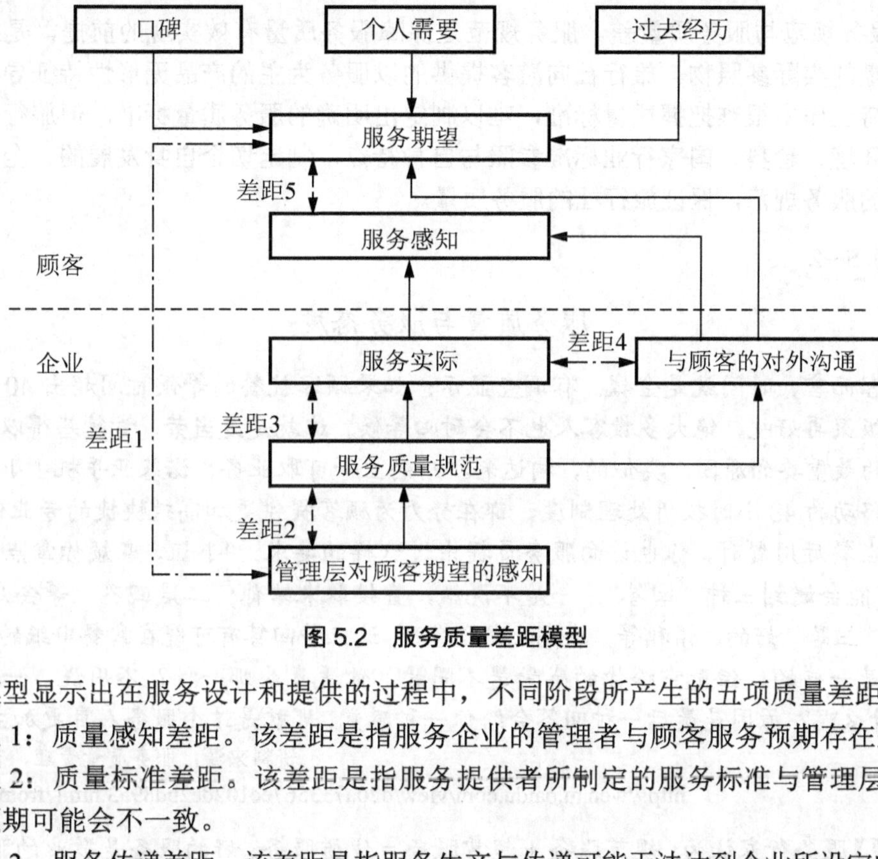

图5.2 服务质量差距模型

该模型显示出在服务设计和提供的过程中，不同阶段所产生的五项质量差距。

差距1：质量感知差距。该差距是指服务企业的管理者与顾客服务预期存在差距。

差距2：质量标准差距。该差距是指服务提供者所制定的服务标准与管理层认知的顾客服务预期可能会不一致。

差距3：服务传递差距。该差距是指服务生产与传递可能无法达到企业所设定的标准。

差距4：市场沟通差距。该差距是指服务企业在市场宣传中所做出的承诺与企业自身实际提供的服务不一致。

差距5：感知服务质量差距。该差距是指顾客所感知的或实际体验的服务质量与其所预期的不一致。

2. 旅行社服务质量差距体现

(1) 预期质量与感知质量差。旅游者对旅游服务质量的预期感知构成了旅游者的预期质量，旅游者在实际旅游过程中的服务水平感知是感知质量，旅行社服务质量是两者之差。

由于旅游者的预期感知受个人经历、需要与环境的影响，旅游者的感知质量一般低于预期质量。

(2) 过程质量与结果质量差。旅游者对旅行社服务质量的感知包括服务的过程质量与结果质量两个方面。旅游活动涵盖旅游全过程的吃、住、行、游、购、娱六大要素，旅游活动多元素性导致游客对过程质量的感知复杂多变。结果质量的产生依赖于旅游过程，旅游过程往往是旅游者关注的重点，所以旅游者对过程质量的重视度也往往高于结果质量，"木桶原理"很好地说明了旅行社过程质量中的某一块短板决定了旅行社整体服务水平的评价。

(3) 服务规范与服务质量差。服务规范是保障服务质量有效实现的前提，是提高与实现服务质量的实际参照物。旅行社向游客提供的以服务为主的产品无形性特征导致旅行社在实际接待工作中很难把握质量标准，难以制定出明确的服务质量标准。但旅行社应当根据大旅游环境、趋势、国家行业标准参照与自身特点，制定切合自身发展的、全面的、现实可操作的服务规范，保证旅行社的服务质量。

经典案例 5-2

服务质量与服务态度

对顾客而言，时间就是金钱。有调查显示：如果顾客就餐的等候时间超出 40 分钟，即便那里的饭菜再好吃，绝大多数客人也不会耐心等候。这就是麦当劳、肯德基得以在全世界获得成功的最重要的原因。类似的，柯达彩扩店的立等可取业务，诺基亚手机 1 小时维修服务、中国移动的 48 小时投诉处理制度，都在努力为顾客提供更加高效快捷的专业化服务。

当你在餐厅用餐时，你也许向服务员提出过这样的要求："小姐，麻烦你拿点餐巾纸好吗?"你可能会遇到三种"回答"：一是不说话，直接取来给你；二是回答"等会儿"，也会取来给你；三是"好的，请稍等，我马上给您拿"。这三种回答有可能在拿餐巾纸的时间和服务结果上是一样的，但是它给你的感受是不同的。你更喜欢哪一种？不用说，一定是最后一种。为什么呢？原因是最后一种回答会给你一种感觉，那就是这个服务人员更加主动积极。

资料来源：服务质量管理，百度文库，
http://wenku.baidu.com/view/d20a733567ec102de2bd8953.html?from＝share_qq

【点评】服务行家认为：规范服务＋超常服务＝优质服务。好的服务是敬业的服务态度、优秀的服务技能和快捷的服务效率的总和。好的服务态度体现为服务人员工作时认真负责、积极主动、热情耐心、细致周到、文明礼貌，以及在服务工作中杜绝推托、应付、敷衍、搪塞、厌烦、冷漠、轻蔑、傲慢、无所谓的态度而给人带来的亲切感、热情感、朴实感与真诚感。

5.1.4 旅行社服务质量管理的内涵

1. 旅行社服务质量管理的概念

旅行社质量管理是指旅行社为了保证和提高产品质量，综合运用一整套质量管理的体系、思想和方法进行的系统管理的活动。具体而言，是旅行社领导重视，各个部门和全体员工同心协力，把服务技术、经营管理、数理统计等方法和职业思想教育结合起来，建立从市场调查、产品设计、制定标准、计划执行及过程控制、信息反馈等产品生产销售全过程的质量保证体系。

由于旅行社的产品质量涉及旅行社内部各部门及旅游要素服务供应商的每个服务人员，所以旅行社的质量管理必然具有全面性、预防性、持续性和科学性等。

2．旅行社服务质量管理的要求

(1) 服务质量管理的核心是顾客满意。服务质量与顾客满意是等价的，服务质量管理的核心就应该是顾客满意。但顾客满意是一个比较抽象的概念，且因人而异，同样的服务对不同的顾客其感受是不同的，所以试图用精确的度量测定服务质量是比较困难的。一般而言，可以通过在保持顾客期望水平前提下提高服务质量水平、通过广告和促销使顾客的期望保持在合理的范围内、提高顾客的期望值与较大幅度提高服务质量相结合三种方法实现。

(2) 服务质量管理的重点是预防。由于服务具有无形性的特点，使服务质量的检验难以像实物产品那样通过事后检验判断是否符合标准要求，所以服务质量管理的重点不是对已经产生的缺陷的鉴别和剔除，而是强调“防患于未然”，重在减少和消除产生服务缺陷的原因，将服务质量的缺陷消灭在其形成的起始过程中。

(3) 服务质量管理是一个持续改进的过程。旅行社的服务处于一个持续发展与变化的过程中，服务质量管理应根据既变的客观情况做出有效的调整，以不断的更新满足顾客需求和期望，提升服务质量。

(4) 服务质量管理需要全面发展。旅行社质量管理全面发展既体现在服务的设计质量、服务质量过程控制、服务质量营销以及信息质量反馈与调整方面，也体现在服务提供人员质量的全面性，无论是管理人员还是一般员工，无论是一线员工(如导游人员)，还是后台员工(如票务、勤杂)，都包含在内。

(5) 服务质量管理有成本。服务质量水平与成本有直接的关系，往往涵盖了损失成本(缺陷成本)、鉴定成本、预防成本三个方面。损失成本是指服务缺陷引起的成本。鉴定成本指为发现不符合标准的服务或为确保服务质量而进行的检查、实验及其他相关活动所支付的费用。预防成本指为防止服务质量问题而支付的因计划、管理、培训、质量控制所发生的费用。

3．旅行社服务质量管理的主要原则

质量管理大师戴明提出了著名的质量管理 14 项原则，经过实践检验，证明是行之有效的原则和方法，对服务质量管理具有重要的现实意义。在此基础上，旅行社服务质量管理更应注重以下四条原则。

原则 1：科学规划，创新服务。旅行社应有为未来打算的长期观念和恒久的目标，同时，应采用创新的服务理念，秉持顾客第一。

原则 2：与时俱进，加强监控。旅行社要摒弃依赖对最终产品的检验进行质量管理的做法，将管理的重点放在过程的改进方面，在旅行社运行过程中寻找解决问题的方法。

原则 3：强化培训，自我完善。旅行社需要建立现代化的在职培训制度，并使之常态化。

原则 4：部门协调，资源共享。旅行社消除部门之间的障碍，鼓励通过团队和采用质量控制循环方法解决问题。

经典案例 5-3

2012 年全国旅游投诉情况

2012 年全国各级旅游质监执法机构受理旅游投诉 11 875 件，立案调查 10 513 件。

(1) 三大市场分布。国内游投诉 8555 件，占总数的 81.38%；出境游投诉 1562 件，占总数的 14.86%；入境游投诉 396 件，占总数的 3.76%。

(2) 投诉对象分布。在立案调查的 10 513 案件中，投诉旅行社 5801 件，占投诉总数的 55.18%；投诉景点 2190 件，占投诉总数的 20.83%；投诉饭店 941 件，占投诉总数的 8.95%；投诉购物 333 件，占投诉总数的 3.17%；投诉旅游交通 209 件，占投诉总数的 1.99%；投诉餐饮 119 件，占投诉总数的 1.13%。其他投诉 920 件，占投诉总数的 8.75%。

(3) 投诉主因分布。在旅游投诉立案处理的 10 513 案件中，旅游行程中降低服务标准问题 2399 件，占受理投诉总数的 22.82%；导游未尽职责问题 1495 件，占受理投诉总数的 14.22%；旅行社未经游客同意擅自增减旅游项目问题 893 件，占受理投诉总数的 8.49%；因航班等交通延误导致行程变更问题 583 件，占受理投诉总数的 5.55%。

(4) 结案分布。2012 年，经各级旅游质监执法机构调解，共赔偿投诉游客金额 1743.5 万元，其中旅行社理赔 1735.8 万元，旅行社质量保证金理赔 7.7 万元。

资料来源：国家旅游局旅游质量监督管理所. 2012 年全国旅游投诉情况通报[R]. http://www.cnta.gov.cn/html/2013-4/2013-4-9-9-23-71707.html，2013 年 4 月

【点评】旅游投诉是直接反映旅游接待服务质量的风向标。国家旅游局质量监督管理所公布的 2012 年全国旅游投诉中与旅行社相关的是 5801 件，占总数的 55.18%，而其中关于旅游购物、旅游餐饮，旅游导游服务等间接相关的可能更多。在投诉主因上，降低服务标准、擅自增减旅游项目以及导游未尽职尽责也占了整个投诉的 45.53%。这一方面说明了游客对旅游服务质量并不满意，旅行社承担责任最大，另一方面反映了旅行社的旅游服务质量管理未能真正实现维护游客利益、创立服务品牌、提高服务水平的目的。

5.2 旅行社的阶段性服务质量管理

5.2.1 购买前阶段的服务质量管理

经典案例 5-4

"快且准"——旅行社赢得客户的关键

一个日本豪华旅游团将启程前往中国扬州，日方旅行社将该团用餐细节与扬州地接社进行了商定，并提出一系列要求，如第一餐为扬州菜，第二餐为鲁菜，第三餐川菜，第四餐为徽菜，第五餐为湘菜，最后告别餐为沪菜。对这样的菜式要求，扬州地接社外联部业

务主管不敢肯定答复，只说尽量满足，而日方坚持必须按其要求办理。事后该外联部主管也未督促落实，弄得该旅游团怨声载道，对此，日本方面组团社决定今后再也不和这家扬州地接社合作了。

资料来源：“快且准”——旅行社赢得客户的关键[EB/OL]. 青岛职业技术学院旅行社外联营销精品课程网，http://2009jpkc.qtc.edu.cn/templates/1/article_show2.aspx?courseid＝68&articleid＝1047&zyid＝4498

【点评】商场如战场，必须争分夺秒，必须准确无误。想到没有做到，一切等于零；做到了却慢半拍同样功亏一篑。在激烈的市场竞争中，客户是上帝，是衣食父母，这点始终要牢牢记住，否则你将失去客户，失去市场。

购买前阶段主要要求：其一，旅行社要为顾客提供礼貌、准确、快捷的咨询服务和参团服务。其二，旅行社应提供真实可信购买前阶段且具有强吸引力的有形材料，打消顾客的疑虑，取得顾客的信任。其三，旅行社在与游客签订旅游合同时应明确旅游行程中的注意事项，如有变更应及时告知游客，征求游客意见。站在顾客的角度考虑问题，易取得顾客的信任。其四，在出团前的说明会做贴心提示，再次强调行程中的注意事项，如携带衣物防止天气变化、常用药物备用、贵重物品自己保管好等，既让游客感受旅行社的细心周到，又在出现问题时避免不必要的投诉与纠纷。

购买前阶段主要涉及销售部、门市部两个环节，其中销售部主要针对团队旅游服务，而门市部主要针对散客旅游服务。

1．销售部门购买前阶段的服务管理

组团是旅行社经营的核心和基础。团体旅游业务具有成交金额大、成交人数多、同业竞争激励、影响成交因素复杂等特点。因此，旅行社销售部在购买前阶段的服务管理过程中应该重视方面工作。

(1) 准确洞悉客户服务预期。客户是通过对比服务预期与从旅行社实际得到的服务感知来评估服务质量的。如果服务达到甚至超过了他们的预期水平，顾客就会认为他们获得了高质量的服务；如果服务没有达到顾客预期水平，顾客可能会抱怨服务水平低劣，或默默忍受，将来更换旅行社。

(2) 有效管理客户感知风险。与有形产品消费相比，旅游服务消费更容易在购买决策阶段感到风险。这一阶段主要会产生五种不同的感知风险：财务、绩效、生理、社会、心理。当人们在购买前阶段由于感知风险而担忧时，往往通过一系列不同的方法来降低这种风险感，比如从受尊敬或信任的人那里获取信息(如亲人、朋友或同事)，寻求信誉良好的公司，获得服务保证或服务担保，向相关员工询问，考察有形线索或其他实体证据，利用互联网来比较竞争服务产品并搜寻第三方评论或排名。

在顾客旅游服务购买前阶段，旅行社销售部门应该提供服务质量担保或退款服务保证，通过宣传册、网站和视频资料让潜在顾客预先了解服务，设立直观的安全保障程序，以及在顾客交往中尊重并关怀顾客等，降低顾客对购买旅行社服务的风险感。

2．门市部购买前阶段的服务管理

根据国家旅游局 1997 年发布的《旅行社国内旅游服务质量要求》的定义，门市部是指

旅行社为方便宣传、招揽和接待国内旅游者而专门设立的营业场所。随着旅游业的发展和旅游市场的日趋成熟，旅行社的门市部已从单一的旅游产品销售服务，逐渐发展到宣传旅行社形象、接待咨询服务、配合其他业务部门处理失败服务、接受旅游者投诉、收集旅游者信息资料、建立客户档案等功能。因此，旅行社门市部应该做以下工作。

(1) 制定具有可操可控的运行标准。制定标准是为了使门市部员工在服务操作中有规则可依，旅行社质量管理部门在检查监督时有规则可查。当然，制定这样的服务操作标注必须具有可操作性、可控制性特征。

(2) 实现服务操作具体化。为了加强标准化管理的力度，旅行社还必须将各个环节的服务操作规则细化为一线员工的服务行为细则。每个细则都应涉及一线员工的服务态度、服务语言、服务仪表、服务时机几个方面。

(3) 建立检查监督机制。检查监督是服务标准化管理的重要组成部分，也是维护标准化管理权威性的有力手段。旅行社建立高效合理的检查监督机制，目的在于及时发现问题、纠正错误、减少失误，有利于在一定程度上对一线员工施加无形压力，对标准和服务行为细则的正确执行起到保障作用；有利于发现问题(尤其是发生顾客不满意现象)及时弥补，以及最大限度地消除可能产生的负面影响。

5.2.2 服务交付阶段的服务质量管理

经典案例 5-5

服务接力

成都某企业组织员工到昆明旅游，将所有活动安排委托给某旅行社操作。双方约定旅游团往返均乘坐火车硬卧，并由旅行社负责安排大巴将参加旅游的员工从企业接送到火车站。出发当天，该企业参加旅游的员工准时到达指定集合地点，但是，旅行社租用的大巴却迟迟未到。游客左等右等后终于盼来了大巴，但发现时间已经所剩无几。在去火车站的路上，尽管司机全力追赶，却遇上堵车。最后当旅游团抵达火车站时，列车已经开走了。情急之下，旅行社马上花高价包租汽车走高速路，赶在火车到达前20分钟抵达峨眉山火车站。当旅游团乘上赴昆明的火车后，发现自己的卧铺车位幸运地被保留着。这是怎么回事呢？原来是旅行社发现火车离站后，赶紧一边租汽车追火车，一边与火车站联系，请求站方通知列车乘务组保留卧铺车位。经再三恳求，站方同意保留卧铺车位至峨眉山火车站。由于旅行社计调部门协调得当，旅行团的行程未被耽搁，众人的游兴也未受影响。

【点评】旅行社在与合作商的合作中会出现许多意想不到的情况，出现问题后，关键是旅行社的运行工作人员——计调要当机立断，迅速采取措施予以挽救，尽力将危机化解，将问题最小化。

在旅行社服务程序中，服务交付阶段是以导游开始接团至导游服务送走游客为划分点。这一过程是旅行社产品生产与旅游者产品消费同步进行的过程。作为旅行社与游客双方达成协议的旅游服务落实的关键人员，导游及其他工作人员(如司机)是旅行社总体服务项目的主要提供者，是旅行社这一阶段管理的重点。

1．导游服务概述

根据国家旅游局颁布的《导游服务质量管理条例》及其细则，导游人员是“持有中华人民共和国导游资格证书，受旅行社委派，按照接待计划，从事陪同旅游团(者)参观、游览等工作的人员”。导游服务就是由导游人员根据旅行社的委派，向游客提供向导、讲解、宣传和生活服务的工作事项，具有关联度高、独立性强、难度大、差异性大、高度脑力与体力劳动相结合等特点。在旅行社旅游服务环节中，相对于旅行社其他工作人员，导游与旅游者的接触时间更最长、了解也更为深入和具体。作为旅行社产品的直接提供者，导游的工作态度、工作技能和工作效果直接决定了旅行社产品质量，最终决定了旅行社的效益。

导游类别多样，从工作领域上有全陪、地陪和领队之分。在具体服务实践中，地陪、全陪与领队的具体职责及工作重点也有所不同。

2．导游服务质量管理

(1) 实现导游陪同服务过程的标准化管理。导游服务是一项操作性很强的接待工作，在很大程度上必须依赖与第三方的协作与配合；导游人员个体差异明显，各个体也存在服务质量波动性；导游工作本身也是体力与脑力劳动高强度集合。为保证工作质量，必须制定规范化、标准化的服务流程，就是在适当参考国际上其他国家制定的导游服务标准化管理模式并结合我国导游服务工作的实际情况的基础上，对导游接待流程中的服务内容、服务顺序和服务质量做出一系列比较明确的规定，使这一流程对导游人员具有示范指导作用，以保持较为先进的管理水平，又要具有较强的可操作性。

(2) 完善多层次的质量监控系统。完善多层次的质量监控系统，在实施标准化接待服务流程的同时，及时发现问题、解决问题、减少损失，确保导游服务质量的不断提升。

(3) 推行顾客满意度测评制度。旅游者作为导游服务直接的感受者，最有资格对导游陪同服务工作进行评价。旅行社应十分重视对旅游者意见的收集，设定包括导游仪表、语言(外语)水平、导游知识、讲解技能、带团技能、应急技能等在内的评价因子及其权重，建立起一整套合理科学的导游评价体系，通过发放征询意见表、召开座谈会、明察暗访等多种方式向旅游团(者)收集相关信息，并进行测评。顾客最终测评结果定期公告，将测评结果与评定、奖惩等挂钩。

(4) 实施导游服务的动态管理。即是从接待前的准备阶段、接待实施阶段和接待后的总结阶段连续性的完整的管理过程。动态管理侧重于明确工作重点，以帮助管理者针对各个阶段导游服务工作的特点采取有针对性的管理措施，达到有效管理的目的。

(5) 推进导游服务的关键时刻管理。主要涉及旅游故障、佣金和小费这两个环节的管理。其一，旅游故障的管理。旅游活动中会出现影响旅游活动的正常安排、对旅游者的个人财产与身体造成损失以及其他各种引起旅游者情绪波动的问题和困难。这些问题和困难会对旅游活动的顺利进行产生负面影响，严重时会导致旅游活动的中断。一方面应参照国家导游管理、导游人员等级考核等相关制度，结合旅行社导游服务工作考核管理制度，加强岗前培训、上岗后培训，不断加强导游陪同人员的敬业精神教育，提高服务意识和作业规范水平；另一方面不断提高导游人员对旅游故障预见性的认识以及即时处理的技能。其二，佣金和小费的管理。在2013年《旅游法》中明确规定导游人员不得“以明示或暗示方式向旅游者索要消费”。虽然导游人员收取佣金和小费涉及观念、体制、法规以及市场发育程度等多方面的因素，但旅行社作为导游陪同人员的直接管理机构，除了理顺与旅游商店等旅游服务提供者的外部关系之外，还应切实采取措施强化导游人员的内部管理。

5.2.3 售后服务质量管理

1．售后服务的概念

旅行社业的售后服务是指在旅游者结束旅游活动后，旅行社为稳定和巩固老客户所做的一系列诸如顾客满意度调查、解决投诉、顾客忠诚管理等工作。售后服务对于保障旅行社经济效益，提高旅行社服务信誉以及树立良好的企业形象都有直接关系。

2．售后服务的重要性

售后服务对旅行社建立一定数量的具有忠诚度的老顾客群体以及吸引潜在的顾客都是极为重要的。美国《旅游代理人》杂志曾经就一些旅行社的常客不再光顾的原因作过一次系统的市场调查分析，调查的结果令人深思，见表5-2。

表5-2　旅游者不再光顾原旅行社的原因

旅游者不再光顾原旅行社的原因	所占比例
客人投诉没有得到处理或没有得到满意的处理	14%
其他旅行社提供了价格更低，服务更好的旅游	9%
经朋友建议，转而订购了其他旅行社组织的旅游	5%
居住地迁移	3%
由于其他原因放弃旅游	1%
旅行社缺乏售后服务，游客缺乏忠诚感	68%
合　计	100%

资料来源：王煜琴．计调在旅行社服务质量提升过程中的作用(下)[N]．中国旅游报，2010.6.7：11版.

从表5-2中调查结果可以得知，总共有82%的游客是因为投诉和缺乏良好的售后服务等原因导致了他们离开了原来的旅行社，转而寻找新的旅行社进行旅游服务的购买活动。旅行社售后服务的重要性在此已得到明确的印证。

3．售后服务的必要性

影响游客旅游体验的因素非常多，并非所有的顾客都能对旅游结果感到满意，旅行社也无法承诺百分之百零缺陷服务。服务失败、顾客不满意在所难免，但有效实施售后服务、开展服务补救，会对顾客满意度、忠诚度、口碑传播产生重大影响。因此，旅行社及时建立和完善售后服务能够有效解决服务交付失败问题，提高顾客的满意度与忠诚度。

4．售后服务质量管理方法

经典案例 5-6

美国快乐界旅游公司的售后服务

美国快乐界旅游公司(简称 GCT)主要从以下 3 个方面开展售后服务管理工作。

(1) 注重服务质量的追踪监督。每一位参加 GCT 旅游的客人，在结束旅游活动回家之后必定会收到 GCT 公司寄来的对整个旅程进行服务质量评判的表格。表格设计详尽，评价项目全面，主要包括两大部分，第一部分是对旅游总体质量的评价，第二部分是对各地服务质量的评价，包括对游览全程各地地陪、酒店、用餐、用车、景点、购物等方面的评价。每一项评价均分为优秀、良好、一般、较差四项，游客根据自己的亲身经历和感受来选择。

(2) 运用多样的售后联络手段。GCT 公司为每一位客人设立了完整的客户档案，包括旅游者的基本信息、曾经出游的目的地、兴趣爱好、对游览活动的特殊需求等。每个月和一些特定的假期，公司会根据客人的兴趣和可能的需求给客人寄发精美的旅游宣传册；在客人生日时，会收到 GCT 公司发来的生日贺卡；每隔一段时间 GCT 公司还会分区域举办开放日活动，与客人直接接触。

(3) 完善的会员制度体系。第三次选择 GCT 出游的客人即可成为 GCT 的核心集团成员(简称 ICMember)。GCT 公司对 ICMember 的服务可谓是无微不至。除了前面所谈到的常规的售后服务手段，ICMember 的客户档案会更加具体，每年的生日、圣诞节、感恩节等节日，ICMember 的客户会收到公司寄来的纪念品，如旅行包、雨衣、手杖、帽子等。ICMember 还可在网上 ICMember 俱乐部里兑换实用精美的出游前礼物，享受超长服务时间的免费服务电话，通过电话，游客可以直接与专业的旅游顾问沟通，通过 E-mail 与旅游顾问进行联系，得到特别的航程安排和住宿安排，得到提前抵达和推迟离开目的地安排。每到一地旅游，ICMember 会收到 GCT 地区经理发出的欢迎信，享有优先就座、优先办理登机和入住登记手续的待遇，他们可以参加专为 ICMember 举行的鸡尾酒招待会，并在某些商店购物时享受 10%的优惠。

(4) 重视 ICMember 服务质量反馈表。若团队中有超过 15%的 ICMember，对领队工作的评价则着重取决于 ICMember 在服务质量反馈表上所打“优秀”的数量，即使非 ICMember 对领队的评价不是很高，但只要 ICMember 认可了领队的服务，他的工作同样能得到公司的肯定。反之，即使团队中所有其他客人都对领队的工作评价较高，但只要有一位 ICMember 没有评价“优秀”，领队的辛苦工作可能就会白费。

资料来源：毛焱．美国旅行社业售后服务管理研究——以美国快乐界旅游公司为例[N]．中国旅游报，2008.10.6：第 11 版．

【点评】我国跟美国国情不一样，旅行社在管理理念、资金规模、营运模式上都存在着较大差距，客人的消费习惯、消费倾向也有很大差距，市场发育成熟度也不一样。因此，我们不能照抄别人的模式，但是可以从培育售后服务意识、认真对待客人投诉、开展客户关系管理几个方面着手，改善售后服务。

(1) 开展顾客满意度调查。在旅游消费过程中，相当一部分顾客并不是自己主动的向旅行社提出抱怨，而是以走向其他旅行社的方式用脚来表达他们的不满，并且用嘴来影响旅行社现有和潜在的顾客，导致顾客分流。从旅游消费行为的角度分析，旅游者再次做出购买决策往往会取决于上一次其在接受旅行社所提供的服务中获得的满意程度。因此，积极主动地测量顾客满意度有助于旅行社稳定和巩固现有客源，旅行社应消除不满，留住不满意顾客。

一般说来，在服务体验结束之后，旅游者通常会产生以下三个结果：其一，旅游者满意、形成忠诚；其二，游客不满意、转向其他旅行社；第三，介于以上两者之间，游客下次购买选择存在随机性。

旅行社要获得长期健康的发展，必须扩大第一种反馈的比重，努力将拥有第二种意见的旅游者向第一种方向引导，并尽量缩小第三种反馈意见所占的比重。在进行售后顾客满意度调查的过程中，旅行社应该进行顾客满意度调查，深入了解导致旅游者不满的种种原因，并采取针对性的解决措施。

(2) 处理旅游投诉。旅游投诉是指旅游者为维护自身和他人的合法权益，对损害单位或个人，以书面或口头形式向旅行社、旅游行政管理部门提出投诉、请示处理的行为。旅游投诉有显性投诉和隐性投诉之分。简单地说，显性投诉就是以书面或口头等公开的形式提出投诉，而隐性投诉则是旅游者公开表达自己的不满，而是消极地采取不再购买或影响他人不再购买该旅行社产品的行为，如图 5.3 所示。

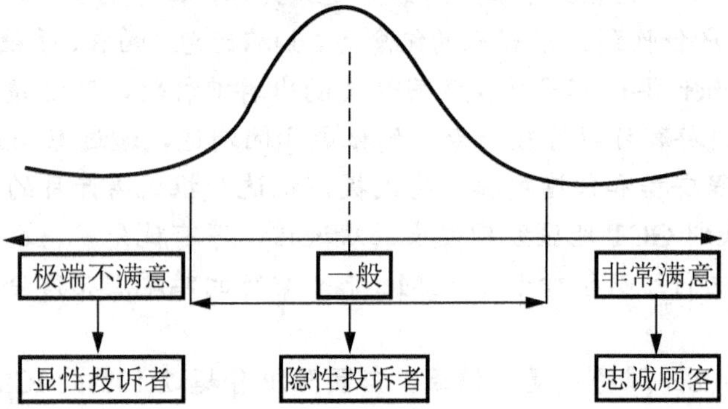

图 5.3　游客满意度与投诉关系图

虽然旅游者提出的投诉原因众多，但从他们的心理活动和实际目的分析，大致可以归纳为三种：求尊重、求补偿、求发泄。

对显性投诉进行处理时，如图 5.4 所示，旅行社首先应该重视投诉事件。其次，安排专门机构的人员负责聆听投诉内容并做好详细记录，在与游客沟通中了解投诉目的，分析投诉心理。再次，及时进行调查取证，重要的投诉必须尽快上报上级主管人员。能够当场处理的就不拖延解决；如果不能当场解决的，请客人谅解，并给予明确解决问题的时限。然后，将调查结果与游客核实，在此基础上进行合理处理。接着，对游客的投诉表示歉意和感谢。最后，将客人的投诉内容以及解决结果都应记录在案。从主客双方的立场客观地分析问题，把握问题的实质，这是处理投诉的关键。

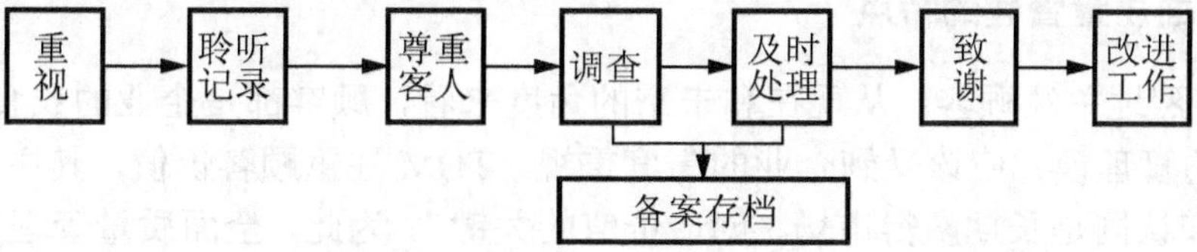

备注：旅行社应根据投诉内容的重要性乃至投诉客人的顾客级别由不同的相关人员予以处理。

图 5.4 显性投诉处理流程图

隐性投诉的处理办法：旅行社可以通过寄送顾客意见调查表、定期走访、设立投诉电话和网站互动论坛等方式来了解这部分客户的真实意图，不断挖掘其显性意见，形成旅行社与客人互动，变隐性投诉为显性投诉，然后在互动中化解投诉，以改进服务质量，争取和巩固客源。

向旅游行政主管部门的投诉处理程序必须严格按照国家旅游局颁布的《旅游投诉暂行规定》的有关办法进行，处理结果具有行政效力。

5.3 旅行社的全面质量管理

旅行社全面质量管理是全面质量管理理论结合旅行社业经营管理的特点产生的一种管理思路，它要求以顾客需求为中心，实行全过程持续改进，全员参与，这是旅行社全面质量管理体系的核心。

知识链接

全面质量管理的由来

全面质量管理起源于美国，普遍推广于西欧，发展完善于日本，1978 年引入中国。由于全面质量管理的英文字头是 TQM(Total Quality Management)，所以简称 TQM。

质量管理经历了质量检验阶段、统计质量管理阶段及全面质量管理三个阶段。其一，质量检验阶段的最大特点是“三权分立”，即有人专职制定标准，有人负责制造产品，有人专职检验产品质量，它靠的是事后把关，是一种防守型的质量管理。其二，统计质量管理阶段的最大特点是利用数理统计管理在生产工序间进行质量控制、预防产生不合格品并检验产品质量，把可能发生的问题消灭在生产过程中，是一种预防型的质量管理。其三，全面质量管理是在统计质量控制的基础上进一步发展起来的，它保留了前两个阶段的长处，重视人的因素，运用系统的观点，综合而全面地分析研究质量问题，对整个系统采取措施，把预防和改进结合起来，不断地提高质量，可以说是一种进攻型或者是全攻全守型的质量管理。

资料来源：尚杰．全面质量管理的由来与发展[J]．化工质量．2001(3)：41-42.

5.3.1 全面管理质量的内涵

1. 全面质量管理的特点

(1) 强烈地关注顾客。从现在和未来的角度来看，顾客都是企业的衣食父母。“以顾客为中心”的管理模式应该受到企业的高度重视。TQM 注重顾客价值，其主导思想就是“顾客的满意和认同是长期赢得市场、创造价值的关键”。为此，全面质量管理要求必须把以顾客为中心的思想贯穿到企业业务流程的管理中，即从市场调查、产品设计、试制、生产、销售、到售后服务的各个环节都应该牢固树立“顾客第一”的思想，最终让顾客放心满意。

(2) 坚持不断地改进。TQM 是一种永远不能满足的承诺，“非常好”还是不够，质量总能得到改进，“没有最好，只有更好”。在这种观念的指导下，企业持续不断地改进产品或服务的质量和可靠性，确保企业获取对手难以模仿的竞争优势。

(3) 改进组织中每项工作的质量。TQM 采用广义的质量定义，它不仅与最终产品有关，还与组织如何交货、如何迅速地响应顾客的投诉、如何为客户提供更好的售后服务等都有关系。

(4) 精确地度量。TQM 采用统计度量组织作业中人的每一个关键变量，然后与标准和基准进行比较以发现问题，追踪问题的根源，从而达到消除问题、提高品质的目的。

(5) 向员工授权。TQM 吸收生产线上的工人加入改进过程，广泛地采用团队形式作为授权的载体，依靠团队发现和解决问题。

2. 全面质量管理与传统质量管理的比较特点

(1) 把过去的以事后检验和把关为主转变为以预防为主，即从管结果转变为管因素。

(2) 从过去的就事论事、分散管理，转变为系统地指导、全面地综合治理。

(3) 突出以质量为中心，围绕质量开展自上而下的全员工作。

(4) 由单纯符合标准转变为满足顾客需要。

(5) 强调不断改进过程质量，从而不断改进产品质量。

5.3.2 旅行社全面质量管理的内容

1. 全要素质量管理

我国企业在实践中将全面质量管理概括为“三全一多样”，即全过程、全员和全面的质量管理，全面质量管理所使用的方法是多种多样的。

从旅行社的运营管理的角度，可以把旅行社质量管理的全要素归纳为对旅游产品“硬件”和“软件”的管理。其中，“硬件”是指旅行社提供的旅游产品中的有形化、可视化部分，包含硬件办公设施与办公条件、经营环境等；“软件”主要集中体现为旅游产品中旅行社人员及旅游要素提供商服务人员的服务项目与服务水平。

(1) 旅游产品硬件。旅游产品硬件首先包括吃、住、行、游、购、娱六大要素。旅行社在有机整合旅游要素与选择服务提供商的过程中应提高重视度，严格筛选，与服务提供商签订合同与协议，加强对服务提供商的定期检查，包括旅行社办公环境及设备运营情况。好的环境能给人好的心情，旅行社构建良好的办公环境能给工作者及旅游者舒适的感受，这种感受同样能影响游客对旅行社产品的评价。而设备运营情况则决定旅行社业务开展的效率与质量，是旅行社内部质量管理的重点。

(2) 旅游产品软件。由于旅行社服务的无形性，旅游服务质量的客观表现是旅游者对旅行社提供旅游产品与服务的感知，即是软件部分。它主要包括六个方面：一是服务态度。良好的服务态度是形成游客满意度的重要因素，也是吸引游客参与旅游的重要条件。二是服务语言。在接待过程中，服务语言应当热情、真挚。既要表现出对旅游者的尊重，又要体系服务人员本身的职业素养、文化素养和知识水平。三是服务项目。旅行社服务项目的设置要充分考虑旅游者的实际需要，既要让旅游者获得身心愉悦，同时也应考虑企业自身实力与发展方向。四是服务技术。旅游服务是综合性服务，旅游服务技术也应当包含层次较高的、全面的专业技能。五是服务仪表。旅游服务人员仪表的基本要求是容貌大方、清新自然、精神饱满；着装整洁统一、庄重朴素；行为端正文雅、谈吐得体、落落大方。六是服务时机。它应当是在充分把握游客需要时机的情况下，所体现出的游客需求满足有效切入点。

2. 全过程质量管理

从服务范围来看，旅行社全面质量管理的范围应包括从市场调研、产品的设计、生产、销售、服务等全过程。旅行社全面质量管理的全程性是对旅游产品质量形成和使用的全过程实施系统管理。在旅游前阶段，全面质量管理的重点是加强市场研究、旅游产品的开发和设计、营销的质量管理。在旅游中阶段，全面质量管理的重点是加强对服务质量和环境质量的管理。在旅游后阶段，全面质量管理的重点是做好旅游产品质量的检查和评估工作。

3. 全员质量管理

从旅游服务参与人员来看，旅行社的任何一个环节，任何一个岗位的工作质量都会对整个旅游产品造成直接或间接的影响。事实证明，旅行社要提高其服务质量，必须充分调动全体员工的积极因素。只有当旅行社的全体员工都从所在岗位出发参与质量管理，相比提高服务质量。如果只靠领导和质检部门参与管理，就不能从根本上解决问题。全员参加的质量管理，要求全体员工充分了解各自工作的重要性和质量标准，明确自己该做什么和怎样做，充分调动员工工作积极性，充分发挥每位员工在各自岗位上的作用。

5.3.3 旅行社全面质量管理的方法

经典案例 5-7

擅自更改服务承诺

某国外旅行代理商购买了中方某旅行社长江三峡游旅游产品，在中方的产品小册子报价中包含提供指定的饭店和游船，外方对此已对游客进行确认。实际情况却不是如此，美国游客来华后，中方未能按指定的饭店及游船进行安排，致使客人投诉，要求赔偿。经查证，因为恰逢旅游旺季，中方无法按原计划落实饭店和游船，且由新进员工予以更换了档次相同的饭店和游船，但事先没有征求客户的同意。

资料来源：旅行社质量管理[EB/OL]. 百度文库. http://wenku.baidu.com/link?url=6ydl44P1-zfOJnXxqi6TXFQtSRp5F8veZE4xkoPMKyE0WTT0S_wersU6yWNbSvEq7n1RqhaCsvK7k0l0ty67EItlhRUsHYa21-0Prqchvdi

【点评】中方作业人员未征得客户同意的前提下更改产品的内容是不允许的，虽然更改后的酒店和游船档次与原订饭店、游船档次相同。这种做法违反了 ISO 9001 中 4.4.9、4.9 和 4.18 的规定。具体而言，4.4.9 规定：所有设计更改和修改在实施之前都应由授权人员加以确定，形成文件，并经过评审和批准。4.9 过程控制中规定：这些过程应由具备资格的操作者完成，要求进行连续的过程参数监视和控制，以确保满足规定要求。4.18 培训中规定：明确培训需求并对所有从事对质量有影响的工作人员进行培训。对从事特殊工作的人员应按要求进行培训和资格考试。

全面质量管理的方法很多，比如 ISO 质量管理体系、PDCA 循环法、“5S”管理法、六西格玛管理法、零缺陷管理法等。结合旅行社的特点，下面主要介绍 ISO 质量管理体系、PDCA 循环法、“5S”管理法三种方法。

1. ISO 质量管理体系

将 ISO 9000 质量体系有效地运用到旅行社质量管理当中，为旅行社的质量管理提供客观指标。加强国家标准与行业标准的指导，制定本企业的服务质量标准，且应当保证旅行社旅游服务的高质量、高标准为前提。

建立旅行社质量监管结构，负责企业的质量管理工作。如将质量检查和评定工作的常态化与文件化，同时建立旅行社质量信息循环反馈系统，不断完善服务质量管理体系，积极开展游客满意度调查和处理游客投诉情况。旅行社的质量监管力度是旅行社能否良好发展的一个重要指标，旅行社质量监管机构的建立有利于旅行社服务质量的提高，同样对旅行社服务的规范化建设有积极的作用，对旅行社质量管理也会起到事半功倍的效果。

知识链接

ISO 9000 系列国际标准与旅行社

ISO 9000 系列国际标准(2000 版)是由 ISO(国际标准化组织)TC/176 技术委员会制定的所有国际标准，它包括四个主要标准：ISO 9000 质量管理体系——基本原理和术语、ISO 9001 质量管理体系——要求、ISO 9004 质量管理体系——业绩改进指南、ISO 9011 管理和环境审核指南。

旅行社的业务主要体现为一系列的服务过程，因此，ISO 9001 标准所表述的“以过程为基础的质量管理体系模式”适用于旅行社业的质量管理。

ISO 9000 标准是国际公认的最低质量保证体系标准，它强调过程管理与质量管理并重，是全面质量管理的基础，它为企业提高质量管理水平提出了最基本的奋斗目标，它是我国旅行社企业同国际惯例接轨的一种重要方式。旅行社获得 ISO 9000 系列标准认证能影响其在游客心中的地位，并能有效提高旅行社的质量信誉，扩大市场份额。对旅行社吸引旅游者选择其提供的旅游产品具有引导作用，同时也有利于旅游者利益的实现。ISO 9000质量标准体系是客观衡量企业整体质量水平的参照，既是企业质量的体现，也是消费者对企业信任度的体现。ISO 9000质量标准体系贯穿于旅行社全面质量管理中的产品设计、市场营销等多方面，对旅行社全面质量管理具有现实的指导意义。

2. PDCA循环法

提高旅行社的工作和服务质量需要不断认识、实践和总结。因此，运用旅行社的质量保证体系来控制和提高质量就是一个循环的过程。

按照PDCA循环的要求，旅行社全面质量管理的内容可以分为以下4个阶段。

(1) 计划阶段(P)。主要任务是按要求和需要并结合自身条件编制全面质量管理的计划和行动方案。旅行社以市场调查为基础，根据市场现状和需求，以取得经济效益和社会效益为目的，找出存在的问题和原因、采取措施、制订计划、设计出新的符合质量要求的产品服务。其中，行程、标准、价格应综合各方面因素考虑。

(2) 实施阶段(D)。主要任务是按照全面服务质量制定的计划和方案组织实施。这个阶段的主要内容是尽全社之力、全社之智，不折不扣地按计划和质量标准实施旅行社的营销、接待和日常管理。

(3) 检查阶段(C)。主要任务是对计划和方案的执行情况进行检查。旅行社有关部门和负责人应当对经营工作质量情况进行检查。检查的重点有：旅行社是否按照既定计划，进行产品促销、合同签订、与地接社确认行程、标准及价格，是否选派合格的导游带团，导游是否严格按原定的行程标准操作。

(4) 处理阶段(A)。主要任务是根据实际情况，对全面质量管理体系作综合评价和处理，进而提出改进意见，以便制订新的计划和进入下一轮的PDCA循环。旅行社质检部将成功的经验通过质量大会在全社进行交流，予以肯定。对存在的问题，应采取措施予以改正。原先制定的质量体系文件若实践证明还不完善的，也应及时调整。

PDCA循环必须按照顺序进行，每个环节都非常重要，缺一不可。PDCA循环必须在旅行社各个部门、各个层次同时进行。这样就有大一级的循环和小一级的循环，只有当大环套小环，并且每个环都按顺序转动前进，互相促进，才能产生作用。PDCA循环不是简单的原地循环，每循环一次都会有新的突破，都有更高的目标。这意味着每经过一次循环后，旅行社的质量水平就有了新的提高。

知识链接

PDCA循环

PDCA循环(如图5.5所示)又叫戴明环，是美国质量管理专家戴明博士提出的，它是全面质量管理所应遵循的科学程序。全面质量管理活动的全部过程，就是质量计划的制订和组织实现的过程，这个过程就是按照PDCA循环，不停顿地周而复始地运转的。

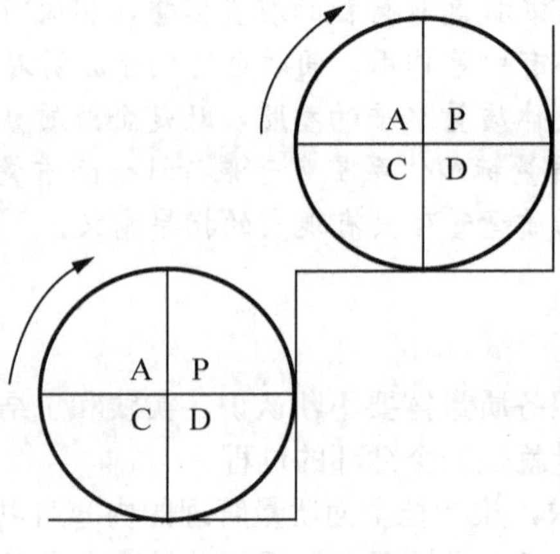

图 5.5　PDCA 循环示意图

一是计划阶段(Plan)。要通过市场调查、用户访问等，摸清用户对产品质量的要求，确定质量政策、质量目标和质量计划等，即实现“现状调查→分析→确定要因→制定计划”。

二是实施阶段(Do)。实施上一阶段所规定的内容。根据质量标准进行产品设计、试制、试验及计划执行前的人员培训。

三是检查阶段(Check)。主要是在计划执行过程之中或执行之后，检查执行情况，看是否符合计划的预期结果效果。

四是处理阶段(Action)。主要是根据检查结果，采取相应的措施。巩固成绩，把成功的经验尽可能纳入标准，进行标准化，遗留问题则转入下一个 PDCA 循环去解决。即巩固措施和下一步的打算。

3. “5S”管理法

“5S”管理法最早从日本丰田公司的现场管理实践总结出来，以后又在其他企业得到广泛运用的一种工作环境质量管理方法。这里的“5S”就是整理(Seirl)、整顿(Seiton)、清扫(Seiso)、清洁(Seiketsu)、素养(Shitsuke)，因日语的罗马拼音均以“S”开头，所以就成为“5S管理法”。“5S”的目标简单而明确，就是要为员工创造一个整洁、舒适、干净的工作场所和办公环境，这样能让员工工作得更舒畅、更安全，可将资源浪费降低到最低点，提高工作效率。

(1) 整理。其一，明确旅行社各项物品的归属地，对诸如办公设备、办公桌椅、文件柜、各类文件、表格和资料等准确定位。这里最重要的是对各类资料如组团旅游合同、地接团确认资料、团队游客意见表、财务凭证等进行归类和装订。其二，要明确各员工的整理范围。每位员工要明确自己整理的范围和要求，按照相关规定各负其责，做好自己的整理工作。其三，制定有关整理的规章，如制定需要和不需要的判别标准，每日检查废弃物处理办法等。

(2) 整顿。就是对现场所需用的物品进行有条理地定位。旅行社要先落实前一步骤的整理工作，布置好整顿的流程，确定适宜的置放场所，规定放置办公，划线定位，对场所物品进行标识。另外，旅行社办公室整顿的工作重点是能确定任何人在需要某样东西时都能很快取出的状态，使用后容易复原，还要避免空间和物品被浪费。

(3) 清扫。清扫的目的是使所有的工具能够被正常使用。旅行社清扫的推行要领是确认责任区，调查并拒绝污染源，定期例行扫除和制定一定的清扫标准。实行时要使工作现场达到没有污染垃圾的状态，经过前面的整理、整顿使需要的东西马上就能得到。

(4) 清洁。这里的清洁是指维持和巩固整理。旅行社工作现场洁净明亮，会使人产生愉快的心情，也有利于工作效率的提高。而要做好这一点，就必须不断进行整理、整顿和清扫活动，这是最基本的工作。旅行社清洁的推行要领包括制定目视管理和颜色管理的标准，制定稽核方法和奖惩制度，推动“5S”意识。

(5) 素养。为了能够成功地保持良好的素养，旅行社应该制定相应的纪律，如工作指引、程序文件等。还应该鼓励员工树立自律精神，使员工能提高自身的自律标准。坚决制止在旅行社办公室常见的一些不良习气或习惯，引导员工养成良好的习惯，对工作时间内的个人行为做一些规范并与奖惩挂钩，为全面质量管理的全面深入开展奠定基础。

本章小结

旅行社服务质量管理是旅行社从旅游者进入旅行社接受服务一直到最后的售后服务工作完成这段过程中，综合运用一整套质量管理的体系、思想和方法进行的系统管理的活动。旅行社全面质量管理包括“硬件”管理(主要是旅行社的办公设施、服务供应商的环境)和“软件”环境(服务过程中的质量体现)两个方面。

本章首先主要介绍了旅游服务、旅游服务质量、旅游服务质量问题产生的原因，以及旅游服务质量管理的基本概念、要求与基本原则。接着从旅游服务的三个不同阶段(购买前、服务交付及售后)的不同服务内容、承担部门所负责的服务内涵，分别提出了相应的管理办法。最后在全面质量管理部分，介绍了全面质量管理的特点、内容，以及 ISO 9000 质量管理体系、PDCA 循环法和“5S”管理法。

通过本章的学习，读者可以建立起一个什么是旅行社服务质量、如何进行旅行社质量管理、如何开展旅行社全面质量管理的初步知识框架。

练习与思考

一、单项选择题

1．以下不属于旅游服务特点的是(　　)。

A．无形性　　B．异质性　　C．生产消费同步性　　D．脆弱性

2．导游根据旅游阶段计划向游客提供吃、住、行、游、购、娱等服务属于(　　)。

A．购买前阶段　　B．服务交付阶段

C．售后服务阶段　　D．工作阶段

3．购买后阶段主要由旅行社的(　　)负责落实。

A．门市部门和销售部门　　B．计调

C．接待部门的导游　　D．质检、销售部门

4．作为服务质量的五个维度之一，企业要真诚地关心顾客，了解他们的实际需要并予以满足，使整个服务过程富于“人情味”，属于(　　)。

A．可靠性　　B．响应性　　C．保证性　　D．移情性

5．旅行社服务质量差距体现不应该表现为(　　)。

A．预期质量与感知质量差　　B．过程质量与结果质量差

C．服务规范与服务质量差　　D．标准质量与实际质量差

6．服务质量管理的核心要点是(　　)。

A．顾客满意　　B．预防　　C．全面发展　　D．做到持续改进

7．以下售后服务工作中不适用于处理隐性投诉的办法是(　　)。

A．寄送顾客意见调查表　　B．定期走访

C．处理投诉电话　　D．网站互动论坛

8．在全面质量管理与传统质量管理两者特点的比较中，不准确的是(　　)。

A．事后检验把关为主与预防为主

B．就事论事地分散管理与系统全面综合治理

C．强调产品符合标准与满足顾客需要

D．强调市场信息反馈与强调出厂质量检验

9．由于旅行社服务的无形性，旅游服务质量的客观表现侧重于对旅游产品与服务的感知，但不包括(　　)。

A．服务态度与服务语言　　B．服务项目与服务设施

C．服务技术与技巧　　D．服务仪表与服务时机

10．作为全面质量管理办法之一，PDCA 循环法要求旅行社以市场调查为基础，找出现有产品和服务中存在的问题的激起产生原因，属于(　　)的工作内容。

A．计划阶段(P)　　B．检查阶段(C)

C．实施阶段(D)　　D．处理阶段(A)

二、名词解释

1．旅游服务

2．旅行社服务质量

3．旅行社质量管理

三、简答题

1．简述旅行社服务质量差距体现。

2．简述旅行社服务质量管理的四条原则。

3．简述旅行社门市部的服务质量管理要点。

4．简述导游服务质量管理要点。

5．简述旅行社售后服务的重要性与必要性。

6．简述旅行社售后服务质量管理工作要点。

7．简述旅行社对显性投诉的处理流程与办法。

四、论述题

1．试述旅行社质量管理的内涵。

2．试述旅行社全面质量管理的内涵。

补充阅读

“广之旅”的全面质量管理①

广之旅国际旅行社股份有限公司成立于1980年，是华南地区规模最大、实力最强、美誉度最高的旅行社，是唯一获得全国旅游业质量管理最高荣誉“中国用户满意鼎”的旅行社，它的成功经验值得同行借鉴学习。广之旅的旅游服务质量管理模式可以归结为“全面质量管理＋ISO 9001国际质量体系认证管理＋自身特色管理”。

1．全面质量管理

广之旅旅行社通过培训教育、标准化、质量责任制、质量信息反馈等基础工作，采用PDCA管理循环、目标管理等基本工作方法，实施全方位、全过程、全员参与的全面质量管理。

1) 全程控制

旅行社旅游产品的实现是从市场调查、产品设计开始，经历产品推销、合同签订、外联计调、导游带团、售后服务、违约处理等阶段，要保证产品质量就必须把所有环节和因素都控制起来，因此，旅行社应将整个过程纳入管理轨道。

2) 全员培训教育

全员参与的质量管理，要求全体员工了解工作的重要性，充分发挥工作积极性。广之旅认为旅游产品质量的形成是全体员工共同努力的结果，要提升其服务质量，就必须从员工素质抓起。广之旅定期开展的员工培训教育主要包括职业道德教育、质量意识教育、质量管理知识教育、业务知识教育四个方面。

3) PDCA管理循环

(1) P阶段(计划阶段)。广之旅以市场调查为基础，根据旅游者的需求，综合考虑行程、价格、标准、适销程度、地接社等因素，设计出适销的旅游产品，同时制定相应的措施。

(2) D阶段(实施阶段)。广之旅按既定计划，进行产品促销、合同签订、与地接社确认行程及价格，选派合格导游带团。

(3) C阶段(检查阶段)。广之旅质监部对全过程进行认真细心的检查，及时发现产品问题，确保产品按质销售给顾客。

(4) A阶段(处理阶段)。广之旅质监部门通过质量例会将成功经验在旅行社进行交流；对存在的问题进行改正；对欠完善的质量体系文件进行及时调整。

---

① 资料来源：易婷婷，偎惠玲．旅行社服务质量管理模式及其应用——以广之旅为例[J]．旅游论坛，2010.3(6)：720-722.

2. ISO 9001 国际质量体系管理

广之旅于 2000 年已通过了 ISO 9001 质量体系认证，至今已施行 9 年。旅行社通过 ISO 9000 质量体系认证，运用 ISO 八项质量管理原则进行指导，采用工作程序、作业指导书进行文件化管理，定期进行内部质量审核和管理评审。

3. 自身特色管理

1) 对全体员工的特色管理

一是五心服务。即制定“热心的态度、贴心的服务、精心的安排、称心的导游、开心的旅程”旅游服务质量要求。二是表扬信制度。以每月评选“服务之星”评选制度激励员工，并给予得奖员工奖励。无论是销售员、导游员、电话接待员，只要有客人的表扬信，公司都会将其记录在案并予以公布，让其他员工学习。三是形象管理。广之旅对员工形象有严格要求，根据不同部门和不同岗位(包括出团导游)，制定工作制服；对工作服的穿着也有严格规范。四是应急方案制度。广之旅每个部门都有专门的工作指导规范和部门应急方案。

2) 对导游和司机的特色管理

一是导游之家。广之旅为导游提供贴心关怀，建立专门的导游之家，让导游有属于自己的休息室、经验交流地；同时，设立专门的团体服务部为导游提供帮助。二是司机服务质量评价。广之旅注重对司机服务质量的控制和管理，例如通过导游和游客监督司机仪容、服务态度、驾驶技术、安全意识以及车辆状况等。

3) 对游客的特色服务

一是温馨提示。广之旅为了给客人更贴心的服务，专门印制有特色的温馨提示卡。温馨提示卡的主要内容为：天气情况、适宜活动的衣着、贵重物品安全提示、活动时间安排、导游电话等。导游出团携带温馨卡，每天派发给客人，使客人感受到细致贴心的服务。二是游客意见表。广之旅十分重视顾客意见反馈，规定每团都必须向每位游客派发游客意见表。一方面可以使正在抱怨的客人及时填写意见，安抚其情绪；另一方面可以收集相关意见，及时调整服务质量。三是 24 小时电话投诉中心。为了方便顾客随时提供意见或投诉，广之旅建立了 24 小时电话服务。只要游客有疑问或投诉，都可以及时通过电话服务进行沟通。

【点评】广州广之旅旅行社的快速发展不无原因，能成长于竞争激烈的珠三角地区，服务质量应当是立社之本。与上海春秋国际旅行社的发展轨迹如出一辙，在没有政府扶持的劣势背景下，完全依靠自己的实力在市场中求得一席之地，并不断发展壮大，成为华南地区首屈一指的领军品牌，服务质量正是广之旅最大的竞争优势。实行全面质量管理，以 ISO 9000 系列为蓝本，借用了 PDCA 质量管理方法，制定并细化了适合自己的管理方法，从而实现了服务质量的重大提升，与其他旅行社品牌区分开来。

讨　论

1. 广之旅的服务质量管理有什么价值和意义？
2. 广之旅的服务质量给中国旅行社行业带来了哪些启示？

第6章　旅行社主要业务部门管理

学习目标

知识目标	技能目标
1. 了解旅行社各业务部门的定义与作用 2. 了解旅行社各业务部门的基本操作流程 3. 掌握旅行社主要业务部门的过程管理等基本原理	1. 熟悉旅行社各业务部门之间关联性 2. 能应用旅行社主要业务部门的工作流程，完成旅行社接待业务

知识结构

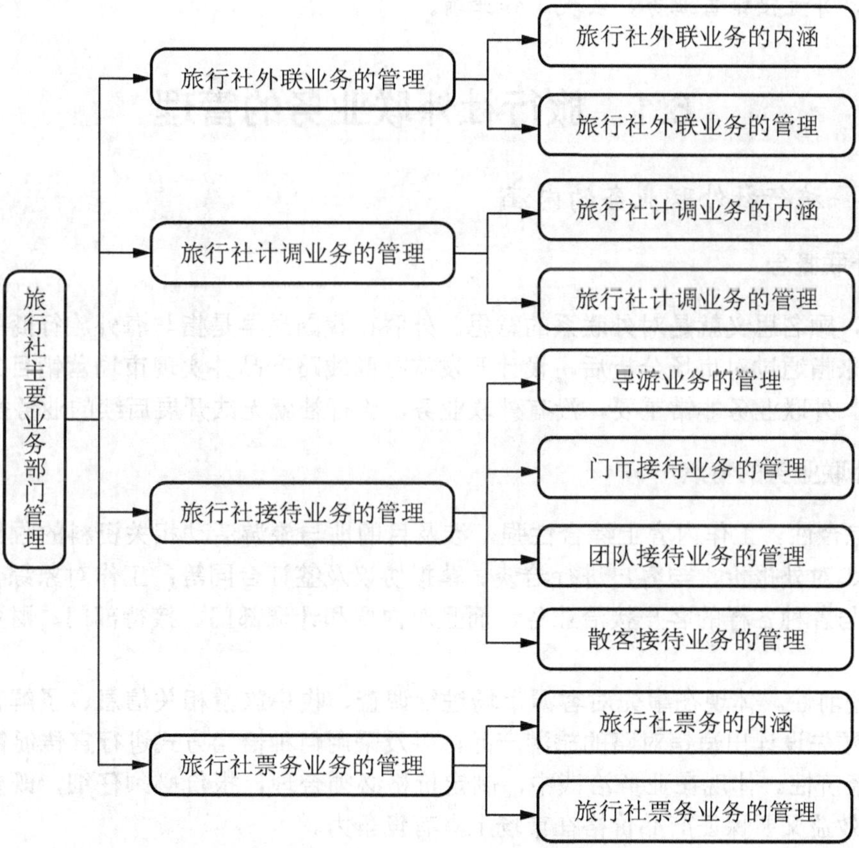

导入案例

外联许小姐的一天

许小姐昨天从一个朋友处得知他们公司打算组织50多人赴中国香港、中国澳门旅游，并从朋友处获得了该公司总经理的联系方式。许小姐立即与总经理通了电话，表示希望承办这次旅游业务，并约定今天上午到其办公室细谈。许小姐在自己办公室打开电脑，调出昨晚在家准备好的旅游线路初步设计文档，找了一些补充资料进行修改打印成书面文件，将其放入精致的文件夹，满怀信心地出门了。

中午，许小姐满面春风带着签妥的旅游合同回到办公室，又一笔生意做成了。

资料来源：旅行社外联业务[EB/OL]，百度百科，ttp://wenku.baidu.com/view/19c470e84afe04a1b071de88.html

【点评】这是外联人员工作理想而典型的一天。外联业务人员的主要职责就是代表旅行社与旅游客户(包括旅游者、旅游中间商和其他旅行社)联络，分析市场，设计开发旅行社线路产品，并直接销售业务，实现工作业绩。

6.1　旅行社外联业务的管理

6.1.1　旅行社外联业务的内涵

1．外联概念

外联，顾名思义就是对外联系的意思。外联在我国最早是指与海外旅行商的业务联络工作，后来指通过对市场分析后，设计开发旅行商线路产品并实现市场营销目的旅行商的主营业务。外联业务非常重要，没有外联业务，旅行社就无法开展后续的业务操作。

2．外联业务的特点

(1) 综合性。工作内容上综合性强，涉及目的地与旅游活动相关资料的收集、产品设计与开发、对外报价、与客户进行洽谈、草拟协议及签订合同等；工作对象综合性强，不仅对外要与各种各样的客户接洽业务，而且对内要和计调部门、接待部门、财务部门等打交道。

(2) 超前性。体现在事先对客源市场进行调查、收集旅游相关信息、了解客源市场需求状况，预先设计出适销对路的旅游产品，以及采用何种恰当方式进行宣传促销等。

(3) 经济性。体现在业务洽谈中，制定价格必须合理，报价必须仔细，既要保证旅行社的适当效益又要保证产品价格在市场上具有竞争力。

(4) 可变性。表现为客源市场不稳定、多变状态，旅游者的旅游需求不断变化，旅游供应商产品与价格波动等方面。

(5) 创新性。体现在外联部门需要从无生有，创造出具有市场需求的旅游产品。只有突破传统的思维定式，创造性地推出旅游产品，开展促销活动，才能获得旅游市场丰厚的利益回报。

3．外联业务的主要内容

(1) 收集信息。充分收集与旅游线路相关的各种信息。只有在掌握了大量信息资料的前提下，通过分析、研究，才能准确把握市场，有的放矢地开展产品研发和市场推广活动。

(2) 确定目标、制订计划。外联人员结合市场信息的分析研究，确定主攻方向和业务目标，并制订对应的工作计划。

(3) 设计线路产品。有针对性地为客户设计旅游产品，做到科学、合理、有特色、符合市场要求，这是外联业务成功的重要因素之一。

(4) 建立销售渠道。外联人员的一项重要工作是建立起一个覆盖面广、能有效为旅行社招徕客源的业务网络；同时，还要对其进行全面管理，以保证营销渠道的畅通。

(5) 业务洽谈。业务洽谈是外联部门与旅游经营机构和中间商为达成旅游产品交易而进行的沟通活动，是旅行社与客户、中间商之间建立联系和进行业务往来的重要途径及关键环节。

(6) 达成协议、签订合同。经过业务洽谈后，外联人员与客户或中间商都有了建立业务关系的诚意，并就共同关心的内容达成一致意见，这时便可以签订合作意向书、合同书或委托协议书等书面协议，从而在此基础上进行等价、平等、有偿的业务合作。

知识链接

经济合同

经济合同是法人之间为实现一定经济目的，明确相互权利义务关系的协议。订立经济合同时，必须贯彻平等互利、协商一致、等价有偿的原则。任何一方不得把自己的意志强加给对方，任何单位和个人不得非法干预。经济合同依法成立，即具有法律约束力，当事人必须全面履行合同规定的义务，任何一方不得擅自变更或解除合同。经济合同的形式主要有口头形式和书面形式两种。

经济合同应具备以下主要内容：标的(指货物、劳务、工程项目等)、数量和质量、价款或酬金、履行的期限、地点与方式、违约责任。

资料来源：中华人民共和国经济合同法(1999.10.1)

4．外联业务的营销策略

外联业务的销售渠道，从是否有中间环节来看，可以分为直接和间接销售渠道，其比较分析见表 6-1。

表 6-1　直接销售渠道和间接销售渠道的比较分析

比较项目	直接销售渠道	间接销售渠道
流通费用(佣金、渠道管理费用)	无	有(渠道越多，费用越高)
产品价格	较低	较高(代理等费用的计入)
价格竞争	视具体情况	视具体情况
对市场信息的了解	直接了解旅游者	不易了解旅游者
销售规模	相对小	相对大
销售网络	有限	能低成本扩张，快速建立较大规模的销售网络
是否异地销售	是(相对不利)	不是(对当地顾客了解)

外联业务的销售渠道，从是否单一来看，可以分为广泛性、选择性和专营性销售渠道，其比较分析见表 6-2。

表 6-2　广泛性、选择性和专营性销售渠道的对比分析

策略类型	特　点	优　点	缺　点	适　用	案　例
广泛性销售渠道	广泛选择目标市场的中间商	覆盖面广、便于游客购买	成本高、管理难度大	新产品或新市场开发	
选择性销售渠道	有重点和针对性地选择少数中间商	重点集中销售；销售管理成本较低	风险相对集中	成长期产品与市场	中国国际旅游市场的包价旅游产品
专营性销售渠道	选择独家总代理	刺激中间商；便于管理；管理成本低	风险集中	新产品品牌产品	运通——中国国际旅行社(商务总代理)

6.1.2　旅行社外联业务的管理

1．外联业务管理的概念

旅行社外联的计划管理则是根据旅游市场客观规律，对计划在执行过程中进行的控制、指挥和协调工作，以保证完成预订任务及经营效益。

旅行社外联部门需要对未来一定时期内市场经营活动进行设想与规划，在市场调查的基础上，结合科学的预测手段，做好工作计划，并根据计划有序开展市场销售工作。

2．外联业务管理的意义

旅行社的外联业务举足轻重，有了科学有效的管理，外联会变得井然有序，部门之间的配合才会默契，工作效率才会提高。

(1) 有利于人员的合理配置。管理者应该根据个人的能力，进行外联业务的组织调整。人力资本在知识经济条件下，已成为一种不可或缺的市场营销要素。

(2) 有利于企业的可持续发展。在企业营销的过程中，不断要进行总结，不断地进行适应性的调整，只有经过良好的调整，企业的才能适应市场的瞬息万变，才能实现企业的可持续发展。

(3) 有利于企业的市场开拓。知识经济时代的最大特点就是高科技成为市场的主宰力量，市场需求不仅潜力无限，而且逐步涉及各行各业，具有极大的市场拓展空间。

综上所述，企业要在新的经济形势下立于不败之地，必须要和市场的发展紧密起来，只有不断地实践，不断地总结，不断地创新，企业的发展才能稳定长久。

经典案例 6-1

不怕失败的推销

某旅行社一位外联前后花了三四个月的时间到某开发区一家日资公司推销，先后遭到了 13 次拒绝，但他不气馁，因为他知道这家公司的成功意味着什么。后来结识这家企业的中方工会主席，就又多次上门拜访，才逐渐建立起信任。一年后，他終于组成了这家公司 127 人赴北京、青岛、大连的旅游，这次旅游取得了很大成功。之后，这位外联继续与该企业的工会保持了良好的关系，与该公司也形成了一种默契，以后每年该公司旅游活动都找他安排。

【点评】在实际推销中，吃闭门羹或遭白眼的事是常见的，要有思想准备。做外联要不怕失败，做直接营销更要有不怕失败，不怕跑断腿，不怕磨破嘴的勇气、毅力和精神。所谓“精诚所至，金石为开”，正是这个道理。同时也要掌握推销技巧，懂得客源来自社会的不同层次、不同方面。只要打开这些部门的大门，与其建立真诚的友谊，彼此信赖，日久天长就可以争取到客源。

3. 外联业务管理措施

(1) 建立旅行社产品销售合同审定制度。外联部负责人对下属拟签的旅行社产品销售合同进行逐项审核把关，重大合同需要报送总经理或负责业务工作的副总经理审定。

(2) 严格内部岗位责任制。严格内部岗位责任制有助于理清外联人员的岗位责任，发生责任事故也能找出责任人承担；便于激励员工有效工作。

(3) 建立销售效果与接待服务质量反馈制度。产品是否适应市场，游客购买消费后是否满意，只有通过多渠道的、细致的信息反馈机制才能获得。这也便于发现并改进质量问题，有效开展售后服务，实现以游客满意为中心的服务理念，实现巩固老朋友、争取新朋友的目的。

(4) 坚持品牌营销与关系营销。品牌能树立旗帜、招揽顾客，关系能拉近彼此距离、发现市场机遇、缩短买卖发生时间。通过品牌营销和关系营销，有助于外联业务更有效、更快地得到开展。

(5) 坚持客户关系管理。要杜绝类似计调外联人员离职、客户即跟着离职的“团跟人走”的现象，要有效进行售后服务、提高游客满意度，杜绝人与人的业务公司，必须开展客户关系管理，构建以社为主导的“社与社”“社与公司”运转模式。[①]

6.2 旅行社计调业务的管理

6.2.1 旅行社计调业务的内涵

经典案例 6-2

旅行社擅自调整行程造成损失

烟台某旅行社组织了20多人到北京旅游，按照行程计划，到达北京的第二天游长城，但接待导游未与旅游者协商，也未取得旅行社的同意，擅自将游长城的行程改为第三天。就在第二天晚上，一场突如其来的大雪使旅游车无法去长城，游长城计划被取消。游客返回后，要求组团社按照规定双倍赔偿长城门票。而旅行社计调人员认为是大雪自然原因属于不可抗力，造成无法游览旅行社应该免责；而且旅游合同中早已声明：在保证不减少行程的前提下，有权调整行程的顺序，所以拒绝承担赔偿责任。

资料来源：泰安旅游政务网，http://www.tata.gov.cn/358.shtml，2013.12.4

【点评】旅行社各方必须遵守计调指定的运行计划，它是在与游客签订的协议与合同的基础上形成的。天气原因造成的旅游违约属于不可抗力，但是不等于免除责任，未发生的费用应予以退还。导游具有调整行程先后顺序的权利，但是前提是具有充分的理由，且必须经过旅行社的同意和游客(游客代表)的协商一致。毫无疑问，造成此次长城无法顺利游览的责任在导游。游客有权要求旅行社同时承担赔偿责任。计调的解释不正确也不恰当，应慎言。

1. 计调的定义

计调是一种工作，就是计划、调度，有合理安排的意思；旅行社从事计调工作的人员就是计调员，英文是operator，缩写OP，很多时候也简称计调。计调是整个旅行社业务正常运作的灵魂。

计调业务包含有广义和狭义两个领域。从广义上讲，旅行社计调业务，既包括为业务决策而进行的信息提供、调查研究、统计分析、计划编排等参谋型工作，也包括为实现计划目标而进行的统筹安排、协调联络、组织落实、业务签约、监督检查等业务性工作。从狭义上讲，计调业务主要是指旅行社在接待业务工作中，为旅游团的正常旅游提供双方约定的服务接待内容，包括安排游客的食、住、行、游、购、娱等项目，编排设计市场需求的合理旅游线路，采购成行旅游团所需的相关服务接待内容等业务型工作。

① 陈永发．旅行社经营管理[M]．2版．北京：高等教育出版社，2010.7：81-82.

计调业务在旅行社业务中处于核心和中枢地位，其好坏决定着整个旅行社经营状况的好坏。

2．计调的职能

计调承担着采购、计划、团控、质量、核算等工作任务，体现为信息资料、计划统计、对外联络、订票业务、订房业务、内勤业务和调度变更等职能。

3．计调的主要业务

(1) 制定线路和产品报价。主要面对同业客户和公司客户，按客户要求为游客定制旅游线路；面对同业人员及游客的咨询，制定线路价格。

(2) 协助线路推广和电话招徕。协助市场外联人员进行线路推广，通过电话销售旅游线路。

(3) 旅游商品采购。负责与旅游服务商签订采购协议，为旅游者提供购买服务，并协同处理有关计划变更和突发事件。

(4) 做好行程计划和成本核算。根据产品线路特点和旅游者的需求，安排好每天活动节点、交通工具、抵离时刻、购物点、下榻酒店、风味餐、娱乐项目、导游、司机和特殊细节等，负责搞好成本核算，同行间工作衔接。

(5) 联络沟通和团队掌控。向导游下达接待计划，协助导游和司机接待工作，负责处理旅游接待过程中导游无法现场处理的意外情况，监控导游和司机工作，保证旅游团队质量。

(6) 处理游客投诉和售后反馈工作。旅游活动结束之后采取多种形式负责追踪跟进，定期电话回访，处理游客来信来访以及电话投诉意见，解答游客的咨询。同时用各种方式征集游客对旅游接待的意见，并根据情况及时改进。

(7) 信息收集和存档工作。负责信息资料收集整理及信息资料汇编和装订成册，存档、建档，按月填报统计报表，编写年度、月度计划等，为业务决策和计划管理提供信息服务[①]。

计调业务的核心工作是贯彻“成本领先”与“质量控制”两个要求。成本领先即是对旅行社的经营成本直接负责，要以合理的价格落实接待旅游团队的酒店、餐馆、旅游车队及合作地接社等的接待费用。质量控制即是在细心周到地安排团队行程计划书外，还要对所接待旅游团队的整个行程进行监控，对接待质量直接负责。

计调人员是旅游活动的幕后操纵者，是旅行社完成地接、落实发团计划的总调度、总指挥、总设计，可以说“事无巨细，大权在握”，具有很强的专业性、自主性和灵活性。

4．计调人员的素质要求

从管理者角度出发，合格的计调人员应该具备以下素质：个性品质包括做事勤奋、应变能力强、自信稳重、思维敏捷；职业道德包括责任心强、团结协作顾全大局、遵纪守法、

---

① 韩国华．基于旅行社转型背景下计调业务的重要意义及计调人才存在的问题分析[J]．武汉职业技术学院学报，2013.12(3)：60-62，66.

爱国爱企；情绪能力包括沟通谈判能力、计划协调能力、理解能力、交往能力(或抗压能力)；管理能力为采集信息能力、控制成本能力、组织能力、开拓创新能力；专业技能包括计算机操作技能和外语技能，应掌握基本的文档处理技能和基本会话能力；知识能力包括专业知识和法律知识，其中，专业知识包括地理知识、市场知识、礼仪服务知识、导游带团知识，法律知识方面，应了解旅行社条例、合同法、基本法律与知识、消费者权益保护法等①。

6.2.2 旅行社计调业务的管理

1. 采购业务的管理

旅行社计调采购业务是指旅行社计调人员为组合产品，以一定的价格向相关产品供应商购买单项旅游服务产品的行为。旅行社购买的单项服务产品构成旅行社产品的组成部分。旅行社通过计调采购业务提供旅游者所需的各种旅游服务，保证团队的正常进行；在旅行社产品成本中，计调部门采购的相关旅游服务产品成本占据主要地位。因此，加强基调采购业务的管理，对于降低旅行社线路报价、增强企业竞争力具有十分重要的意义。

(1) 计调采购业务的内容。主要涉及帮助游客实现交通位移的旅游交通服务、“家外之家”的旅游住宿服务、代表一个地方饮食魅力的旅游餐饮服务、最主要旅游体验的旅游接待服务、在目的地最愿意去的旅游吸引物服务，以及其他文娱节目和各种娱乐活动采购、到商店购物等，还包括其他诸如代办签证、旅游咨询、代办旅游保险等旅游服务。具体而言如下所述。

① 交通服务业务采购。主要是代购交通客票，包括对交通客票进行预订、购买、确认、退订与退购补票与变更客票等内容，还包括代租交通工具。

② 住宿服务的采购。主要涉及订购符合品质需求的饭店客房，以及在保证住宿服务供给的前提下，尽量降低采购的成本和服务价格。

③ 餐饮服务的采购。选择符合要求的餐厅，需要注意餐厅的地点、环境、卫生设施、停车场地、与前后游览项目的距离等各种因素后，预订相应餐标等级和数量的餐饮服务。

④ 参观游览项目的采购。参观游览项目的采购，关键是就价格和支付方式达成协议，要详细了解协议中的门票优惠政策和相应的服务项目内容。

⑤ 购物、娱乐服务的采购。购物和娱乐是旅游活动中丰富多彩、不可缺少的一部分，也为了方便旅游者节省时间，旅行社必须选择质量与信誉上乘的旅游商店及娱乐场所并与之建立相对稳定的合作关系，这为旅游者带动当地特色商品消费和了解民俗文化提供了良好的契机。

⑥ 对相关旅行社委托服务的处理。接到计划后，计调人员要仔细核对每一项内容，并进行预定落实到位；遇到委托旅行社提出需要帮助的要求时，计调人员要积极配合、协助解决；特别是遇到接待计划调整、旅游者人数变更、航班等时刻变化、临时要求增减游览项目等特殊情况时，要及时快捷处理；还要遵循为双方尽量减少不必要的费用支出。

(2) 采购过程中需要正确处理的几种关系。计调采购业务的管理是计调业务管理中的基础和核心，要处理好以下几个关系。

---

① 王煜琴．旅行社需要什么样的计调[EB/OL]．第一旅游网，http://www.toptour.cn/detail/info16289.html.

① 正确处理“保证供应”和“降低成本”之间的关系。在进行采购业务的管理中，保证供应和降低成本是同等重要的两大任务，但在实际工作中，这两者常常是矛盾的。当旅游供给市场处于供不应求时，也是供应紧张的情况下，旅行社应该以保证供应作为主要采购策略；反之，当旅游供给市场处于供过于求时，保证供应已不成问题，旅行社就应致力于获得最便宜的价格，通过降低成本来增加自己的竞争力和获得更多的利润。

② 正确处理“集中采购”和“分散采购”的关系。按照市场运营的规律，批发价格应该低于零售价格，而且批发量大，价格也就越低。因此，旅行社应该使用集中采购策略，通过增加购买的数量，来获得最优惠的价格，这是采购的一般规律。但是在供不应求的紧张情况下，分散采购可能更易于获得旅游者所需的服务，保证供应；而供大于求的淡季，反而能活得更便宜的采购价格，从而降低采购成本。因此，具体的市场环境决定了到底采用哪种采购策略更为合适。

③ 正确处理“预订”和“退订”“增订”的关系。旅行社的采购是一种预约性交易，旅行社往往根据以往的销售量来预计今年的计划销售量。在采购旅游服务项目时，通常是根据计划量来进行预订。但是在实际的收客过程中，实际的旅游者数量总会与计划量有出入，这时就涉及预订采购量退订与增订的问题。如果实际采购量小于预计采购量，就要退订。而卖方对退订是有时间限制的，通常旅游团预订到达日期以前2周是退订的截止期限，退订越晚，罚金越高。如果实际采购量超过了预计采购量，就要增订。卖方对增订也有一定数额的限制，有时也要多收费。买卖双方为此常有矛盾出现。为了避免这种矛盾发生，旅行社在做采购计划时，应尽量估测准确，做出尽可能准确的采购计划。当实际采购量发生变化时，不管是退订还是增订，都一定要及时。如果买卖双方都能够以互惠互利、相互理解、相互支持为原则，着眼于长久合作，是能够达成共识，并共同解决好预订与退订、预订与增订之间的矛盾的。

(3) 采购调整。旅游计划的变更以及突发事件的发生，都会影响到旅游活动的进程，并且影响到原来的计划采购，这就需要对计划采购进行调整。

① 采购调整原则。其一是变更最小原则即将计划变更所涉及的范围控制在最小限度，尽可能不对原计划做大的调整，也尽量不引起其他因素的变动；其二是宾客至上原则，对于人力不可抗拒因素引起的行程变动，应该充分考虑旅游者的意见并求得他们的谅解；其三是同级变通原则，变更后的服务项目内容应与变更前的安排在级别、档次上力求一致。

② 采购调整办法。交通客票班次出现问题，尽量选择相近时间出发的交通客票。如果客票等级出现问题，应考虑就高不就低的原则，处理相应问题，但要控制成本。住宿、餐饮预订出现问题，应选择就近、同档次、同级别的宾馆住宿、餐厅来代替。因计划变更造成旅游者利益损失，应由旅行社给予合理的赔偿或补偿，也可以采取加餐标、赠送纪念品等形式来弥补。

(4) 旅游服务采购管理

① 强化管理，留住人才。计调人员手中掌握一定业务客户资料和特定工作程序，没有形成良好的流动机制，一旦流失往往会给旅行社造成较大的伤害。

② 明确职责范围，理顺作业流程。如果计调人员责权利不对等，旅行社内部沟通不畅，资源无法共享，缺少科学决策机制，对旅行社的危害是明显的。

③ 建立广泛的采购协作网络。旅行社产品的组合特征决定了他务必重视旅游服务要素的协作网络建设，并且协作是紧密的、稳定的，哪怕是在旺季也不会因为一地的得失而影响整个接待工作。

④ 平衡供求矛盾，增加收益。在供应紧张时，侧重供应，调动一切资源保证供应；在供应充足时则要保质量、降成本，尽可能不影响质量的情况下增加收益。

⑤ 加强采购合同的管理。旅游采购是一种预约性的交易，是一次谈判、多次成交的业务，谈判与成交之间既有时间间隔，又有数量差距；这使得旅行社计调部们与旅游服务供应企业之间签订预订性采购合同显得更为必要，它可以预防各种经济纠纷的发生，减少旅行社在实际旅游接待过程中的不必要的损失①。

2. 计调流程的管理

(1) 计调操作流程的主要内容。主要涉及策划/设计旅游产品、向协作单位询价、核价并包装产品、制定出团计划、通过各种渠道宣传促销、落实旅游者参加人数与交通、向地接社发传真确认最终产品内容及费用结算价格和方式、派发陪同、导游及出团通知书、跟踪团队、团队结束归档，跟踪回访、审核报账单据、对产品进行适当调整等。

经典案例 6-3

缺陷服务的补救

成都某企业组织员工到昆明旅游，将所有活动安排委托给某旅行社操作。双方约定旅游团往返均乘坐火车硬卧，并由旅行社负责安排大巴将参加旅游的员工从企业接送到火车站。出发当天，该企业参加旅游的员工准时到达指定集合地点，但是，旅行社租用的大巴却迟迟未到。左等右等，终于盼来了大巴，但时间已经所剩无几。在去火车站的路上，尽管司机全力追赶，但由于堵车，当旅游团抵达火车站时，列车已经开走了。旅行社情急之下，马上花高价包租汽车走高速路，赶在火车到达前20分钟抵达峨眉山火车站。当旅游团乘上赴昆明的火车后，发现自己的卧铺车位幸运地被保留着。这是怎么回事呢？原来是旅行社发现火车离站后，赶紧一边租汽车追火车，一边与火车站联系，请求站方通知列车乘务组保留卧铺车位。经再三恳求，站方同意保留卧铺车位至峨眉山火车站。由于旅行社计调部门协调得当，旅行团的行程未被耽搁，众人的游兴也未受影响。

资料来源：本章作者根据有关资料整理

【点评】旅行社在与合作商的合作中会出现许多意想不到的情况。之前要对相关环节准备有应急预案，尽量不让问题出现在团上；而出现问题后，关键是计调人员要当机立断，迅速采取措施予以挽救。

(2) 计调业务流程管理的主要内容。通过对旅游产品设计流程的管理，实现旅游产品在市场上的合理性、可操作性、竞争性；通过对采购业务流程的操控和监管，合理实现“成本控制”和“价格优势”两个市场要求；通过对产品运行流程的管理，实现旅游产品的正

① 叶娅丽，王瑗琳．旅行社经营管理[M]．北京：北京理工大学出版社，2010.6：141-143.

常运行和管控，保证产品按照计划顺利进行；通过对产品信息反馈和售后服务流程的管理，实现企业对市场份额的逐步稳定与扩大，同时，为旅游产品的更新和改进提供必要的信息资料。

6.3 旅行社接待业务的管理

旅行社的接待业务是旅行社为已经购买了旅行社产品的旅游者，提供系列实地旅游服务的一项综合性工作的过程。旅游接待过程是旅行社的直接生产过程，优秀的接待服务能够树立旅行社的美誉度和品牌忠诚度，从而促进旅行社的良性发展。

旅行社各部门中，导游是旅游接待计划的具体执行者，在旅游接待过程中扮演着非常重要的角色，其服务是各项旅游服务中最为重要的服务，是旅游服务质量高低的最敏感的标志，是联系各项旅游服务的纽带和桥梁，其接待质量影响接待国旅游产品的销售。

导游工作又具有工作量大、独立性强、脑力体力劳动高度结合等特点。

6.3.1 导游业务的管理

1. 导游的地位与作用

导游是指是指依照《导游人员管理条例》规定取得导游证，接受旅行社委派，为旅游者提供向导、讲解及相关旅游服务的人员。

导游常常被誉为“国家或地区的形象代表”“中外友谊的桥梁”“旅行社的代表”，是旅行社中最直接负责与游客接触、负责全面落实接待工作、帮助旅行社最终实现经营目的的工作人员。因此，旅行社对导游人员的管理不可掉以轻心。

2. 现阶段导游管理模式

现阶段我国导游管理有三种模式：属于旅行社的专职导游、属于导游服务公司的兼职导游、不属于任何单位的社会导游。这三种模式各有优、缺点，它们彼此互补，构成了我国导游接待队伍。

3. 导游工作特征

(1) 规范化与个性化相结合。导游服务质量(参见国标《导游服务质量》GB/T 15971—1995)应当成为导游工作的国家和行业标准，在此基础上个性化应当得到充分发挥，彰显导游个性，既发挥个人才能，又满足不同游客胃口。

(2) 科学性与针对性相结合。根据游客心理特点，实现导游与游客的关系由生到熟，讲解的内容由浅入深，游客的情绪由紧张到放松，旅游的体验由平淡到高潮再到平静的过程。时间安排、参观的先后顺序、与参观对象的距离符合参观审美要求。但是导游工作又不是一成不变的，导游内容需要虚实结合，导游顺序可根据实际情况进行调整，导游讲解内容与方式需要“投其所好”等。

(3) 工作独立性与质量可测性相结合。导游独立在外完成接待任务，独立地联系上下，协调左右；独立地糅合各种关系，协调各种可能问题。虽然独立在外，工作又以不可感知的服务为主，但是质量是可感知的，依托于游客的旅游质量预期和旅游可视物以及以前的旅游经验，可以对导游工作进行比较准确的评价。

(4) 复杂性与广泛性相结合。导游工作内容复杂，每一项的背后都凝结了大量的知识信息和艰辛的体力劳动；工作对象复杂，"人上一百，形形色色"，不同游客的审美情趣、个人需求千差万别，同时导游代表了旅行社将若干个不同的服务要素结合起来成为旅游体验和享受不可缺少的元件；导游将若干个不同性格、不同情趣的人组织起来完成一次短暂的旅游活动。①

经典案例 6–4

人走茶"热"

某假日旅行社，每次送团均由导游请客人填写意见书，并将所有的意见书上交给主管外联的周副总。一次周副总在仔细阅读意见书时发现一份充满失望和不满的意见单。北京五环路外贸公司的一位陈先生在参加该社组织的东北哈尔滨旅游期间，随团队下榻于某饭店，退房时总台电脑显示曾在饭店歌舞厅消费过，但事实上这位陈先生并未进过歌舞厅，当时他坚持要求复查，但电脑都显示陈先生有此消费，由于地陪的不协调和其他团友的催促，他只得付了这笔冤枉钱。在此后的行程中，他一直心情不佳，所以在征求意见书中写道："景点很美，但人心不佳；住店被宰，导游不管。"

周副总看了这份意见单后，将导游叫来核实，并亲自到某饭店要求核实。经过反复调查，发现原来是舞厅收银员记错了房号，于是他们立即联系陈先生，在电话里表示了歉意，并将他被冤枉的消费金额通过邮汇如数奉还。

资料来源：杨晨晖．外联部操作实务[M]．2 版．北京：旅游教育出版社，2012

【点评】旅行社的客人意见单是旅行社收集有关服务信息的重要手段。只有通过收集客人意见，更好地提高服务和管理水平，才能进一步巩固客户关系，争取更多的客源。征求意见不难，难的是发现问题应及时处理。

4．导游接待工作的管理

对导游的管理除了一般的规范性招聘使用、培训教育、薪酬待遇、激励等内容外，导游接待工作更注重接待过程的管理。

(1) 接待前。需要安排合适的人员，同时仔细检查接待计划及落实情况，尤其是变更情况；还要注意给予入职不久的新导游必要的指导和帮助。

(2) 接待中。时刻关注旅游活动开展进程，对旅途中出现的不确定性突发问题要求导游严格请示汇报制度，保持畅通的信息沟通，必要时对其工作进行检查和监督。

(3) 接待后。完成后续财务结算保障等工作，同时检查导游人员的接待日志，准确核实游客信息反馈情况，针对旅游事故要仔细审查处理，审慎处理旅游投诉与表扬。

① 方增福．旅行社管理[M]．2 版．北京：科学出版社，2011.4：118-120.

6.3.2 门市接待业务的管理

旅行社门市是旅行社为方便宣传招揽游客、销售旅游产品而在主要客源区域专门设立的服务网店或营业产所。旅行社门市业务处在旅行社业务链的最前沿，门市接待人员最早和旅游者接触，最早把旅游产品信息详细地传递给旅游者，并取得旅游者的信任，把产品销售给旅游者；同时，把销售信息传回到旅行相关业务部门。

1. 旅行社门市业务的作用

总体来说，旅游者向旅行社门市咨询相关旅游信息和购买旅游产品时，门市是给旅游者留下“第一印象”的地方，是产生“关键时刻”“关键效益”的地方。

(1) 门市业务是旅行社的窗口。因为旅游者通过门市可以了解这个旅行社旅游产品的相关信息，也了解到这个旅行社的实力、业务能力、操作规范性等方面，进而对旅行社产生一定影响。

(2) 门市是旅行社的广告。旅游者自从跨进门市那一刻起，他所受到的接待、所享受到的服务、所体验到的一切，就成了他评价旅行社最充分的“佐证”。

(3) 优质的门市服务可以吸引新顾客、留住老顾客，还可以降低旅行社的营销成本。

(4) 门市服务能为旅游产品增值。优质的门市服务，能给旅游者留下美好的第一印象，并将之带到旅游过程中，从而对旅游接待人员产生好感，使得接待人员的工作变为轻松。

(5) 门市服务可以提升旅行社的核心竞争力，能招徕旅游者，能为公司留住旅游者。有效竞争往往从第一接触就开始了。

2. 门市业务的主要工作内容

(1) 旅游咨询服务。门市是游客出游前咨询的主要场所。门市接待人员需要热情礼貌地待客，对询问给予迅速积极准确专业的解答，并提出可供参考的建议，给顾客留下良好印象。

(2) 介绍并推介旅游产品。在游客咨询之余，门市接待人员需要不失时机地介绍本社旅游产品，并尽力促成旅游者的购买行为发生。

(3) 单项旅游接待。主要为散客提供短期性旅游活动，如文娱活动、风味餐订购等服务，具有品种多、范围广、要求急等特点。

3. 门市接待的管理

门市接待服务，不仅仅是在推销门市新产品，也是推销，更是在推销整个旅行社的品牌。因此，门市服务人员要在实际工作过程中不断学习、时间、体会和总结。只有这样，才能提高自己的业务水平，才能为旅行社带来更大的经济效益。对门市的管理，需要做到如下几点。

(1) 保持店面整洁规范。店面干净，设施设备齐全且摆放规范，资料齐全。

(2) 人员素质较高。形象和精神面貌好、语言标准、举止大方得体。

(3) 人员尽职尽责。熟悉业务，热情友好、耐心细致，办事利索果断。

(4) 注重门市服务效率。工作人员会顾问式销售技巧，能始终保持工作热情，保证服务成功率。

(5) 严格执行门市业务操作流程。经常性开展业务基础知识及技巧的培训工作，提高门市接待人员综合素质等。

经典案例 6-5

小疏忽酿大祸

某旅行社门市接待员小陈是一位热情大方的北方小伙子，在近半年的门市接待业务中，办事利索、业务精湛。但是，粗心给他和公司带来了不小的后果及损失：2010 年 9 月底(国庆节前)的某一天，门市前台来了好几拨旅游咨询的客人，小陈凭借自身精湛的业务知识和良好接待素质，一个下午就拿下了好几个国庆旅游签约订单。随后，小陈按照门市业务操作流程一个一个地开始业务操作。还剩 2 个订单的时候下班时间到了，朋友们的聚会电话一个接一个打个不停，无奈之下，小陈想先下班去聚会，明天再操作剩余的流程。第二天上班之后，又来了很多咨询旅游、签订合同的游客，又是一些琐碎的事情干扰他无法正常下班，加上要补做前一天的订单流程，等小陈忙完，又是很晚了。9 月 30 日下午，下班时有一位已签约游客打来电话，询问第二天出团事宜；小陈一查，发现第二天出团名单中没有客人相关信息，经联系计调落实，小陈将出团时间 10 月 1 日错写成 10 月 7 日，计调将客人安排到 10 月 7 日出发的团队中了；而 1 日团队无法加人(车位已满)，换车也来不及(车队已无车可换)；最后，经与客人协商，先让客人免费游览市内其他景点，等到 4 号有位后安排客人继续游览；期间市内所有游览费用、住宿费均由旅行社承担。

【点评】旅行社门市业务操作流程的每一个环节，乃至一个小细节都能影响整个旅游行程的正常运行，门市接待人员的小疏忽造成旅行社的大损失，所以，在门市接待业务的管理中，每一项内容的核对是必不可少的。

6.3.3 团队接待业务的管理

1. 团队接待业务的内涵

(1) 团队旅游接待业务的含义。团队旅游接待是指旅行社事先同旅游中间商达成旅游合同或协议，对旅游团在整个旅游过程中的交通、住宿、餐饮、游览参观、娱乐和购物等项活动提供具体组织和安排落实的过程。

(2) 团队旅游接待业务的类别。根据业务范围可分为入境团队旅游接待业务、出境团队旅游接待业务、国内团队旅游接待业务三大类。这些业务既有共性特点，也存在着各自的特点。

2. 团队接待业务的特点

(1) 共性特点。其一，计划强：旅游团队的接待计划往往是一个相互连接的整体，需要上下站之间的密切衔接，出现任何纰漏都可能给整个旅游活动造成严重影响；严格按照团队计划实施旅游接待，是每一个提供接待服务的旅行社的职责。其二，接待技能要求高：这是因为一个旅游团队的游客由思想观念、性格、饮食爱好各不相同的人组成，要在短时间内让他们彼此适应，完成游程，就必须选派责任心强、带团技能高的导游人员。其三，协调工作多：团队旅游接待是一项综合性很强的接待业务；需要在接待工作开始前、接待过程中、接待结束后，都要进行大量的沟通和协调工作。以保证团队旅游接待顺利完成。

(2) 个性特点。其一，入境旅游团队接待业务主要是海外旅游中间商招徕和组织的海外旅游团队到中国内地旅行游览的活动；其个性特点有：风俗习惯差异大、涉及环节比较多、预订周期长、停留时间长、活动变化多等。其二，出境旅游团队接待业务是指我国一些经过特许经营中国公民自费出国旅游业务的旅行社所组织的中国公民出境旅游团队的接待业务。其个性特点有：活动日程稳定，很少有变化、消费水平高、外语水平低等。其三，国内团队旅游接待业务主要包括旅游客源地附近的周末旅游、省内短途旅游和跨省的省际旅游。其个性特点有：日程变化小、准备时间短、消费水平差别大、讲解难度小。

3. 团队接待业务的管理

(1) 准备阶段的管理。首先，要选择合适的接待人员；其次，适时检查接待计划的安排情况及是否落实到位，以便发现计划的不足和不同环节容易出现的漏洞，及时进行改进和调整，为旅游团队的接待计划顺利进行做好准备工作。

(2) 接待阶段的管理。首先，建立严格的请示汇报制度，既要允许接待人员在一定范围内和一定程度上拥有随机处理问题的权力，以保证接待工作的高效率；又要要求接待人员在遇到旅游活动过程中的一些重大变化或发生事故时，及时请示旅行社有关部门，以取得必要的指导和帮助。其次，建立畅通的信息系统，及时传递信息，以弥补旅游接待过程中发生的服务缺陷，以避免不必要的投诉，保证团队顺利进行。最后，进行必要的抽查和监督，为旅行社服务质量的改进提供宝贵的资料。

(3) 总结阶段的管理。建立接待总结制度，以便提高自身的接待能力和业务水平；对于旅游者的投诉，表明旅游这对服务质量不满，旅行社要认真处理，以便补救工作中的失误，取得旅游者的谅解，同时也可以间接教育其他接待人员；对于表扬，旅行社可以在企业中进行宣传，并在接待人员中树立榜样，激励接待人员不断提高自身素质和业务能力。

6.3.4 散客接待业务的管理

经典案例 6-6

众口难调的散客“九寨沟—黄龙”游

某旅行社导游小王接待了一个由安徽、上海、北京等地旅行社零星组织的散客旅游团。其中有13位客人来自上海的3家旅行社，5位客人来自安徽的2家旅行社，2位客人来自北京某旅行社。团队主要游览九寨沟、黄龙两处景区。但从第一天早晨出发起，团队矛盾就十分尖锐。

首先是北京客人抱怨不停，因为上车晚，他们的座位被安排在车厢后部，一路颠簸难忍，而他们的接待标准却是团队中最高的豪华等；途中用餐时，北京客人餐标高，导游安排他们单独用餐；另外上海和安徽客人都是标准等，18 人安排了 2 桌。但上海客人纷纷挤在一桌，留下安徽 5 人享用一桌，结果出现了上海人不够吃，安徽人吃不了的怪现象；住宿时必须有一位上海人与安徽人住一间客房，但上海人宁可要了间三人房，也不愿与不认识的安徽人住；游览时，上海、北京、安徽客人分别行动，导游很难整队。而且一旦安徽人迟到，上海人就抱怨个不停，而上海人迟到，安徽人也不服气；客人之间还因为争抢前排座位发生了抓扯，让小王十分头疼。

更重要的是，由于各地旅行社与客人签订的合同有所不同，如北京客人行程中包括了都江堰水利工程，安徽客人的费用中包含了九寨沟烤羊晚会。结果安排北京客人游览都江堰水利工程时，上海、安徽客人无事可做，又不愿自费游览，苦苦等候了3个小时，见了导游就叫苦不迭；而当小王安排安徽客人的烤羊晚会时，北京、上海人都表示不愿参加，小王无奈只好为客人退费(正常情况下一次烤羊晚会至少得有 10 人参加才保本)，导致安徽客人大骂导游违背合同，吵着要投诉。小王一路都在处理矛盾，一路都被客人埋怨，感觉烦死了。

资料来源：陈乾康．旅行社计调与外联实务[M]．2 版．北京：中国人民大学出版社，2012.7

【点评】散客旅游团队成分复杂，矛盾很多，对接团导游能力要求很高，导游所承受的责难和压力也很大。因此，做好散客团队导游工作，是对导游人员业务能力的严峻考验。导游员需要注意细节，严格按照合同办事；也要灵活应对，理顺关系，调动积极情绪，才有助于完成接待任务。

1．散客旅游接待业务含义与分类

散客旅游又称自助或半自助旅游，它是由旅游者自行安排旅游行程，零星现付各项旅游费用的旅游形式。现阶段有自助散客旅游和旅行社接待的散客团，其中前者是不经过旅行社，而是个人、家庭或朋友自行结伴、自行安排旅游活动的旅游方式；后者则是需经旅行社接待的计划旅游团，往往需要与他人拼组成团

散客旅游接待服务就是旅行社按照散客的要求提供各项接待服务的过程，主要包括单项委托业务、旅游咨询业务、选择性旅游业务。

2．散客旅游接待业务特点

(1) 零星现付，价格较高。零星购买的单项价格往往高于团队折扣优惠价。

(2) 旅游者需求个性化多。一般而言，构成散客旅游主体的是商务旅游者、假期较富裕者，或有特殊兴趣的旅游者，他们对价格敏感度相对较低，同时旅游活动往往需要他们的兴趣和想法。

(3) 规模小、批次多。相对团队旅游而言数量规模要小得多，但随着个性化出游发展趋势，批次相对团队批次更多。

(4) 需求多、变化大。为数众多的商务旅游者往往有许多交际应酬及商务活动，有时会在路途中提出新的需求；大多数散客往往因为出游前缺乏周密的计划而在旅游过程中修改旅游内容。

3．散客旅游接待业务原则

面对纷繁复杂、矛盾重重的散客旅游团队，导游应坚持如下接待原则。

(1) 精心化解矛盾的原则。散客团队的导游应具有较强的工作责任心和细致的工作作风，善于预见各种矛盾出现的可能性，尽可能将矛盾化解于萌芽状态。

(2) 服务主导的原则。对于客人的质疑和不满，导游应该给予合理的解释和疏导，但不要过于纠缠。应尽快进入讲解服务状态，以精彩的服务淡化矛盾。对于客人的问题，可在旅程中利用餐间或晚间自由活动时间，逐个与游客交谈，耐心细致地说明实际困难，争取客人的理解。导游员只要尊重游客，热情服务，尽量不激化矛盾，不出现新问题，大多数矛盾都可以逐步得到化解。

(3) 服务多样性原则。散客团队的导游面对的是不同消费层次的同一个群体，他们的游览、住宿、用餐时分时全，导游员一定要注意工作的有序性，对各种消费档次的游客心中有数，合理安排，最好能提前给客人书面说明，让客人对导游工作放心。要有序、心细、周到、恰如其分地落实很多的细节性安排，尤其要有承受各种抱怨的心理准备和化解各种矛盾的技巧。

(4) 以建设团队文化为先导的原则。散客旅游团队的客人互不相识，容易形成客人之间、客人与导游之间的隔膜。尽快消除三方的陌生感，建立起和谐轻松的团队气氛，是带好散客团队的关键所在。只有当客人尽快熟识起来，团队意识和团队气氛浓郁起来，散客之间才能互相关心，形成自律，导游带团也会更加轻松。

4．散客旅游接待业务管理

(1) 坚持规范化语言服务。由于客人来自五湖四海，为了使各地游客均能得到满意的服务，导游员应坚持在团队中使用大家都能接受的语言服务，并提倡客人用共同语言进行交流。

(2) 服务的标准化和个性化。即首先必须做到规范化服务，同时针对不同地区客人的特点，提供适当的个性化服务。

(3) 加强团队自律，严格要求游客在车内不吸烟，不乱丢废弃物，就餐和游览不迟到等。

(4) 要想方设法让客人游好、游足，使每一位客人合同中规定的旅游项目都一个不落地完成；确因人力不可抗拒的因素必须取消或改变个别项目时，导游一定要向客人说明原因，并提出客人能够接受的补偿方案(更换其他项目或退还相关费用)，求得客人谅解。

(5) 出现任何自身不能解决的问题必须马上与旅行社取得联系，不许擅自做主。

总之，散客旅游团队是包价旅游团队中最难接待的团队之一，容易出现矛盾多、问题多、意见多、事故多和满意者少的“四多一少”现象，对导游人员的业务水平提出了更高的要求。导游员应熟知散客旅游团队特点，掌握散客旅游团队服务原则，灵活运用散客旅游团队服务技巧，善于调动客人的团队意识，化解矛盾，创造和谐，最终提高旅游团队的满意度。

6.4 旅行社票务的管理

为保证旅游活动顺利进行，首要解决的就是“行”的问题。旅行社交通服务项目的采购工作已经成为旅游者顺利出行的重要保证。同时，随着旅游业的发展，旅行社为增加收入来源，代收交通客票也成为旅行社的一项重要业务。旅行社设立的票务主要经营飞机票、豪华邮轮票的销售业务，有些也兼营火车客票、长途汽车票或轮船客票。

6.4.1 旅行社票务的内涵

1. 旅行社票务的定义

旅行社票务是指票务人员按照旅游团队的计划或者旅游者的要求，通过一定的方式与程序，取得使用社会交通工具的权利，即票证，使旅游者按时顺利到达旅游目的地。

目前，我国许多旅行社已经将代客订购交通票据作为一项重要的业务，并建立了票务中心，成为航空公司、铁路部门、轮船公司、旅游汽车客运公司等交通服务单位的指定票据代售点。这样，旅行社的票务部门对内解决了本社旅游团队的交通票据问题，对外设立窗口，通过销售交通票据直接为旅行社获得经济效益。

2. 旅行社票务的作用

当前，旅行社的票务工作已经从单纯为旅行社的旅游者服务发展为向整个社会提供售票服务。具体地说，旅行社票务工作有以下重要作用。

(1) 旅行社票务工作是旅游活动顺利进行的首要保证。在旅游活动的六要素“食、住、行、游、购、娱”等活动中，“行”是整个旅游活动的基础。可以说，没有“行”，就没有“旅游”。而保证旅游者顺利出行，正是票务部门的工作。票务工作在旅行社与交通运输部门的协作中起着互相联系的纽带作用。特别是在旅游节假日的旺季，票务工作对旅行社业务的开展显得尤为重要，甚至影响到旅行社未来的发展。

(2) 旅行社票务工作由“后勤服务”发展为“社会服务”。随着交通运输业和旅游业的竞争，国民经济的快速发展发展，人们对出行越来越追求便捷舒适，越来越多的人在出行时选择通过旅行社票务来购买各种交通票据，因而相当多的旅行社票务不断扩展，逐渐发展成为交通运输企业的代理商。旅行社的票务工作已从单纯地为旅行社的旅游者提供服务发展为向整个社会提供服务。

(3) 旅行社票务工作是旅行社创收的重要途径。旅行社的主要收入之一是来自航空机票、邮轮等交通工具的代理佣金，其营业收入在旅行社的总收入中占有很高的比例。

3. 旅行社票务的分类

我国旅行社的票务从涉及的交通运输形式看，可以分为航空票务、火车票务、轮船票务和汽车票务几大类，特别以航空票务、火车票务和轮船票务三类为主。

(1) 航空票务。航空票务主要分为团队机票和散客机票、国内机票和国际机票等业务。

购买团体机票时，一般只开一张团体客票。国内客票是指旅游者乘坐国内航班飞机旅行的客票，有效期为一年。国际客票包括国际旅行的单程客票、来回程客票和环程客票，有效期均为一年。

(2) 火车票务。火车票务一般包括国内火车票务和国际火车票务。中国的火车分为普快、快速、特快、高铁(动车)等类型，具体的火车票型又分为软卧、硬卧、软座、硬座及无座几种类型。近几年，增开的假日列车、旅游列车是专门为假日出行的旅游者服务的。

(3) 轮船票务。轮船票务一般包括沿海航线、长江轮船、长江普通客轮、内河航线、地区航线和国际航线票务。轮船票务不仅包括出售普通的交通船票，还包括预订和出售各种以游览为目的的旅游船票。

6.4.2 旅行社票务业务的管理

1. 一般管理

常规情况下，旅行社票务部门需要做到以下工作内容。

(1) 与相关交通运输部门(车站、航空公司、轮船公司及各大票务代理公司)签订合作协议，建立互信稳定的合作关系，保证旅行社在需要时能获得所需票证，这是最关键的环节。

(2) 提前控票。一般要求在旅游旺季或团队到来之前预定足额的热门线路的交通票，以保障旅行社旅游团队的正常运行，这是常规情况下的基本工作内容。

(3) 票务人员要熟悉票源的采购渠道，熟悉交通运输部门的相关规章，有针对突发事件的应急措施，这是对业务人员的基本业务要求。

(4) 加强对票务人员的管理。培养他们爱岗敬业的职业道德，熟练的预订退订等控票操作技能。

经典案例 6-7

紧俏的内控火车票

2013 年暑假，成都高校某老师计划携家人前往“泰山—青岛—大连”，以火车单卧由成都赴泰山，可以让小孩领略沿途的地貌变化差异，中国的地域辽阔；行程结束时以单飞从大连返回成都，可以节约时间，增加舒适度。时值北方旅游旺季，最初通过铁路预定中心网站(www.12306.cn)但一票难求。后来他通过成都某旅行社好友的协助，拿到了紧俏的三张“成都—泰山”K206 次内控火车卧铺票。

【点评】中国铁路尽管实现了在线预售和窗口预售，但是所有的票源并非全部预售，而是有所保留以备不时之需。旅行社通过与铁路部门的合作协议，可以提前控票，也可以求得运输部门的内控车票，实现经营目标。

2. 票务故障处理

票务故障主要是指由于主客观原因，无法向游客提供指定交通车次的足额票证。

票务故障一般有三种情况：无法预定客人指定班次的车船票和机票、所预订的交通票证日期有误(误订)、出现多订或少订票证。相应处理办法如下。

(1) 无法预订指定票证时的处理办法。接待社票务部门需要与组团社和客人协商，改订其他班次/车次，必要时可对客人造成的损失进行一定的补偿。

(2) 预订的交通工具日期有误(误订)时的处理办法。票务部门需要退票和尽快改订其他车次，同时将手中的票证转让或退票，尽力挽回损失，或把损失减少到最低。改订时如遇时间紧迫，正规渠道无法满足，不得已的前提下高价从非正规渠道购买也未尝不是一种选择。

(3) 出现多订或少订票证时的处理办法。其产生原因主要是对客观情况(游客数量多少、旅游淡旺季、旅游交通意外情况影响等)估计不足。旅行社票务部门需要与多个部门协调，在确保负面影响最小的前提下，退订或取消多订票证，对少订票证要通过多种途径及时解决。

总之，旅行社票务部门需要千方百计确保游客成行，不影响整个行程，这是工作的重中之重。

本章小结

本章针对旅行社主要一线业务部门——外联、计调、接待和票务四个环节进行介绍。

针对外联部门，本章主要介绍了外联业务的概念、特征、主要职责内容、外联业务的营销策略，以及外联业务管理的意义与对策。

针对旅行社的计调业务管理，本章介绍了计调的定义、承担职能及主要业务内容、计调人员的素质要求、采购业务的主要内容及采购过程中需要正确处理的几种关系、旅游服务采购的管理和计调业务操作流程管理。

针对旅行社接待业务的管理，本章主要介绍了导游业务的管理、门市接待业务、团队旅游接待业务、散客旅游接待业务四个环节的工作内容、工作特点及管理对策。

针对旅行社的票务管理，本章主要介绍了票务的含义、类别、作用，一般管理办法以及在出现票务故障情况时的处理方法。

通过对本章的学习和阅读，读者可以对旅行社一线业务部门的组成要素、基本工作内容、工作特征及管理办法形成初步的框架。

练习与思考

一、单项选择题

1．以下不属于旅行社外联的主要业务的是(　　)。

A．收集与旅游线路相关的各种信息　B．有针对性地为客户设计旅游产品

C．建立销售渠道　D．为客户提供咨询服务

2．广泛性销售渠道的优势在于(　　)。

A．覆盖面广、便于游客购买　B．销售管理成本较低

C．便于管理　D．能有效规避风险

3．以下不属于旅行社计调的主要业务的是(　　)。
A．设计线路及对外销售　　B．落实旅游服务采购
C．落实联络沟通和团队掌控　　D．信息收集和存档工作

4．计调进行服务采购调整时不应持有的原则是(　　)。
A．宾客至上原则　　B．同级变通原则
C．变更最小原则　　D．成本最小原则

5．以下不属于导游的工作特征的是(　　)。
A．规范化与个性化相结合
B．科学性与针对性相结合
C．工作独立性与质量可测性相结合
D．工作单一性与广泛性相结合

6．以下不属于导游接待工作中管理内容的是(　　)。
A．严格请示汇报制度　　B．安排合适的导游人员接团
C．积极开展培训教育等工作　　D．准确核实游客信息反馈信息

7．以下不属于旅行社门市业务的作用的是(　　)。
A．是旅行社的窗口　　B．旅行社的广告
C．为旅游产品增值　　D．是旅行社的中枢神经

8．门市业务的主要工作内容不包括(　　)。
A．旅游咨询服务　　B．介绍并推介旅游产品
C．单项旅游接待　　D．落实旅游服务采购

9．不属于散客旅游接待业务特点的是(　　)。
A．零星现付、价格较高　　B．旅游者个性化需求多
C．规模小、批次多　　D．需求小、变化小

10．旅行社票务工作的重要性不体现为(　　)。
A．是旅游活动顺利进行的首要保证
B．由“后勤服务”发展为“社会化服务”
C．是旅行社创收的重要途径
D．是旅行社服务工作的重中之重

二、名词解释

1．外联
2．计调
3．旅行社票务
4．旅行社门市
5．团队旅游接待

三、简答题

1．简述计调业务的含义及其在旅行社中的作用。

2．简述旅行社门市业务的内容及作用。

3．简述团队接待业务和散客接待业务的区别和意义。

四、论述题

论述旅行社主要业务部门之间的相互关系和相互协作的作用。

五、案例分析题

2009年的国庆黄金期间，外地旅客王某等4人参加了郑州某旅行社组织的“九寨沟四日游”，与旅行社签订了合同，并按规定缴纳了全部旅游费用。由于火车票不能及时采购等原因，致使旅游团的出发时间从10月2日8时推迟到10月3日8时，造成王某等人在郑州滞留了一天，花去房费每人100元/天，餐费每人60元/天。到达九寨沟后。住宿也发生了变化，按合同规定，在九寨沟应住三星级酒店，却被改为住二星级酒店。在九寨沟旅游的第四天，由于时间仓促，比原接待计划减少了一个景点。为此，王某等人向郑州市旅游质监所投诉，要求旅行社赔偿损失。旅行社却辩称：九寨沟是国家重点风景名胜区，恰逢旅游旺季，大批旅游者前往，运力和住宿存在困难，这是由于无法左右的客观原因造成的，并非旅行社的主观愿望，所以不承担赔偿责任。

试回答：

1．此类问题应该属于哪些业务部门负责？属于业务操作流程中的哪一部分？

2．发生此类问题的业务责任应该由谁承担？如何合理地处理此事件(从业务管理的角度分析)？

3．从业务管理的角度分析，应该如何避免此类问题发生？

补充阅读

《旅游法》给导游队伍带来的阵痛

我国首部旅游行业法律《旅游法》正式颁布实施3月有余，给旅游行业带来前所未有的大震荡，旅行社线路涨价、导游收入锐减、团队游数量下降等新问题都显现出来。导游这个曾经的高收入群体，在整体收入锐减的情况下能否健康发展，取决于用工单位采取什么措施稳定队伍留住人才。让导游人员有团队感和长远的职业规划，这是旅游管理部门的新课题。

1．《旅游法》生效前后：导游的纠结

《旅游法》实施前，导游的收入构成主要为两部分：一是购物、自费项目等的回扣，二是旅行社每天支付的接团费。还有一些旅行社在和导游签订合作协议时，根本不提供接团费，导游的收入完全来自于购物、自费项目的回扣。

《旅游法》对旅游者、旅游经营者及旅游主管部门各自的行为作了明确的规范，对其中的法律责任进行了明确的规定。其中对于旅行社“零负团费”“强制购物”、景区“门票涨价”等大众关注度较高的问题，都制定了相应的规章制度。新法颁布实施后，旅游行业特别是传统旅行社进入转型升级时代。

上海春秋国际旅行社有限公司总经理肖潜辉介绍说，《旅游法》执法初期，很多靠拿回扣获得高收入的导游离开了旅游业，剩下的导游在专业素质、水平和心理状态上都无法与游客量持续增长的实际情况相匹配。比如以前带东南亚旅游团的资深导游，《旅游法》实施前，有购物和自费项目提成。一般情况下，东南亚的行程都是六七天，一次收入可达7000元左右，一个月带两次团，收入即可轻松过万元。《旅游法》实施后，购物和自费项目提成这一渠道被彻底堵死，虽然旅行社将接团费提高到每天300元，但每带一次七日游的东南亚旅游团收入只有2100元，一个月的收入降到了4200元。

对旅行社而言，尽管给导游发了基本工资，一定的带团补贴，现在他们一个月最高可拿近8000元，但这并没有根本解决导游流失的问题。以前回扣拿得高的，都是服务水准比较高的导游，他们难以接受现在的薪酬水平。留下来的多是服务水准相对差一些的导游，而且人心不稳。要想改变拿高回扣的惯例，只能通过“换血”，多招年轻人进入导游行业。可问题是，现在年轻人不愿意来干导游。

2. 如何解决导游生存问题

南开大学旅游与服务学院院长白长虹说，在国家人力资源与社会保障部发布的职业目录中，关于旅游的职业很少，一些旅游业发展中急需的新专业都不在职业目录上，这导致旅游行业的工作社会认可度低，对人才的吸引力有限。旅游业要做好旅游职业研究和分类，在职业资格认证上形成符合旅游发展的体系。

新疆维吾尔自治区旅游局党组书记李冀东认为，旅游业是幸福产业，导游在自己的工作岗位上为游客带来了快乐，但是现在导游出现在媒体上的形象多数都是负面的，让多数勤恳工作在一线的导游心理落差很大。

中国旅行社总社董事长薄宝华则说，解决导游生存问题不能靠外部机制，要靠旅行社自身。解决导游生存问题，关键是看旅行社能不能实现自身商业模式的优化、盈利能力的提升。导游的生存离不开旅行社的健康发展。

杭州市旅游委员会主任李虹认为，从国际角度来看，导游很多时候并不是一个全职工作，兼职是导游工作的常态。对旅行社而言可以建立弹性雇佣机制。在增加导游收入方面，应该引导游客认识服务的价值，既然在出境游中给旅游从业人员小费，那在中国，如果导游的服务让人满意，是不是也该主动给导游奖励？

武汉市旅游局局长张佚说，在导游管理上，武汉市对旅行社有严格的要求，如要求给正式导游底薪和“五险一金”，兼职导游也有最低工资标准。同时，每年武汉都会组织星级导游评比，五星级导游能拿到近万元的奖金。2013年，武汉市从小语种导游中选出一批优秀导游，给他们发政府津贴，提高小语种导游的从业积极性。

南京市旅游委员会主任金卫东建议，探索与导游的能力、劳动付出成正比的薪酬激励机制，旅游部门还是要鼓励旅行社培养更多导游，对招聘正式导游多的旅行社给予一定奖励。

资料来源：鄢光哲，吴文学. 力争年内稳定导游队伍[N]. 中国青年报，2014-01-17：11版

讨　论

1. 作为是旅游接待工作的具体落实者，那么导游队伍的稳定与发展，直接关系到旅游服务质量的稳定与提高？

2. 有关地方政府、教育与行业对于导游行业的看法是否准确？杭州、武汉、南京地方旅游行政管理部门的做法是否有可借鉴之处？

3. 你能够为新时期导游队伍的建设与发展提供新的思路吗？

第7章　旅行社人力资源管理

学习目标

知识目标	技能目标
1. 了解人力资源主要功能、一般流程 2. 熟悉旅行社人力资源管理的概念、特征和职能 3. 掌握招聘的流程、甄选的要素与手段、录用的原则与流程、旅行社员工培训、旅行社培训的方式和过程 4. 熟悉综合回报体系的三大部分：薪酬、奖励性薪金和福利 5. 掌握绩效考评的概念、内容和方法，激励的主要方法	1. 了解旅行社人力资源的管理方式以及主要功能、一般流程 2. 掌握旅行社人力资源甄选的要素和手段，怎样录用合适的员工 3. 掌握员工培训的基本手段、一般使用方法，同时能够提出新颖并且适用于旅行社培训员工的方式，以提高员工的综合素质 4. 掌握综合回报体系、绩效考评方法以及激励的主要方法

知识结构

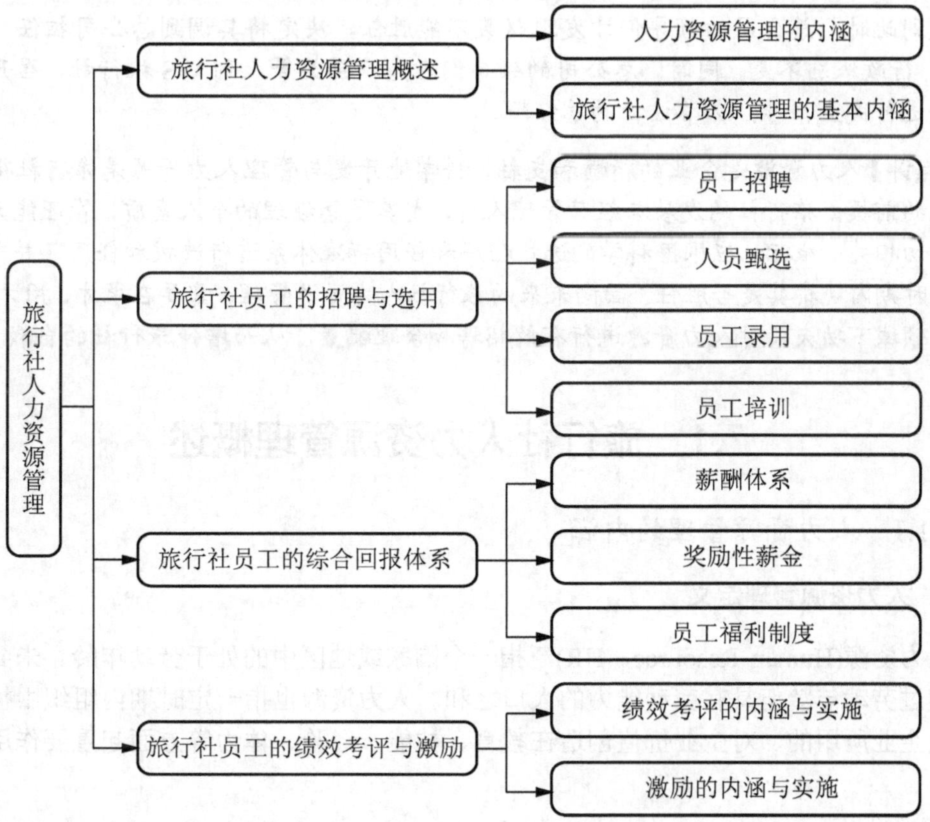

导入案例

"民选"的总经理不胜任

总公司派来的孙某、刘某、李某来到WS旅行社后，不做任何调查研究，立即召开中层会议，宣布进行民主测评，推选总经理的继任人选。孙某甚至在会议上说，这次充分发扬民主，谁得到的选票多，谁就是下一任总经理。当时张总经理曾表示异议，向他们提出忠告，建议他们谨慎行事。但是，孙某等人不予理睬。选举后，孙某将选票带回总公司。不出所料，赵某获得的选票最多，顺理成章地当上了总经理。

赵某就任总经理后，王某等人认为他们为赵某的"荣升"立下"汗马功劳"，要求赵某予以"报答"。赵某不顾其他副总经理的反对，擅自决定为王某"平反"和"恢复名誉"。不久，赵某又提拔许某为总经理助理。赵某的做法，在员工中间引起强烈的不满。另外，由于赵某只善于拉帮结派，以小恩小惠收买他人，对于旅行社业务一窍不通，特别是他顽固地认为，旅行社开展促销活动是"浪费金钱"，应该实行个人承包，导游员接待旅游团应向旅行社纳"人头费"。

结果，不到两年，WS旅行社在赵某的领导下，市场份额日渐缩小，接待质量下降，旅游者投诉不断，经营效益连年滑坡，甚至到了亏损的地步。WS旅行社开始拖欠员工工资，一部分业务骨干纷纷跳槽，到其竞争对手那里去另谋出路。

直到此时，总公司的领导们才发现赵某不能胜任，决定将其调到总公司担任"处级调研员"，行政级别不变。同时，总公司的领导们考虑派孙某等人到WS旅行社，召开中层干部会，进行民主推荐，选举该社的总经理。

【点评】人力资源是企业的精髓和支柱，科学地开发与管理人力资源是旅行社得以可持续发展的前提。旅行社的发展与经营管理人员，尤其是总经理的个人素质、管理能力和经营才能密切相关。旅行社应根据科学的选拔程序和任用标准体系进行选拔和任用，并在一段过渡适应时期内观察其是否胜任。面向未来的旅行社人力资源管理，需要在求才、用才、育才、留才等领域下功夫，对人力资源进行有效招聘和合理配置，从而增强旅行社的自我竞争力。

7.1 旅行社人力资源管理概述

7.1.1 人力资源管理的内涵

1. 人力资源管理定义

人力资源(Human Resource，HR)泛指一个国家或地区中的处于劳动年龄、未到劳动年龄和超过劳动年龄但具有劳动能力的人口之和。人力资源也指一定时期内组织中拥有的且能够被企业所用的、对企业价值创造在教育、技能、经验、体力等方面起重要作用的人的总称。

所谓人力资源管理，是指在经济学与人本思想指导下，通过招聘、甄选、培训、发展等形式对组织内外相关人力资源进行有效运用的过程，以满足组织当前及未来发展的需要，以及保证组织目标实现与成员发展最大化。

2．人力资源管理的主要功能

人力资源管理有以下五个主要功能：

(1) 获取，即根据企业目标确定所需员工条件，并通过规划、招聘、测评、选拔等过程获取企业所需人员。

(2) 整合，即通过建设企业文化、沟通经营信息、和谐人际关系、化解矛盾冲突等工作对分散的人力资源进行有效整合，使企业内部个体与群众的目标、行为、态度趋向企业的要求和理念，并形成高度协调一致的过程。

(3) 保持，即通过劳动薪酬、业绩考核、工作晋升等一系列管理活动对员工工作积极性、主动性和创造性进行维护和加强的行为。

(4) 评价，对员工工作成果、劳动态度、技能水平等方面进行考核、鉴定与评价，为相应的酬劳、奖惩、升降、去留等决策提供依据。

(5) 发展，即通过员工培训、工作丰富化、职业生涯规划与发展来促进员工知识、技能和个人素质等方面的提高。

人力资源管理的一般流程包括人力资源规划、招聘与配置、培训与开发、绩效考核、薪酬待遇、劳动关系管理等环节。

7.1.2 旅行社人力资源管理的基本内涵

1．旅行社人力资源管理的概念

人才因素是旅行社竞争的核心因素，旅行社的市场竞争力最终取决于员工的素质与能力。管理好人力资源可以促进旅行社降低成本、提高效率、增强市场竞争力。英国著名经济学家阿尔佛莱德·马歇尔(Alfred Marshall)认为，所有资本中最有价值的是对人本身的投资，“知识是我们生产的最有力的发动机”。管理大师德鲁克断言：“知识已成为生产力、竞争力和经济成就的关键因素；知识已成为最主要的工业，这个工业向经济提供生产需要的重要中心资源。”

旅行社人力资源管理则是指围绕人力资源的获取、整合、保持和发展等方面所进行的计划、组织、控制和协调的活动，体现为对人力资源的招聘、选择、录用、工作绩效考核、评价、培训、提升、调配、奖励和福利等诸多工作环节。

2．旅行社人力资源类别

对旅行社而言，旅行社的人力资源种类繁多，分布也广泛，但其分布类型大体上可以从工种、各位和管理垂直结构分三种，见表7-1。

表 7-1 旅行社人力资源的分布类型

按工种分类	外联、接待、计调、财务、办公室、车队等部门
按岗位分类	董事长(法人代表)、总经理、部门经理、营销员、导游员、计调员、会计、出纳、文员、驾驶员等
按管理垂直结构分类	决策层、管理层和作业层三个层面

3．旅行社人力资源的特点

(1) 劳动密集性。首先，除了一小部分的大型旅行社之外，绝大多数的旅行社企业拥有的固定资产价值都很小，但是企业所有的利润中旅行社员工所占的比例是十分大的。其次，旅行社是以提供劳务产品为主的服务性企业。这些产品都要依靠旅行社员工创造并提供给顾客。最后，旅行社的主要收入来源是通过其员工提供的劳务，比如单项旅游服务、导游服务、项目的代办等，旅行社的经营都要依靠这些来维持下去。

(2) 智力密集性。旅行社最主要的业务便是为旅游者提供旅行生活服务和旅游景点讲解服务，这是一项复杂的脑力劳动，要求工作人员有广博的知识和较高的文化素质。因此，无论是旅行社的管理人员、导游人员，还是产品的设计人员和旅游服务的采购人员，都必须接受比较系统的专业教育，必须具有较高的旅游专业知识、管理专业知识和文化知识水平，具有较强的学习能力和对知识的运用能力。

4．旅行社人力资源管理的特征

(1) 复合性。体现为人力资源能够积极主动、有意识、有目的地认识世界和改造世界，人力资源智力投资的收益率远远超过其他形态资本投资的收益率；人力资源具有诞生、成长、成熟和衰退生命周期；以及未经开发的人力资源没会增加人力资源成本、降低企业收益。

(2) 流动性。一方面体现为旅行社人力资源流动率不断提高，员工忠诚度日趋下降；另一方面，工作处于流动状态的导游接待人员给旅行社人力资源管理带来困难。

(3) 灵活性。一方面是旅行社的业务涉及面广，侧重信息服务，员工的工作性质相对灵活；另一方面旅游服务质量的评价很大程度上来自旅游者的感受，不像有形产品一样易于按照明确的标准来考核。

7.2 旅行社员工的招聘与选用

克拉克将招聘定义为“吸引人们应征职位，雇佣最适当的人选、并引导成功的候选人了解组织政策和实践的过程”。20 世纪 50 年代，松下幸之助就指出：“各公司的情况有所不同，老实说，人员的雇佣，以适用公司的程度就好，程度过高，不见得一定有用，‘适当’这两个字是很要紧的。”

7.2.1 员工招聘

1．员工招聘的概念

招聘就是根据用人需求标准在一定选择范围内通过某种方式选拔合适人选的过程。对旅行社而言，招聘是人力资源管理中一项最基本的但也很重要的工作，招聘的结果直接关系到旅行社各级人员的质量和各项工作的顺利开展。

2．员工招聘的程序

(1) 确定招聘需求。这一个阶段是围绕工作目标的实现确定不同工作岗位及其用人需求。同时，人员变动导致职位空缺，也会引起招聘的需要。

(2) 制订招聘计划。在决定招聘后，要制订招聘计划，包括确定招聘的岗位类别和条件、招聘数量，确定负责招聘工作人员，制定招聘政策，选择招聘方案等。

(3) 选择招聘渠道。在旅行社以稳定为主、面临外部环境威胁较小的情况下，内部招聘可能发挥最好的作用。在时间或经费有限的情况下，内部招聘可能较适宜。而对快速成长的旅行社，或者由于线路增加等原因，需要新增大量熟练员工，旅行社就需要从外部招聘。

(4) 实施招聘方案。在上述工作的基础上，准备好招聘方案。包括准备旅行社的基本情况、岗位的具体要求、工作条件、工资福利、必备能力等信息，选择适当的方法和途径(即内部招聘或外部招聘)做好招聘工作。

(5) 发布招聘信息。发布招聘信息注意：首先，选择合适的招聘范围。发布信息面越广，接受者越多，应聘者也就越多，可最优招聘的概率越大。相应地，招聘费用则会增加。其次，招聘信息宜在规定时间内尽早发布。这样有利于缩短招聘进程，有利于使更多的人获得信息。最后，注意设置招聘对象的层次性。要根据岗位的要求与特点，向特定的人员发布招聘信息。

7.2.2 人员甄选

1．人员甄选的定义

甄选是对候选者的任职资格和对工作的胜任程度进行测量和评价，并确定其任职资格的过程。无论有多少应聘者，还是什么层次的应聘者，都要经过甄选这一环节。

2．人员甄选的评价因素

甄选主要针对候选者与工作相关的知识、技能，个人的个性特点、行为特征以及个人价值取向等因素进行甄别筛选。

(1) 知识。人员甄选时不能仅以文凭为依据判断个人能力和价值取向，还应通过笔试、面试等多种测试方式对候选者的普通知识和专业知识进行考察。

(2) 能力。涉及候选者的一般能力与专业能力。一般能力是指在不同活动中表现出来的一些共同能力，如记忆力、想象力、观察力、注意力、思维能力、操作能力等；专业能力是指在从事专业领域活动中所具有的能力，如导游良好口头表达能力，管理者较强的人际关系能力、组织协调能力、问题分析能力、决策能力等。

(3) 个性。个性是指人的一组相对稳定的特征。需要进行甄选的个性应与工作内容和工作目标完成密切相关。

(4) 动力因素。员工要取得良好的工作绩效，不仅取决于他的知识、能力水平，还取决于他做好这项工作的意愿是否强烈，即是否有足够的动力。在动力因素中，最重要的是价值观，即人们对人生目标和个人信仰的观念。需要甄选候选者的价值观是否与企业价值观相符。

3．甄选手段

为了测试上述一种或几种能力要素，甄选出适合岗位需求的候选者，可采用笔试、工作抽样、面试、评价中心四种甄选手段。每一种甄选手段既有优点也有缺点，所以每种手段对管理者做出人员决策的价值有限，只有对其进行合理组合才能达到理想的效果。不同职务选用的甄选手段有以下几种组合比较有效，高层管理注重团队语言能力和管理潜能，结构化面试和评价中心对应聘者的这一方面有很好的考察作用，导游人员就更注重语言能力和处理临时情况能力，见表 7-2。

表 7-2　甄选手段效度及合理组合

手段＼效度＼职位	高层管理	中低层管理	复杂的非管理职务	非常规作业职务
笔试	1	1	2	3
工作样本	—	—	4	4
结构化面试	4	3	2	2
评价中心	5	5	—	—
合理组合	Ⅲ＋Ⅳ	Ⅲ或Ⅲ＋Ⅳ	Ⅱ＋Ⅲ	Ⅰ＋Ⅱ或Ⅰ＋Ⅲ

其中，分值 1～5 代表了相关手段在不同甄选对象所具有的不同的重要程度。

7.2.3　员工录用

1．定义

员工录用是指旅行社在招聘、甄选的基础上，通过综合分析和评价后对应聘者做出使用决定的行为。

2．录用的基本原则

(1) 平等竞争原则。对合格人员应该采用竞争录用和择优录用的方式。不能对经过甄选的人员因为其民族、个人身份、性别、信仰、婚姻状况等原因在录用上予以歧视或享受特权。

(2) 侧重能力原则。合格人选在其他条件相同或相似时，工作能力优先。即以往的工作经验和工作绩效，应是决策时所看重的条件。

(3) 动机优先原则。研究表明，个体的工作绩效一般取决于个体的能力和积极性两个因素。在合格人选的工作能力基本相同时，候选人希望获得这一职位的动机强度，是决策时所注重的又一个基本点。

(4) 慎用过优原则。在坚持平等竞争、择优录用原则的同时，要坚持适才适位的原则，要谨慎录用那些过分超过任职资格条件的应聘者。

3．录用决策

(1) 召开信息研究会议。原则上要求承担收集有关应聘者信息的所有人出席会议，与会人员通过讨论，对每个应聘者在每一目标维度的行为表现进行综合评价，勾画出每位应聘者的总体状况；然后讲综合评价结果与特定工作要求相比对，最后择优录用。

(2) 编制综合评价表。为提高决策效率，可先设计一张评价表。表中罗列某一岗位的所有目标维度，供参加不同甄选程度的评价员打分，然后在人事评价会上集中讨论，得出综合评分。综合评分是经过讨论，依据最有力的行为事例所得出的评价。一旦对每位应聘者的各个目标维度都做出综合评价，便可进行最后的比较分析，做出最后决定。

4．录用的决策模式

(1) 逐步筛选淘汰模式。在这种模式中，将每一步骤都视为一关，通过这一关的人，方能进入下一关。在整个过程中，应聘者人数逐渐减少，选择目标逐渐集中。在人员甄选工作量较大的情况下，通常可以采用这种工作模式。它的最明显缺陷是，可能在某个或某些步骤中去掉最不该淘汰掉的人才。

(2) 综合评价甄选模式。这种模式要求记录将甄选中每一步骤的相关信息都记录在案，在对每个应聘者完成所有步骤之后，再根据其综合表现做出取舍决定。采用这种模式可以避免在甄选过程中淘汰不该淘汰的人，但工作量比逐步筛选淘汰模式大。

(3) 单一预测的决策模式。这是指从众多应聘者中，为某一工作或某一类性质相同的工作，选择一个或者若干个任职者的决策模式。这种模式要求用人单位在较短的时间里，从许多合格人选中选出最理想的人员。由于这些人员在工作态度、能力倾向、工作经历、身体素质等方面各有长短，所以很难简单地便可得出谁好谁差的结论。

(4) 复合预测的决策模式。这是指一次招募活动中分别测定众多应聘者，然后从基本合格的人选中确定理想人选，并把它们安排到多种不同性质的工作中去的决策模式。这种决策既涉及人的差异，又涉及工作的差异，因而要达到人与工作之间的相互匹配。此法如果应用得好，用人单位不仅可以得到理想的人选，而且可以节省时间和相关费用。

7.2.4 员工培训

经典案例 7-1

表 7-3 中是根据中国青年旅行社官网资料整理出的该社培训计划。

表 7-3 中国青年旅行社培训计划

培训形式	培训内容
入职培训	入职后持续性 3 个月，涉及企业文化、业务基础知识等，严格考试后获得上岗资格证
岗位培训	职工的终身教育、个人努力提高及个人发展培训；个性化的培训，年度考核
资格培训	参加规定的岗位资格培训(总经理、部门经理、导游等)，合格可报销费用
境外培训	选派业绩突出骨干参加短期或长期境外培训，培养后备人才
展业培训	职工选修有关课程储备知识、积累经验，为职位晋升和职业发展奠定基础
培训形式	专家讲座＋外派学习＋内部交流＋网络平台

资料来源：中国青年旅行社官方网站

【点评】中国青年旅行社是中国旅行社的龙头企业，在长期的经营中已经形成了稳定成熟的培训体系，为中国青年旅行社培养了大批的优秀员工，起到了提升员工经营水平，稳定员工队伍，塑造青旅品牌等作用。

1．培训的内涵

培训是一个学习训练的过程。从狭义上看，培训为员工增添了他现任职务所需要的知识和技能。从广义上看，培训包括一般性培训和培养两个部分，前者就是狭义上的培训，而培养侧重于使员工获得既可用于当前工作又为未来职业生涯所需的知识和技能。

知识经济的到来使知识的更新速度加快，如果员工不学习、不培训，无形磨损会让他们逐步被时代所淘汰。旅行社有义务最大限度地利用员工的能力，有义务发现员工每一不同阶段的不同要求，在其追求“自我实现”的基础上，针对个人发展不同阶段的不同需要，进行不同侧重点的培训。

2．培训内容

旅行社培训内容不外乎有思想素质与职业道德培训、旅游相关知识培训、服务常识和操作技能培训、服务意识和服务理念培训四个方面。

3．培训方式

(1) 岗前培训。又称从业培训，是上岗前的培训，可分为一般性和专业岗前培训两种。一般性岗前培训：入社教育，主要是职业素质、道德、礼节礼貌等常识性知识；专业性岗前培训：是旅行社根据员工分配的部门和岗位进行的针对性专业训练，以使员工了解部门业务的原则、规程、技术与方法，更好地胜任专业工作。旅行社的岗前培训要包括旅游行业的相关法律和法规，旅游业的基础知识，基本道德，职业道德，旅行社的企业文化等。

(2) 在岗培训。是指旅行社员工在工作场所、在完成生产任务过程中所接受的培训，是岗前培训的继续和发展。其主要解决日常工作中出现的各种问题，以适应新形势，增强服务意识。

(3) 岗位职务培训。根据旅行社和导游管理条例，对领队、导游、财务人员、司机等人员一方面要求必须通过考核，持证上岗，另一方面旅行社要支持行业管理所要求的相关培训任务。

(4) 岗外培训。旅行社因经营业务发展需要或员工职位晋升等需要接受专门训练，如脱岗学习进修。

4．培训方法

培训方法不一而足，常见的有以下五种。

(1) 课堂讲授法。这是旅行社员工培训的最基本方法，主要有课堂讲授和课堂讨论两部分。课堂讲授内容丰富、进度较快，有一定深度；课堂讨论有探索性思考，广泛而灵活。

(2) 角色扮演法。被试者安排在模拟逼真的工作环境中，要求模拟处理各种可能出现的问题。实际上这是测评被试者的心理素质、潜在能力的系列方法。

(3) 案例研讨法。一种用集体讨论方式进行培训的方法，它侧重培养旅行社受训人员对问题的分析判断及解决能力。在对特定案例的分析、辩论中，受训人员集思广益，共享集体的经验与意见。

(4) 操作示范法。职前实务训练中被广泛采用的一种方法，适用于较机械性的工种。作为部门专业技能训练的通用方法，它一般由旅行社的部门经理或管理员主持，由技术能手担任培训员，以现场向受训人员简单地讲授操作理论与技术规范，然后进行标准化的操作示范表演，学员则反复模仿实习，直至符合规范的程序与要求为止。

(5) 管理游戏法。针对旅行社中较高层次的管理人员，用专门设计的游戏模拟实际管理工作中的相似问题，激发受训人员积极地参与，运用有关的管理理论与原则、决策力与判断力对游戏中所设置的种种遭遇进行分析研究，采取有效办法予以解决，以争取游戏的胜利。

5．培训流程

一般而言培训要经过以下五个步骤，如图 7.1 所示。

(1) 培训需求评估。对旅行社进行检查以确定培训需要；然后进行工作分析，以确定培训任务所需要的知识、技能和态度；对员工进行评估以明确培训重点；明确特定的培训要求。

(2) 设定培训计划。要根据任务要求、技能、知识和态度来确定培训目标；目标可以是短期目标，也可以是长远目标。确定培训方式方法，以及由谁来培训。

(3) 实施培训计划。

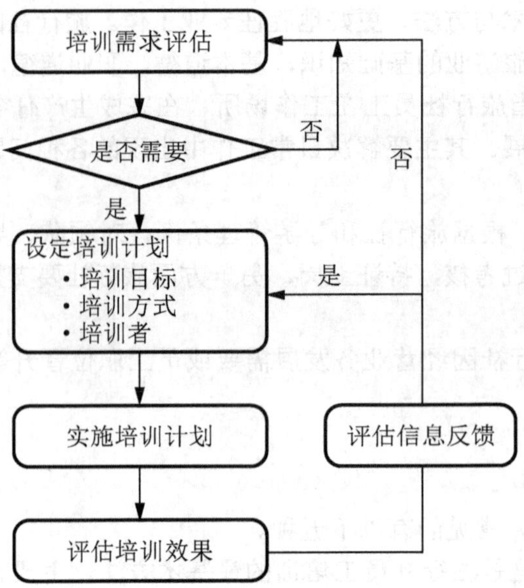

图 7.1　旅行社培训流程图

(4) 评估培训效果。包括量的评估(投入与培训直接成果之比)、质的评估、效果分析(收到了什么效果、程度如何)、项目评估(对培训项目本身进行得如何进行评估)。

(5) 评估信息反馈。及时将培训评估结果反馈给培训计划，便于对照培训计划进行修改；反馈给培训需求环节，便于对照评估是否达到预订培训目的。

旅行社人力资源优化必须根据需要开展常态化的培训，以实现从业人员整体素质的提升。

7.3　旅行社员工的综合回报体系

7.3.1　薪酬体系

1. 薪酬的内涵

薪酬就是企业对员工为企业做出的贡献，包括他们实现的绩效，付出的努力、时间。薪酬制度所涵盖的重要项目包括薪资水平、薪资结构和加薪准则。

薪酬问题是相当复杂的社会经济现象，理论界对薪酬的分类也有很多种。从广义上来分，薪酬由经济性薪酬和非经济性薪酬构成。经济性薪酬是物质报酬，主要包括工资、福利、津贴和一些其他经济性报酬，属于显性薪酬。非经济性报酬又称间接报酬、心理报酬，它不能直接获得，是非货币形式的附加报酬，如个人的名誉、特权，以及福利和保障、带薪休息时间和休假等，属隐性薪酬[①]。

① 明威．基于效率工资理论的我国旅行社薪酬激励机制研究[D]．武汉：中南民族大学，2012.

2．薪酬体系的搭建原则

(1) 旅行社需要制定一套科学合理、具有竞争力和激励效用的薪酬体系。

(2) 根据旅行社自身情况决定是否采用何种工资制度，结合自身所处不同发展阶段采用不同的薪酬制度。

(3) 注意效率工资与其他激励制度补充使用，重视薪酬的公平性效用等。

3．薪酬体系的确定流程

(1) 薪酬调查。确定员工薪酬原则时要做到保持一个合理的度，应充分考虑旅行社的成本与人才保留等因素，保持对外竞争力。为此，旅行社必须进行薪酬调查，了解市场薪酬水平。

(2) 岗位分析与评价。岗位分析是对旅行社各个岗位的设置目的、性质、任务、职责、权力、隶属关系、工作条件、劳动环境以及承担该岗位所需的资格条件等进行系统分析和研究，并制定出岗位规范和工作说明书的过程。岗位评价是在岗位分析的基础上，对旅行社所设的岗位的难易程度、责任大小等相对价值的大小进行评价。

(3) 掌握劳动力供给与需求关系。了解旅行社所需要的人才在劳动力市场上的稀缺性，如果供大于求，薪酬水平可以低一些；如果供小于求，薪酬水平可以高一些。

(4) 掌握竞争对手的人工成本状况。为了保持旅行社产品的市场竞争力，应进行成本与收益的比较，通过了解竞争对手的从业人员成本状况，决定本旅行社的薪酬水平。

(5) 掌握旅行社的财力状况。根据旅行社战略目标、价值观等方面的总方针和总要求，从旅行社的财务实力状况出发，切实合理地确定旅行社从业人员的薪酬水平。

4．薪酬体系的构成

(1) 薪金。我国现在较普及的是结构工资，它的构成主要是基本工资、岗位技能工资、工龄工资、津贴。旅行社现有的工资组成便是基础工资、业务提成、工龄工资与津贴，遵循较为严谨的绩效考核指标进行工资配比，它由行业和地区的一般报酬水平、竞争者支付的薪酬水平、工作是否有危险、员工在旅行社中的级别及其经验情况等因素决定。

(2) 奖励性薪金。简称奖金，它是旅行社为了鼓励员工提高工作效率和吸引、留住优秀员工，而采用的一种激励性薪酬，如佣金、年度奖金、业务提成等。它可与员工个人绩效挂钩，也可与群体(旅行社各职能部门、导游工作组等)乃至整个旅行社效益结合。

(3) 福利。福利或边际福利，是旅行社以实物或服务的形式支付给员工的非货币附加酬劳，如带薪假期、子女教育津贴、廉价住房等，目的是丰富生活内容，保障生活品质。

(4) 精神回馈。旅行社要营造良好的情感氛围，使员工能深刻体会到企业的整体精神追求和价值观念并实现思想升华，将追随旅行社企业精神成为奋斗的自觉。这种情感氛围能使员工之间建立相互信任、相互配合的和谐人际关系，给员工带来幸福感、归属感。

知识链接

导游薪酬制度的演变

第一个阶段：紧密结合阶段

这个阶段是解放初期到改革开放前，我国的旅游业主要是由政府主管的涉外政治旅游，导游员的身份是肩负政治使命的国家工作人员。这一阶段导游员和旅行社是一种纯粹的归属关系，导游员是旅行社最为关键的第一线工作人员，是国家公务人员范畴，其主要任务是完成旅行社分配的接待任务，这种关系保证了导游人员与导游服务质量的相对稳定。这个阶段导游人员工资稳定，可变范围小，但有较高的社会地位。

第二个阶段：松散型结合阶段

这个阶段时间大概是改革开放初期到现在，应该还会持续一段时间。这个阶段面临国家对旅游业管理体制的转变，旅行社由政府附属部门转变成自负盈亏企业，旅游企业随着我国旅游业的大发展而大量涌入，旅行社之间竞争加剧，为节约人力资源成本，旅行社大多数开始减少甚至不雇佣专职导游，导游逐渐走向自由职业。这个阶段导游的薪酬开始越来越不稳定，但是根据按劳分配，导游人员拿到较高工资的几率变得越来越大，接待的人员越多，工资也越高。

第三个阶段：完全独立阶段

这个是导游完全实现人才社会化而作为一种独立职业而存在，社会地位和工资都较高。

我国现在正处于松散型结合阶段。

7.3.2 奖励性薪金

奖励性薪金是指企业为了奖励具有良好绩效或突出贡献的优秀员工，依据其绩效水平给予的一定量的薪酬。根据人员和工作性质不同，旅行社奖励性薪金可分为销售人员奖励性薪金、导游奖励性薪金和管理人员奖励性薪金。

1. 销售人员的奖励性薪金

旅行社销售人员奖励性薪金包括佣金和其他奖励项目，即是在于促进销售积极性，提高销售业绩，增强销售人员的个人成就感，最终形成积极向上的旅行社精神。

(1) 佣金。佣金是针对中间人在商业活动中通过合法途径获得的一种劳务报酬①。佣金的目的是发挥销售人员工作的主动性，使他们受到最大限度的刺激。“底薪＋佣金”既能发挥销售人员的积极性和创造性，又不致失去控制；既能激励他们提高目前的销售业绩，又能激励他们不断开拓长期市场、培养长期客户；既能吸引高绩效的员工，又能培养现销售人员对企业的忠诚度。

① 《中华人民共和国反不正当竞争法》(1993.12.1)第八条，“……经营者销售或者购买商品，可以以明示方式给对方折扣，可以给中间人佣金。经营者给对方折扣、给中间人佣金的，必须如实入账。接受折扣、佣金的经营者必须如实入账。”

(2) 其他奖励项目。如年度、季度销售成就奖、“销售冠军俱乐部”(VIP Club)、“总裁杯”(President's Cup)等，以此来奖励在销售方面持续性做出杰出贡献的销售人员。

2．导游的奖励性薪金

一线工作人员，尤其是导游人员，对旅行社起着基础的、极其重要的贡献。旅游服务质量的提高、口碑的树立，在很大程度上有赖于一线工作人员的自身素质和自觉性工作努力，尤其是导游人员。旅行社需要吸引并留住导游人员，而非给予“三无人员”的待遇。

(1) 带团津贴。带团津贴导游人员出团工作时的津贴，其计算往往在游客满意度的基础上，还要综合考虑所带团队的人数、游程、时间等因素。

(2) 合法的导购佣金。此类导购佣金是由旅游服务经营企业按照组织间商定的合理佣金比例，给予旅行社、司陪人员之间的商业利益再分配。佣金仅限于旅游服务经营企业和旅行社企业之间结算，必须如实入账，接受工商和税务的监督，杜绝高额佣金和暗箱操作。

3．管理人员的奖励性薪金

旅行社的各级管理人员(Managers and Executives)对旅行社的发展战略起着至关重要的作用。因此，从时效衡量，旅行社要为他们提供短期和长期两种激励方案。

(1) 短期奖励性薪金。大多数旅行社采用年度奖金(Annual Bonus)进行短期奖励。这类短期奖励方案要考虑奖励资质、奖励幅度等因素。奖励资质主要依据职位关键性、工资水平和工资等级等因素。奖励幅度(奖励金额)的确定要根据企业的经营利润，即按经营利润的一定比例来确定企业的奖金总额。

(2) 长期奖励性薪金。旅行社实施长期奖励方案或资本累加方案(Capital Accumulation Programs)，目的在于激励那些对企业长期发展做出贡献的管理人员，且奖励结果足以能够维系这些资深高级管理人员。这类奖励方案需要将高级管理人员的个人成就与企业的长期发展战略实现和阶段性成就相结合。

7.3.3 员工福利制度

1．员工福利的概念

员工福利是指员工除工资与奖金之外的一切物质待遇，它是劳动的间接回报，包括带薪假期、员工保险、员工服务、退休计划、教育津贴和住房公积金等。

2．旅行社员工福利制度的作用

旅行社从业人员福利制度的建立，有助于改善员工的生活状况，提高生活水平，满足员工的生存和安全需要；有助于激发员工积极努力地工作；有助于使企业能达到经营的目标。

3．员工福利制度设计的内外影响因素

(1) 外在因素。首先是政府法规。企业在制订福利计划时，必须遵守企业所在地的政府规定，如对劳动保险、法定假期、产假的规定以及反歧视条例等。其次是劳动力市场标准。旅行社订立福利制度应参考劳动力市场状况，然后决定企业的福利水平。

(2) 内在因素。首先是旅行社竞争策略。在成长初期，旅行社致力于开创事业，会尽量减少员工福利支出；在成熟期，旅行社致力于长远发展，往往以直接的方法奖励出色的员工。其次是旅行社企业文化。旅行社如注重关怀和照顾员工，会为员工提供优厚的福利。大多数旅行社会在关怀员工和业务发展两者之间取一个平衡点，采用合适的福利制度。然后是员工的需要。员工的需要因人而异，因年龄、学历、收入和家庭状况而对福利需求有所不同。福利制度的设计应以人为本，考虑企业员工的个性化需要。

4. 员工福利制度的实施

实施福利制度时，旅行社须对福利制度进行以下方面的分析与判断。

(1) 竞争能力。旅行社在实施福利制度时，应参考市场的福利指标，分析和比较市场上的福利成本和价值，确保企业的竞争能力。

(2) 福利范围。福利范围很广，可以涵盖经济性福利、带薪休息时间、保险、个性需求服务等内容。

(3) 双向沟通。在订立和推行福利制度的同时，旅行社必须向员工清楚说明所享有的福利，使他们能对这些福利善加利用。员工也要主动向旅行社表达自己对福利的需要。

(4) 选择。员工对福利的需要因人而异。旅行社须因员工的变化，制定全面的福利制度，供员工选择适合自己的项目，得到满足感。

(5) 遵守法规。旅行社在制订福利计划时，必须遵守旅行社所在地的政府规定，避免触犯法律法规，引起员工提出法律诉讼。

总的来说，员工福利制度和薪酬制度一样，必须进行定期检讨、回馈和调查，在成本控制、员工行为和公平问题上有所兼顾，同时需要与旅行社的策略和文化相互配合，才能有效。

做好以上决定后，则可以按照以下方法实施福利制度。

(1) 把握需求和机会。福利工作不仅仅是给员工上养老保险、交住房公积金发放津贴等，福利工作更重要的是了解员工的需要是什么。员工需要的是为其提供保障安心工作的环境和条件。因为市场环境在变化，企业竞争的外部条件和内部环境也在变化，所以员工的福利需要当然也要变化。在新的环境下，需要给员工提供什么样的福利条件？这就需要去做市场调查、员工调查，这是福利工作中很重要的一步，也就是说，做福利工作首先要把握员工需求和机会。

(2) 开发项目和资源。即是要制定新的福利项目，如补充医疗保险、人寿保险、员工健身俱乐部；在做福利项目的时候，要根据本企业实际需要制定福利政策，社会要求的、政府要求的只是一个最基本的保障，它不一定适合本企业，或全方位满足本企业的要求。如果企业的经营水平、市场地位，或者综合实力比较好，相应的福利也应该比较好。

经典案例 7-2

加强对导游的人性化管理

由于目前我国导游管理制度的不健全、不规范，导致导游服务质量问题成为影响我国旅游业整体形象的一个重要瓶颈。如不在根本上解决导游没有归属、薪酬过少的问题，保障导游作为社会劳动者的基本权利，使这一群体的收入与其付出的劳动相匹配，就不能根本解决导游队伍建设和管理中存在的各种问题。

1. 设立导游协会，规范导游管理，使导游获得归属感。

首先，协会是自我管理、自我服务的行业组织，不会克扣导游的薪酬作为管理费，是导游可以依赖信任的组织；其次，协会可以通过在职业薪酬、职业规划、职业培训、职业道德等方面的标准化管理，使导游个人能力获得提升，提高导游服务质量，释放旅游企业对于导游的管理压力。通过建立导游协会，一方面可以使导游的管理走向专业化、规范化和法制化，另一方面导游将从这种管理模式中获益，获得归属感。

2. 建立合理的导游薪金制度，创造良好的用人环境

导游是一份专业性很强的职业，导游工作的劳动强度很大，导游的辛勤付出理应得到认可，获得合理的报酬。国家旅游行政管理部门应针对导游的薪酬管理制度出台相关政策，规范导游的工资构成。首先，应对于导游的底薪、带团津贴制定相应的标准，鼓励导游按劳索酬。其次，鼓励导游“提成”明朗化，我们呼吁全社会认可导游的劳动，也应包括认可导游按照其付出的劳动获得适当比例的提成奖励。同时，积极改善导游的福利待遇，解决导游后顾之忧。

资料来源：国旅总社投资与企业管理部．从导游服务质量角度浅谈导游队伍的人性化建设和管理[EB/OL]．中国导游网.http://www.tourguide.net.cn/pub/news.asp?ctyp＝NEWS&catid＝2175&ctxid＝532341

【点评】导游人员是旅游接待工作的主体。导游服务质量的好坏，直接决定着旅游者对旅游企业服务的评价。如果导游的合理收入无法解决、导游的工作性质得不到社会的承认，那么旅游服务水平提升、导游服务人性化只能是一句空话。实施对导游的人性化管理，首先要保证导游的合法收益，解决导游的基本生存之道，这最基本。同时，要使得导游有归属感，在社会中有恰当的社会地位和社会话语权，而非边缘化。

7.4 旅行社员工的绩效考评

7.4.1 旅行社员工绩效考评的内涵

1．绩效考评的概念

所谓绩效考评，是指通过系统的方法和原理来评定和测量员工在职务上的工作行为和工作效果的一种正式员工评估制度。绩效考评会直接影响到员工的切身利益。旅行社通过绩效考评可改善员工的工作表扬，提高员工的满意度和成就感，实现旅行社经营管理的目标。

2. 绩效考评的意义与原则

绩效考评对旅行社具有重要意义，不仅是提高管理效率及改进工作的重要手段，而且是员工改善工作、谋求发展的重要途径，还是决定奖惩及人事变动的基础。

旅行社开展绩效考评应坚持明确公开原则、客观公正原则、及时反馈原则、差别与激励原则。

7.4.2 旅行社员工绩效考评的实施

1. 绩效考评内容

(1) 职务考评。旅行社应当根据职位标准对某职位人员的整体素质，包括工作熟练程度、工作能力和适应性进行考评，衡量职位所需能力与职位所在人员的工作适应度。

(2) 奖金考评。对员工超额劳动的报酬。旅行社的绩效奖金是旅行社从业人员薪酬的重要组成部分，基于科学合理的奖金考评指标体系决定是否有效调动工作人员的工作积极性，促使各项工作有序、高效开展，如导游人员的游客满意度指标、销售人员的销售业绩指标等。

(3) 晋升考评。是对涉及职务晋升对象进行的综合考评，不仅仅是对此类人员的综合素质与个人能力的考评，更是是否满足公司发展战略、经营目标及目标职位描述相关需求的考评，它不仅关系个人职业发展，而且关系旅行社的未来发展前景，需要全面、审慎地进行。

2. 绩效考评方法

应用最为广泛的有档案记录法与表格法两种。

(1) 档案记录法是以企业及员工个人的档案为依据开展的绩效考评方法，所有资料原始真实，考评结果真实可靠，但由于事项多杂，考核过程比较烦琐，费时费力。

(2) 表格法是依据综合考核项目表对考核对象进行的有关工作行为的系统性考核。考评项目包括个人素质、个人业绩、个人能力(责任心、决策能力、组织能力、协调能力、应变能力和沟通能力)等方面。通过将员工工作行为与考核项目逐一对照，从而得出员工行为结论。

7.5 旅行社员工的激励

7.5.1 旅行社员工激励的内涵

1. 员工激励的概念

旅行社的员工激励是持续激发动机的心理过程，它通过激发人的动机，使人产生一种内驱力，并向所期望的目标前进的心理和行为的过程。

激励的出发点是通过系统设计适当的外部奖酬形式和工作环境以满足旅行社员工的各

种需要，激励贯穿于企业员工工作的全过程，科学的激励工作需要奖励和惩罚并举。

2．员工激励的作用

对员工进行激励，有助于吸引优秀的人才到企业来，开发员工的潜在能力，促进在职员工充分的发挥其才能和智慧，留住优秀人才，造就良性的竞争环境。

3．员工激励的原则

(1) 相称的原则。旅行社的物质激励应当与旅行社的实际情况相适宜，包括旅行社盈利情况、员工工作情况等。如果盲目开展物质激励，可能会影响旅行社的长久经营。

(2) 满足需要的原则。旅行社的激励应考虑员工的客观诉求，了解员工的真正需求，能最大限度地发挥激励的作用，实现激励物的真正目的。

(3) 即时性原则。旅行社物质激励还应在员工达到工作目标、任务的同时，及时给予对应的激励方式，切忌不可说而不做，或者边做边拖，影响员工的工作积极性。

7.5.2 旅行社员工激励的主要方式

1．员工激励的类别

激励从形式上看有物质激励、精神激励等。具体从内容上来看又有目标激励、奖励激励、培训激励、榜样激励和支持激励、领导行为激励、关怀激励、荣誉激励等。

2．员工激励的方式

(1) 物质激励。物质激励包括员工的基础薪金、业务奖金、红利以及奖品、股权等。这类激励最为基础，具有实效性和可操控性特点。它能满足员工生活的基础性条件，让旅行社员工能安心参与工作，为旅行社的发展出力。

(2) 精神激励。旅行社精神激励的有效方式包括营造良好人际环境、提高员工觉悟，激励员工动机等。要为员工创造良好的工作环境，让员工产生一种精神的归属感。精神激励方式主要有关怀激励、支持激励、信任激励、情感激励、形象激励、榜样激励等。

(3) 职业生涯发展激励。通过帮助员工制定个人的职业生涯规划，并为其提供成长发展机会，以此提高员工对企业的忠诚度、工作的积极性和创造性。员工在关注当前旅行社提供的工作环境与条件之外，更为关注工作的发展前景。为员工提供广阔的发展空间与发展机会，将最大限度的调动员工的积极性，使得员工将自我发展与旅行社发展相结合，形成旅行社发展的良好态势。

旅行社在人才选用是应当注意用人之长，要充分考量员工的整体素质，了解员工所长之处，充分发掘和运用，使员工的能力得到最大限度的发挥；协同目标管理和参与管理，旅行社在制定目标与管理过程中应加强与工作者的联系，是工作者能有效地参与企业管理当中，为其长久发展提供锻炼机会，这也是实现工作者将个人事业与旅行社发展相结合的有效方式，能同时满足旅行社与工作者的需求，促进旅行社的持续发展。

本章小结

旅行社人力资源管理是人力资源管理的一个重要组成部分，作为一个企业旅行社又具有很多企业人力资源管理的特征，但旅行社存在独特的行业特色，旅行社的人力资源有其自身的独到之处。

行社人力资源管理概述给出了旅行社人力资源管理的概念，只有清楚了解旅行社人力资源管理的主要职能才能更好地经营旅行社。

旅行社员工的招聘可以借鉴企业招聘的一些规定和相关流程，但是旅行社员工的培训就必须要突出自身的特色了，特别是对导游的培训要能符合导游的工作性质，要加强对导游素质提升的岗前和在岗培训。

旅行社的二线员工是有基础工资的，而一线人员(尤其是导游)是没有固定的基础工资的，这使得不少的导游人员对导游事业没有一种归属感。旅行社要增强其凝聚力就必须要采用可行的办法来归拢占旅行社很大部分的导游的人心。因此，旅行社的综合回报体系针对这些情况，提出了导游的基础薪金和能增强导游归属感的精神回馈。

绩效考评是考察旅行社员工工作质量的有效办法，它具有良好的客观性和广泛性，易于大多数人接受。员工的动力是旅行社持续发展的重要前提，激励能在很大程度上增进员工的积极进取的动力。

练习与思考

一、不定项选择题

1．旅行社人力资源管理的特征不包括(　　)。

A．复合性　　B．流动性　　C．灵活性　　D．双重性

2．适用于旅行社高层管理的甄选手段效度及合理组合是(　　)。

A．Ⅰ＋Ⅱ　　B．Ⅲ＋Ⅳ　　C．Ⅰ＋Ⅲ　　D．Ⅱ＋Ⅳ

3．旅行社在进行精神回馈时可以采用的激励制度有(　　)。

A．情感激励　　B．培训激励　　C．调岗激励　　D．职业激励

4．旅行社员工激励的原则有(　　)。

A．相称的原则　　B．满足需要的原则　　C．及时性原则　　D．流动性原则

5．绩效考评的内容有(　　)。

A．职务考评　　B．晋升考评　　C．奖金考评　　D．福利考评

二、名词解释

1．薪酬

2．绩效考评

三、简答题

1. 旅行社招聘的具体程序是什么？
2. 旅行社激励的主要方法有哪些？
3. 人力资源管理有哪些特点？
4. 如何对员工进行考评？
5. 旅行社的福利制度如何实施？

四、思考题

1. 旅行社是人才密集型的企业，那么旅行社人力资源管理是不是可以完全照搬企业人力资源管理？

2. 旅行社利用怎样的方式能提高员工的忠诚度？

补充阅读

旅游专业大学毕业生的高流失率现象

当前，旅游业前景十分看好，旅游业对经济发展和促进就业的贡献越来越大。然而在行业蓬勃发展的背后，旅游企业如旅行社、酒店等却遭遇人才危机，从业人员流失率不断加大。

国家旅游局人教司曾对旅行社人力资源情况进行调查，结果显示：在持证导游中，目前已不再从事导游工作的有 65 471 人，占 33.2%。其中，资格导游的流失率为 45.3%，初级导游的流失率为 6.4%，中级导游的流失率为 14.6%，高级导游的流失率为 10.1%，特级导游的流失率为 37%。北京市旅游局的一项调查结果显示，旅游业企业资质越高的人才流失率越高。旅游专业的大学生毕业后从事旅游行业两年后，继续从事旅游相关职业的大专生只有 80%，本科生只有 50%，而研究生更少。

旅游行业为何人才流失严重，原因有以下三个方面。

其一，大学生毕业以后在较长一段时间里不能适应旅游工作，形成特殊的职业群体社会反应。旅游行业有自身的特点：工作的时间长短、工作节奏随着旅游市场及客人消费的变化而变化，通常没有具体的作息时间，工作时间不稳定，工作时间段相对集中、持续时间长；腿脚站立的时候多，体力要求高；受“为人服务”社会观念的影响，职业稳定性容易受外界因素干扰，特别是来自婚姻、家庭的干扰。例如，女生一旦怀孕，多以小孩生育、抚养作为生活的主要内容，会选择工作时间稳定、收入来源稳定的工作；男生通常被自己和配偶的家庭要求找一份“体面”轻松的工作，机会来临的时候，就跳槽转行，另谋生计。

其二，就业环境和心理期望存在较大差距。大学毕业生往往对旅游就业环境缺乏深刻理解。例如旅游酒店，从业人员不仅应该具有一定的专业理论水平，而且更应该具有丰富的实践操作经验。多数刚毕业的大学生没有从基层做起的思想准备，期望在短时间内做到管理工作的职位，对就业的岗位和待遇有很高的期望。

其三，各类旅游专业人才素质不齐的挑战。随着知识经济时代网络化的到来，各类专业人才的素质在激烈的竞争中显得尤为重要。没有专业的人才，就没有专业的管理；没有专业的管理，就更谈不上有效的发展。目前，我国旅游业中，高层管理者大多半路出家，学历偏低，对新知识、新技术掌握较差，创新能力较弱，目前我国旅游业的人力资源管理结构已不能适应市场竞争，尤其是经济全球化的挑战。

资料来源：刘阳炼．如何培养旅游专业人才的职业归属感[N]．中国教育报，2010.11.24

讨　论

1. 旅游专业人才的重要去向之一是旅游企事业单位，而旅游企业如何做到做到人尽其才、才尽其用，让旅游专业学生在实际工作中找到自己的价值？

2. 旅游专业学生在就业时仅仅应该关注薪酬问题吗？对他们而言，最关注的人力资源合理管理是什么？

3. 未来中国旅游业的发展前景是什么？旅行社人力资源的发展空间是什么？旅游专业学生应该具备什么素质、什么条件？

第8章　旅行社财务管理

学习目标

知识目标	技能目标
1. 了解财务管理的概念与意义 2. 了解旅行社资产管理的内容 3. 掌握旅行社成本费用核算、收入与利润构成的基本含义 4. 熟悉旅行社财务的相关报表与财务分析的基本公式	1. 掌握旅行社财务管理的四大内容 2. 掌握旅行社流动资产管理和固定资产的管理的方法和思路 3. 掌握旅行社成本费用的主要核算方式，把握旅行社的收入与利润管理的方法 4. 熟悉旅行社的财务分析的一般方法。

知识结构

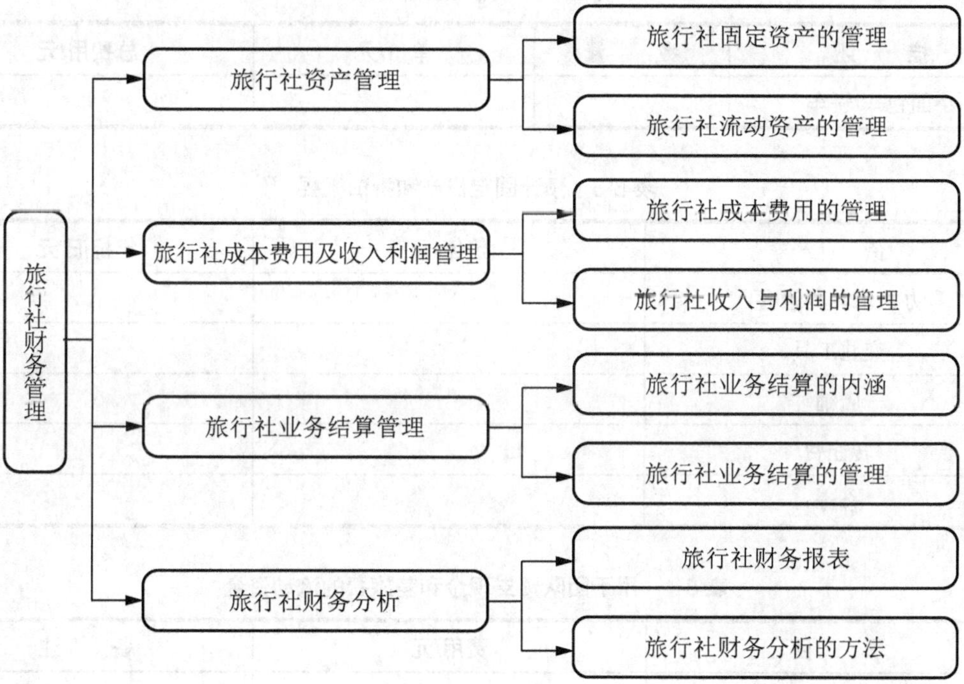

导入案例

开办旅行社——需要经费规划

李总开办一家旅行社的申报已经得到了肯定批复。根据预测的销售额(接待人数)，公司需要购买一些办公必需的物资、设备，并准备一些流动资金作为启动金。这些资金怎么支配呢？(详见表 8-1 至表 8-5)

表 8-1　拟采买办公家具与设备数

设备描述	数　量	单价/元	总费用/元
办公桌椅			
空调			
电脑			
……			

表 8-2　拟采买的交通工具

描　述	数　量	单价/元	总费用/元
小面包车/轿车			

表 8-3　预计固定资产和折旧概要

资　产	价值/元	年折旧/元
办公家具与设备		
交通工具		
店铺		
转让费		
合计		

表 8-4　用于团队预支现金和差旅费的流动资金

项　目	费用/元	备　注
团队预支现金		
差旅费		
营销费用		

表 8-5 预留其他经营费用的流动资金

项 目	费用/元	备 注
工资		
登记注册费		
公用事业费		
质量保证金		
办公费用		
合计		

资料来源：彭晓玲．旅行社经营管理[M]．长沙：湖南大学出版社，2010 年.

【点评】旅行社经营的最终目的是实现利润。旅行社进行财务管理的首要任务是筹集和运用好资金，让之得到有效发挥，实现资金(本)效能，无论是旅行社的初创期还是发展期。同时，旅行社必须准确判断和分析市场形势，根据行业特点和自身经营状况，合理使用有限的资金，把好钢用在刀刃上。旅行社经营中，还应综合考虑资金结构、资金成本和可能的资金风险等因素，从中选择最有利的财务管理方案。定期对资金使用情况进行分析和考核，把握资金的合理使用，可提高资金的使用效果。

8.1 旅行社资产管理

资产是旅行社所拥有的全部资本的具体表现。旅行社凭借其所拥有的资产经营各种旅游产品，并获得预期的经济收益。旅行社资产主要包括固定资产、流动资产、无形资产和其他资产，一般旅行社资产管理的重点在于固定资产和流动资产。

8.1.1 旅行社固定资产的管理

1. 旅行社固定资产的概念

固定资产是指使用年限在一年以上，并在使用过程中保持基本形态不变的资产。另外，单价在 2000 元以上，并且使用年限超过 2 年的，也应当视做固定资产。

2. 旅行社的固定资产的类别

旅行社的固定资产是旅行社所拥有的建筑物、机器设备、交通运输工具、家具设备等。由于旅行社属于劳动密集型企业，所以流动资产的比重较大，而固定资产的比重相对较小。

3. 旅行社固定资产的管理

旅行社的固定资产管理主要包括计提固定资产折旧、计提固定资产修理费、更新改造与装修，以及固定资产的盘亏盘盈、报废处理等。

1) 旅行社固定资产折旧

折旧的计算方法一般有平均年限法、工作量法和双倍余额递减法。旅行社固定资产一旦发生盘亏或损毁时，应该按照该项固定资产的净值扣除已提折旧费用、过失人及保险公司赔款后的差额计入营业外支出；出售和报废固定资产时，企业应该按其变价纯收入与折旧净值的差额，计入营业外收入。

(1) 平均年限法，又称为直线法。这是一种根据固定资产在整个使用寿命中的磨损状态而确定成本分配结构的方法。平均年限法是我国目前最常用的计提折旧方法。旅行社采用平均年限法计提固定资产的折旧时，先以固定资产的原始成本扣除净残值，然后按照固定资产的预计使用年限进行平均分摊，计算每年或每月的折旧额和折旧率。这类方法适用于房屋建筑物和贵重办公用品折旧。

平均年限法的计算公式为：

年折旧率＝(1－预计净残值率)÷固定资产预计使用年限×100%
月折旧率＝年折旧率÷12
月折旧额＝固定资产原始值×月折旧率

(2) 工作量法。这是一种以固定资产的具体使用时间或使用量为自变量，且与年限无绝对直接依存关系的折旧方法。这类方法适用于不同经营期间使用程度不均衡、发生磨损程度也相差较大，以具体使用时间或使用量为自变量的一些固定资产，如旅游汽车。

工作量法的计算公式为：

单位工作量折旧额＝原值(1－预计净残值率)÷预计使用年限内可以完成的工作

(3) 双倍余额递减法。这是对固定资产有限使用年限的前期多提折旧，后期少提折旧，从而加快固定资产折旧的速度，以使得固定资产成本在有限年限内加快得到补偿的折旧计算法。这种方法出现的背景是需要均衡固定资产各期的使用成本，抵消固定资产服务潜能随时间推移而下降的风险及随科技发展而产生的无形损耗影响。

双倍余额递减法的计算公式为：

固定资产年折旧率＝2÷固定资产预计使用年限×100%
固定资产月折旧率＝固定资产年折旧率÷12

知识链接

固定资产折旧与净残值率

固定资产折旧年限可参照国家规定年限确定：营业用房20～40年，建筑物10～25年；大型客车(33座以上)30万公里或5～10年，中型客车(32座以下)30万公里或7～8年，小轿车20万公里或5～7年，行李车30万公里或7～8年；电子计算机4～10年，空调器10～15年，传真机、电传机、移动无线电话5～10年，电视机、复印机、文字处理机5～8年，音响、录(摄)像机 10～15 年；部分符合条件的可根据条例第 98 条的规定加速折旧。

固定资产净残值率，一般按照资产原值的 3%～5%预算；也可依照中国税法，采取双倍折旧的方式，提高折旧率。

资料来源：《中华人民共和国企业所得税法实施条例》

2) 固定资产修理费的提取

旅行社发生的固定资产修理费用若金额较小，则直接计入当期成本费用。对金额较大且发生不均衡的大修理费用，则可以先、后分期摊入成本的方法，也可以先根据修理计划分期从成本中预提，待修理发生时再用预提金额支付。

3) 固定资产的日常管理

根据管用结合的原则，固定资产的日常管理权下放到各使用部门，由各使用部门安排专人负责。财务部门负责掌握固定资产的变动情况，定期进行财产清点，正确计提折旧，做到账实相符，并与各使用部门一起建立固定资产管理档案。

同时，旅行社应通过定期与不定期清查，保证账账相符、账卡相符、账实相符。

经典案例 8-1

某旅行社的资产折旧

某旅行社购入某设备 1 台，价值 40 000 元，预计折旧年限 12 年，预计净残值 800 元，清理费用 400 元。试计算该设备的年折旧额及年折旧率。另有小型客车一辆，原值 120 000 元，规定在使用期内行驶 250 000 公里，预计净残值 3000 元，清理费用 500 元。本期行驶了 4000 公里，试按工作量法计算该客车本期应计提的折旧额。如规定使用年限为 5 年，净残值依然为 3000 元，清理费用 500 元，试按双倍余额递减法计算该客车的折旧额。

解：(1)计算设备折旧额和折旧率。

年折旧额＝[40 000－(800－400)]÷12＝3300(元)

年折旧率＝3300÷40 000×100%＝8.25%

(2) 用工作量法计算客车折旧额。

单位里程折旧额＝[60 000－(3000－500)]÷250 000＝0.23(元)

本期折旧额＝4000×0.23＝920(元)

(3) 用双倍余额递减法计算客车折旧额。

年折旧率＝2÷5×100%＝40%

表 8-6 资产折旧表

使用年份	年初账面净值	年折旧率	年折旧额	累计折旧额	年末账面净值
	A	B	C＝A×B	D	E＝A－C
1	120 000	40%	48 000	48 000	72 000
2	72 000	40%	28 800	76 800	43 200
3	43 200	40%	17 280	94 080	25 920

续表

使用年份	年初账面净值	年折旧率	年折旧额	累计折旧额	年末账面净值
4	25 920	—	11 710	105 790	14 210
5	14 210	—	11 710	117 000	3000

由于最后折旧要达到3000净值，所以不能再按照40%计算，而需要加速折旧。这时平均计算两年的折旧额，以(第三期末账面净值－[期末净值－清理费])÷2进行计算。

因此，最后两年计提的平均折旧额＝[25 920－3000＋500]÷2＝11 710(元)

8.1.2 旅行社流动资产的管理

1．旅行社流动资产的概念

流动资产是旅行社在一年或者超过一年的一个营业周期内变现或者耗用的资产，如现金、银行存款、有价证券、应收账款、预付款项、库存商品、低值易耗品等。流动资产是旅行社进行业务经营活动所必备的重要条件，其数额大小及其构成情况在一定程度上制约着旅行社的财务状况，反映着旅行社的支付能力和短期偿债能力。

2．旅行社流动资产的管理

流动资产是指旅行社可以在一个营业周期内(通常是一年)将其转变为先进或好用的资产。与其他企业相比，旅行社的流动资产占总资产的比重较大。从内容上看，旅行社对流动资产的管理主要涉及货币资产、生息资产、债权资产、存货资产和无形资产五部分。

1) 货币资产管理

货币资产主要包括现金和银行存款，它是旅行社最具流动性的资产。货币资产主要用于各种旅游服务的采购、各类劳务及费用的支付、到期债务的偿还、经济往来与结算、工资发放、库存现金补充等。

货币资产管理的目的是保证企业正常经营所需现金的前提下获得充分收益。

现金管理具体涉及规定先进的适用范围、核定现金的库存限额，做好现金的内部控制(不坐支、不设置小金库、库存现金日结日清，有规范的财务流程)，加强银行存款管理，不得签发空头支票和远期支配，不套取银行信用等。

2) 生息资产管理

生息资产也称短期有价证券或者金融资产，主要包括期限在一年以下(含一年)的国库券、商业票据、银行承兑汇票和可转让定期存单等。投入生息资产可以帮助旅行社获得营业外利润。

生息资产具有短期内变现、产生相对银行存款更多的利息、市场风险小、随市场供求关系变化而出现价格波动、某些票据违约而可能产生损失等特点。

3) 债权资产管理

债券资产主要指应收账款，它在旅行社的流动资产中占有较大的比例。应收账款是旅行社对外销售旅游产品、提供旅游服务及其他原因，向产品服务需求方应收而未收到的款项。

在实际的市场竞争中，旅行社为招徕客户，往往采取“先接待后结算”的经营方式，从而形成应收账款；或者因为销售处理和收款的时间差距而产生。如果应收账款占用企业流动资金过大，甚至形成呆坏账，就会影响到日常经营活动，严重的导致企业资金链断裂、破产清算。所以旅行社应制定合理的信用政策，力争实现应收账款风险最小化，企业利润最大化。

对待应收账款，旅行社应当确立合适的信用政策和不同客户的信用等级，根据实际情况执行赊销条件，对产生的应收账款安排监督和催收。

经典案例 8-2

新疆旅行社年底遭遇恶意欠款

关亭是新疆绿洲中国旅行社长江路营业部总经理，专门经营从事散客集中发车的旅行社，从 2008 年 10 月初开始收账，至今还有 130 多万元的外债迟迟没收回来。乌鲁木齐青年路好家乡附近某青年旅行社散客部欠款数万已经人去楼空，其他的十多个债务人不是手机关机就是电话不在服务区，失去联系已有月余，至今没有任何着落。新疆胡杨旅行社总经理朱学科最近也是夜不能寐，7 万多元的欠款至今没有收回，对方电话欠费手机关机，朱学科到处打听债务人的下落，仍然杳无音信。敦煌的中华平安旅行社刘经理近日来到新疆，一直奔波在寻人讨债的路上。喀什一家旅行社被欠款 5 万多元，债务人失踪。据众多旅行社反映，这些“蒸发者”往往欠数家的旅游款，少则上千，多则数万，多的累计达到二三十万元。乌鲁木齐市碱泉街路一旅行社员工 9 月份欠款 20 多万元后“蒸发”，乌鲁木齐新华南路农机公司附近一家旅行社员工欠款数万后近日消失。

据业内人士保守估计，在新疆 400 多家旅行社和大小部门中，70%曾经遭受过内地旅行社或者本地人的恶意欠款，每年不下 1000 万元，因债务人直接“蒸发”遭受的损失每年不下百万，成了呆账。

大河无水小河干，由于欠逃引起的发车社周转资金不到位殃及池鱼。发车社对旅游汽车、餐厅等自然采取拖欠的方式。餐厅拿不到款，荤菜不见肉；司机拿不到款，不开空调；导游拿不到团款，强迫客人购物；客人不满服务质量，投诉旅行社。一来二去，组团社资金链有断裂、企业破产的危险。

资料来源：新疆旅行社年底遭遇恶意欠款”[EB/OL]. 新浪财经.
http://finance.sina.com.cn/china/dfjj/20081215/19015638438.shtml

【点评】纯粹的现金交易比较安全，但是会使业务量受到影响。做旅游业务务必账账清，“亲兄弟，明算账”。必要的赊销有利于开展旅游业务，扩大市场份额；应收账款也随之产生，做不好应收账款的催收则可能成为呆账、坏账(死账)，给旅行社经营造成很大的破坏。因此应收账款催收是每个旅行社的工作重点，也是财务风险防范的重点。应收账款的催收与合适的信用政策相互搭配，在实际经营中采用坏账准备金抵消，有助于避免经营风险，维护企业正常经营。

4) 存货资产管理

存货资产是旅行社的储备物资，在旅行社流动资产的比重非常少，主要是一些低值易耗品(如办公耗材、旅行包帽、纯净水票等)，计入成本费用中，通过各期的营业收入回笼。

5) 无形资产管理

旅行社无形递延资产主要指不具有实物形态而能为企业较长时期提供某种权利或有助于企业取得较高收益的资产，如专利权、商标权、版权、土地使用权、专有技术、商誉、特许经营权等。

无形资产主要以知识形态存在，一般不产生物质损耗，且有效期较长，在经济增长中产生越来越大的作用。知识经济形势下，旅行社应重视对无形资产的管理，尤其是承包经营盛行下的品牌分享导致的利润分流，及其可能的潜伏危机。

8.2 旅行社成本费用及收入利润管理

8.2.1 旅行社成本费用的管理

旅行社成本费用是指旅行社在经营活动过程中发生的以货币表现的各种成本与费用，包括各种旅游服务的采购成本和期间营业、管理、财务费用。在收入一定的情况下，成本费用越低，企业的盈利率就越高。为了“向成本要效益”，旅行社必须通过对成本费用的计划、控制、分析和核算，加强成本费用管理。

1. 旅行社成本费用构成

(1) 按照用途分，旅行社的成本费用主要由营业成本、营业费用、管理费用和财务费用四个方面构成，见表8-7。

表8-7 旅行社成本费用详表

营业成本	房费、餐费、交通费、门票费、票务费、签证费、陪同费、保险费、托运费、文娱活动费等与旅行服务有直接关系的代收代付费用
营业费用	经营人员工资、福利和其他费用，低值易耗品费、差旅费、水电费、广告展览费 、保险费等在经营活动中产生的费用
管理费用	开办费摊销、社保费、折旧费、坏账损失、租赁费、咨询费、审计费、诉讼费、职工教育费、管理人员工资等为组织和管理经营活动而产生的费用
财务费用	利息净支出、汇兑净损失、金融机构手续费等在营业期间为筹资而产生的费用

(2) 按照成本费用与业务量的关系分，旅行社的成本费用分为固定成本和变动成本。其中固定成本不随业务量的变动而变动，如固定资产折旧、管理费用；而变动成本是会随着业务量变动而保持正比例变动的成本，如营业成本、经营人员工资、水电费等。

2. 旅行社成本费用核算

1) 旅行社单团成本核算

单团成本核算是旅行社以接待的每一个旅游团(者)为核算对象进行经营盈亏的核算，即将每团的总成本、毛利分团归集于营业收入。

对单团成本的分析，可从分三步走：第一步，在综合分析市场状况和旅行社自身经营状况的基础上编制成本计划，制订出一套分等级的计划成本并以此作为衡量旅行社经济效益的标准；第二步，将单团的实际成本与计划成本进行对比，找出差异，对于差异较大的旅游团要逐项进行分析，找出导致成本上升或下降的原因并加以改进；第三步，加强信息反馈，把在成本分析中发现的差异及其原因及时送到有关领导和部门，以便加强对成本的控制。单团核算的同时也可以进行等级核算，即根据接待团队的不同消费档次，如豪华团、标准团、经济团，等级核算可以提供不同等级的旅游团的盈亏状况。

单团核算能够考察每个团队的成本收支情况，有利于降低成本，但工作量较大，适用于规模较小和业务量较少的旅行社。

经典案例 8-3

表 8-8 所列是某旅行社单团核算单。

表 8-8　某旅行社单团核算单(空白)

团队编号：　　组团部门(人)：　　年　月　日

团队线路		全陪(导游)及电话			
收款时间		司机及电话			
团队人数	成人　人 小孩　人	收费标准	成人　元/人 小孩　元/人	备　注	
收入合计	万　仟　佰　拾　元			小写	
团队支出明细	费用项目	预算支出金额		实际结算金额	
	一、交通费				
	二、住宿费				
	三、餐费				
	四、景点门票费				
	五、地接费用				
	六、团队保险费				
	七、导游服务费(司导补助)				
	八、其他代付费				
	九、组团提成或佣金				
小计					
支出合计	万　仟　佰　拾　元　角　分			小写	
毛 利 润	万　仟　佰　拾　元　角　分			小写	

计调员：　　总经理：　　财务部：

【点评】该表比较直观地列举出了旅游接待过程中的主要费用支出明细，最重要的是从预算支出金额与实际结算金额的比较，可以找出差额所在，发现利润增加或者流失的原因。

2) 旅行社部门批量成本核算

旅行社部门批量成本核算是将旅行社业务部门视为成本核算对象，根据部门成本和费用使用情况，计算其盈亏情况。

对批量的成本，可分三步走：第一步，编制各部门接待一定批量旅游者的计划成本及计划成本降低额(率)，核算出实际成本及实际降低额；第二步，按照部门接待旅游者的数量变动、产品结构变动、成本变动等三方面进行因素替代分析，找出各因素的影响程度；第三步，将信息反馈给有关部门，采取措施，扭转不利因素的影响。

这种方法能利于考核各业务部门完成经济任务指标的情况，调动各部门控制企业成本的积极性，适用于业务量较大的旅行社。

3．旅行社成本费用控制

1) 旅行社成本费用控制的概念

就是要求按照成本管理的有关规定和成本预算要求，对旅行社成本形成的整个过程中的每项具体活动进行监督，使成本管理由事后算账转为实现预防性管理。旅行社成本费用控制是旅行社日常管理的中心工作。

2) 旅行社成本控制的方法

传统的成本控制方法主要有预算控制法、定额法、成本分解法、制度控制法、标准成本控制法等。

(1) 预算控制法。是指旅行社在把经营费用划分为同销售收入成比例增加的变动费用、不成比例增加的半固定成本费用或半变动成本费用，以及与销售收入增减无关的固定费用的基础上，按照各部门的业务量分别制定预算，并以此作为费用控制的标准。各部门的业务量不同，其费用预算也不一样。旅行社可据此对业务量不同的各个部门制定弹性费用预算。

(2) 定额法。是指旅行社首先确定各种经营成本或费用的合理定额，并以此为依据制定成本费用标准。凡是能够直接确定定额的成本或费用，都应制定标准成本或费用。不能直接确定定额的成本费用，也要比照本行业平均水平确定成本费用开支标准限额，用以控制盲目的成本费用开支。

(3) 成本分解法。是指将目标成本费用和成本费用降低目标，按成本费用项目进行分解，明确各成本费用项目应达到的目标和降低的幅度。在此基础上，把各成本费用项目指标按部门进行归口分解。然后，各部门再把成本费用指标落实到各个岗位或个人，再由各个岗位或个人分别制定各项成本费用支出的目标和措施，对分解指标进行修订。各项修订后的指标要以实现目标成本费用为标准，进行综合平衡，经过综合平衡以后，即可形成各项成本费用开支的标准。

(4) 制度控制法。是利用国家及旅行社内部各项成本费用管理制度来控制成本费用开支的方法。从财务管理角度出发，国家规定了成本开支范围及费用开支标准，财务、税收及上级主管部门也有各自的规定。旅行社必须建立健全各项成本费用控制制度，如审批、考核、涉及金钱奖惩等，以实现合法经营、节约成本和有效激励的目的。

(5) 标准成本控制法。即单位成本消耗定额，是用科学的方法经过调查分析和测算而制定的在正常经营条件下实现的一致目标成本开支方法。通过这种方法可以实现开支成本开支、评价成本高低、衡量工作质量等。

8.2.2 旅行社收入与利润的管理

收入与利润是旅行社财务管理非常重要的概念，通过向旅游者提供各种旅游服务而获得，其中利润来源于营业收入，是旅行社经营与管理的成果，它的高低反映旅行社经营水平的高低。

1. 旅行社营业收入管理

1) 旅行社营业收入的概念

旅行社营业收入是指旅行社通过向旅游者提供各种服务而获取的收入总和，可以以一定周期为界，也可以针对某一次销售活动。营业收入是旅行社的经营业绩指标之一。

2) 旅行社营业收入的类别

旅行社营业收入有狭义和广义之分。狭义的营业收入主要包括来自与旅游服务相关的主要有综合服务费收入、房费收入、城市间交通费收入、专项附加费以及其他单项服务收入等。广义的营业收入根据来源不同又分为主营业收入、其他营业收入及营业外收入。主营业收入主要是跟旅游经营相关业务的收入，其他营业收入主要是非旅游主业的相关经营活动的收入，而营业外收入则是指来自非经营活动而获得的如银行存款、汇兑、债券及股票净收益等的收入，见表8-9。

表8-9 营业收入类别表

主营业收入	综合服务费收入	导游费、餐饮费、市内交通费、全程陪同费、组团费和接团手续费
	房费收入	
	城市间交通费收入	
	专项附加费收入	汽车超公里费、风味餐费、游江(湖)费、特殊游览门票费、文娱费、专业活动费、保险费、不可预见费等
	单项服务收入	代办委托事项收入、代售客票手续费收入
其他营业收入	销售商品、提供劳务收入及让渡资产使用权	材料物资及包装物销售、无形资产转让、固定资产出租、包装物出租、运输、废旧物资出售收入
营业外收入		利息、汇兑、债券、股票净收益等

3) 旅行社营业收入的管理

由于旅行社业务特点，旅行社代收、代付费用占据了营业收入的很大比例，所以旅行社应该加强营业收入的管理。首先要根据《企业会计准则——基本准则》的规定，正确确认并核算营业收入；其次要加强对营业收入的结算管理，缩短收款时间。在选择结算方式时，应尽可能选择相对比较安全的结算方式，尽可能收取预付金、定金以保障自身权益，以及旅行社财务人员每日对收入进行核算并督促相关责任人及时催收应收账款。

2. 旅行社利润管理

1) 旅行社利润构成

旅行社利润是旅行社在一定时期内经营的最终成果。旅行社利润由营业利润、投资净收益和营业外收支差额构成。营业利润是指旅行社营业收入扣除营业成本、各项费用和税金之后的净额。投资净收益是指旅行社投资收益扣除投资损失后的数额。营业外收支差额是指营业外收入减去营业外支出的差额。

2) 旅行社利润分析

利润分析是根据起初的利润计划对本经营期内所实现的利润进行综合性评价，主要包括利润总额分析、利润总额构成要素分析及营业利润分析三方面。

利润总额分析就是通过比较本年度利润与以前年度利润或者目标利润额，掌握企业利润总额的变动情况；利润总额构成要素分析是对各构成要素实际经营情况进行对比分析，以发现导致利润变化的主要因素，营业利润分析则是将利润计划指标与实际结果对比，运营因素分析法，找出影响营业利润实现变化的因素，以便采取对策。

3) 旅行社利润管理

(1) 要设定目标利润。旅行社在确定目标利润时，要考虑各方面的因素，如企业自身实力和经营环境、行业内竞争力变化情况及平均利润率，再参考上年度利润水平适当调整和提高。

(2) 将目标利润分解到部门甚至个人。一旦确立就应该从各方面来保障目标的实现，促使员工参与进来。

(3) 是对旅行社利润的合理分配。分配时应考虑国家、企业和员工三方面利益。根据《中华人民共和国公司法》的相关规定，利润分配时的顺序为：提取法定盈余公积金→提取法定公益金→向投资人分配利润。如果是股份制旅行社，在提取法定盈余公积金之前，应该支付优先股股利。

知识链接

旅行社利润报表与利润分析

(1) 利润总额分析指旅行社运用比较分析法，将本期利润总额同上期的利润总额或本期的计划利润指标进行对比，分析其增减变动的情况。

(2) 营业利润分析指旅行社寻找利润计划指标与实际结果的差距和原因，以便采取措施、加强管理，为进一步增加营业利润指明方向。在营业收入一定的情况下，影响营业利润高低的因素是营业成本、营业费用、营业税金、管理费用和财务费用。相关计算公式如下：

(3) 目标利润＝期望营业收入－期望税金－期望费用－预期成本。

①本期利润比上期增长(减少)额＝本期利润总额－上期利润总额
利润增长(减少)率＝利润增长(减少)额÷上期利润总额×100%
② 计算本期计划利润完成情况。
完成计划百分比＝本期实际利润总额÷本期计划利润总额×100%
③ 超额或未完成计划百分比＝完成计划百分比－100%

8.3 旅行社业务结算管理

8.3.1 旅行社业务结算的内涵

1. 结算的概念

结算是指个人单位在经济活动中使用票据、信用卡和汇兑、托收承付、委托收款等结算方式进行货币支付及资金清算的行为。

旅行社因为劳务关系、资金流动或者其他原因的款项往来而与有关企业和个人之间发生货币收付行为，这样就产生了业务结算。旅行社业务结算主要是对应收账款和应付账款的结算；主要发生在组团社与地接社之间，旅行社与饭店、餐厅、运输公司、旅游景点等相关旅游企业之间。

旅行社业务结算会随着国际国内环境而有所不同。

2. 国内结算方式

根据中国人民银行有关支付结算方法的规定，国内旅行社一般通过“公对公”式的银行办理转账。不过少数企业通过现金支付的方式进行结算，这样的结算风险较大。旅行社给异地商业合作伙伴银行转账通常采用汇兑(含信汇和电汇)、银行汇票、银行本票、银行支票和委托收款几种方式。

1) 汇兑

汇兑是汇款人委托银行将其款项支付给收款人的结算方式，又分为信汇和电汇两种。其中信汇是以新建邮寄的方式将款项划给收款人，而电汇则是通过银行以电报汇划的方式将款项支付给收款人的结算方式。

电汇迅速方便、安全高效，是目前使用最多的一种汇款方式，但费用相对较高；信汇费用低于电汇费用，但收款时间长，此种方式逐渐会被电汇取代。电汇样票如图8.1所示。

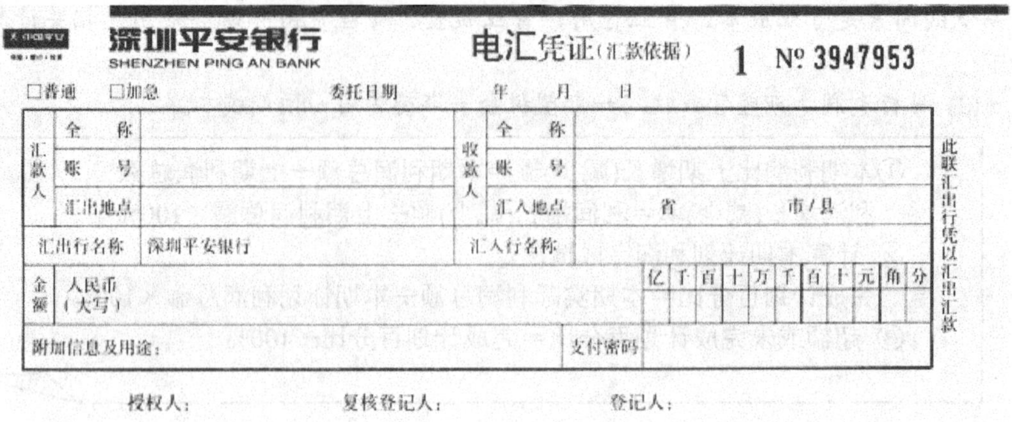

深圳平安银行 SHENZHEN PING AN BANK 电汇凭证（汇款依据） 1 №3947953

□普通 □加急 委托日期 年 月 日

汇款人	全称		收款人	全称	
	账号			账号	
	汇出地点			汇入地点	省 市/县
汇出行名称		深圳平安银行	汇入行名称		
金额	人民币（大写）				亿 千 百 十 万 千 百 十 元 角 分
附加信息及用途：			支付密码		

此联汇出行凭以汇出汇款

授权人： 复核登记人： 登记人：

图 8.1　深圳平安银行电汇单

2) 银行汇票

银行汇票是汇款人将款项交存当地出票银行，由出票银行签发汇票，并在见票时按照实际结算金额无条件支付给收款人或持票人的结算方式。银行汇票具有使用灵活、票随人到、兑现性强的特点，适用于先收款后发货或钱货两清的商业交易。这种方法可以减少携带现金带来的风险。银行汇票样票如图 8.2 所示。

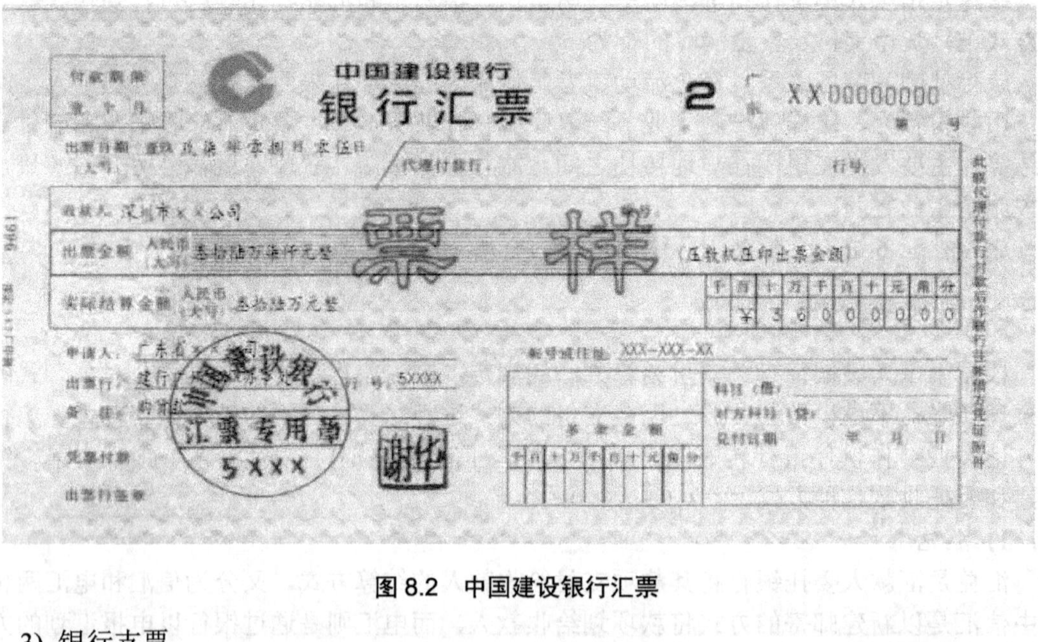

中国建设银行 银行汇票 2 XX00000000

付款期限 壹个月

出票日期（大写） 代理付款行： 行号：

收款人：深圳市××公司

出票金额 人民币（大写） 票样 （压数机压印出票金额）

实际结算金额 人民币（大写） ¥360000000

申请人：广东省××公司 账号或住址：XXX-XXX-XX

出票行：建行 行号：5XXXX

备注：

凭票付款

出票行签章 中国建设银行 汇票专用章 5XXX

多余金额 千 百 十 万 千 百 十 元 角 分

科目（借） 对方科目（贷） 兑付日期 年 月 日

此联代理付款行付款后作联行往账借方凭证附件

图 8.2　中国建设银行汇票

3) 银行支票

支票可用于支取现金，也可用于转账，它是由出票人签发，委托办理支票存款业务的银行在见票后无条件支付确定的金额给收款人或持票人的票据。企业和个人在通常情况或票据交换地区的款项结算时均可使用支票，且不受金额起点限制。银行现金支票样票如图 8.3 所示，转账支票样票如图 8.4 所示。

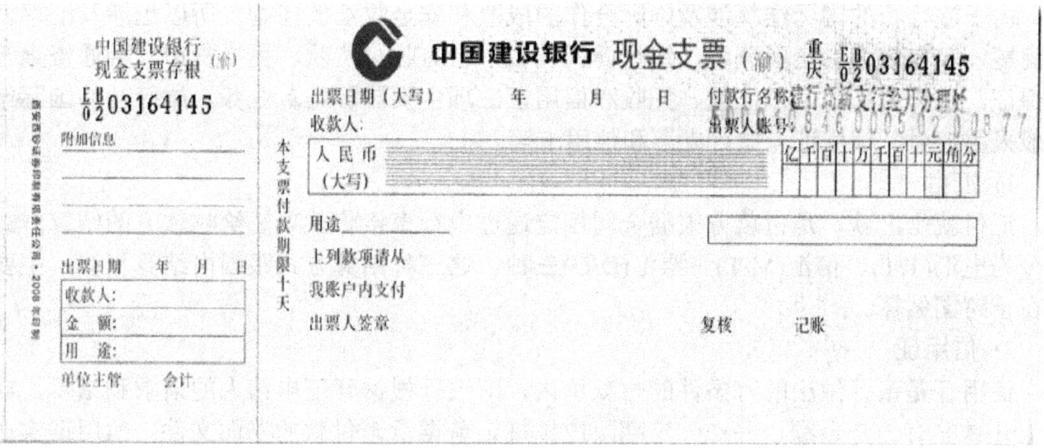

中国建设银行
现金支票存根（渝）
$\frac{E B}{0 2}$03164145
附加信息
出票日期 年 月 日
收款人：
金 额：
用 途：
单位主管 会计

中国建设银行 现金支票（渝） 重庆 $\frac{E B}{0 2}$03164145
出票日期（大写） 年 月 日 付款行名称：
收款人： 出票人账号：
本支票付款期限十天
人民币（大写） 亿 千 百 十 万 千 百 十 元 角 分
用途
上列款项请从
我账户内支付
出票人签章 复核 记账

图 8.3 中国建设银行现金支票

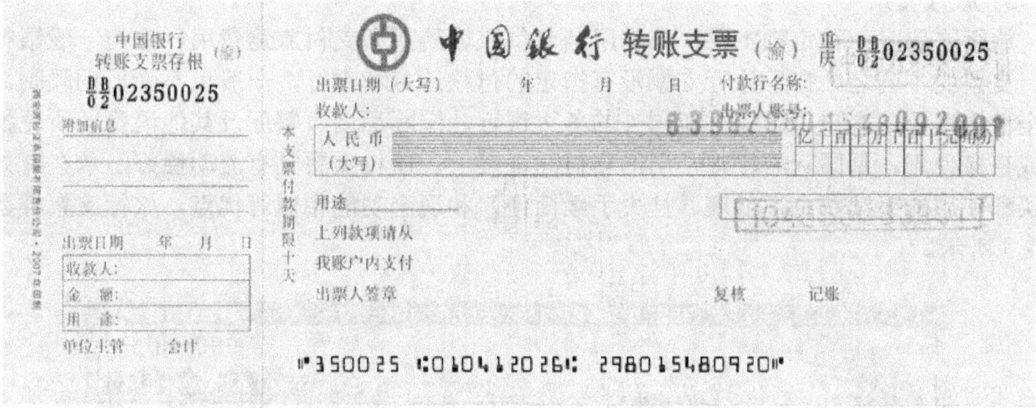

中国银行
转账支票存根（渝）
$\frac{D B}{0 2}$02350025
附加信息
出票日期 年 月 日
收款人：
金 额：
用 途：
单位主管 会计

中国银行 转账支票（渝） 重庆 $\frac{D B}{0 2}$02350025
出票日期（大写） 年 月 日 付款行名称：
收款人： 出票人账号：
本支票付款期限十天
人民币（大写） 亿 千 百 十 万 千 百 十 元 角 分
用途
上列款项请从
我账户内支付
出票人签章 复核 记账

图 8.4 中国银行转账支票

4) 银行本票

银行本票是由银行签发，承诺自己在见票时无条件支付确定金额给收款人或持票人的票据。银行本票分为定额本票和不定额本票，定额本票面值分别是 1000 元、5000 元、10 000 元和 50 000 元。

5) 委托收款

委托收款是收款人委托银行向付款人收取款项的结算方式。单位和个人凭已承兑商业汇票、债券、存单等付款人债务证明，均可在同城、异地使用委托收款方式，且不受金额起点限制。

3. 国际结算方式

国际结算涉及跨国货币的收款和支付业务，因此涉及两国间的货币支付体系。在实际结算中，国际结算分为国际贸易结算和非国际贸易结算。旅行社的国际结算属于非国际贸易结算。

由于旅行社的国际结算涉及国际合作的成败和安全收汇的问题，所以也涉及汇率变化的问题，存在较大的金融风险。银行介入其中，会对收付货款、兑换货币、融通资金等予以保证，这样就形成了以汇款、托收和信用证三项主要国际结算业务。旅行社的国际结算一般采用汇付、信用证、旅行支票和信用卡等。

1) 汇付

汇付就是汇款，是付款方根据合同规定通过银行直接将款项汇给收款方的结算方式，又分为电汇(T/T)、信汇(M/T)、票汇(D/D)三种。这三种结算方式跟国内结算相似，主要区别在于跨国结算。

2) 信用证

信用证是银行做出的有条件的付款承诺，即银行根据开证申请人的请求和指示，向收款人开具的有一定金额、并在一定期限内凭规定单据承诺付款的书面文件。信用证实质是银行代表客户向销售方有条件地承担付款责任，因此安全系数最高、深受广大企业喜爱。

3) 旅行支票

旅行支票是一种定额本票，其作用是专供旅客购买和支付旅途费用，它与一般银行汇票、支票的不同之处在于旅行支票没有指定的付款地点和银行，一般也不受日期限制，能在全世界通用，客户可以随时在国外的各大银行、国际酒店、餐厅及其他消费场所兑换现金或直接使用，是国际旅行都常用的支付凭证之一。旅行支票具有流动性好、永久有效、购买和使用的手续费也很低廉、挂失手续简便，和现金功能相似等优点，旅行支票样票如图 8.5 所示。

图 8.5 美国运通旅行支票

4) 信用卡

信用卡是仅次于现金的一种付款方式，它是指由银行、金融机构向信誉好的单位、个人提供的，能在指定的银行提取现金或指定的地址购物和享受劳务时进行记账结算的一种信誉凭证。持卡人持信用卡消费时无须支付现金，待账单日(Billing Date)时再进行还款。国际上广泛使用的是由五大集团(万事达卡组织、维萨国际组织、美国运通公司、JCB 信用卡公司和大来信用卡公司)分别发行的万事达卡(Master Card)、维萨卡(VISA Card)、运通卡(American Express Card)、JCB 卡(JCB Card)和大来卡(Diners Club Card)，这些信用卡可以在全球绝大多数地区广泛使用。

中国各大银行发行的银行卡基本上都加入了中国银联组织。中国银联在基本完成了中国大陆银行卡大一统的同时，不断扩大海外市场，现在香港澳门欧洲等地方都出现了银联组织的特约商户，并正逐渐向国际化的信用卡组织迈进。

8.3.2 旅行社业务结算的管理

1. 综合服务费结算

综合服务费是旅行社最主要的利润来源之一，综合服务费的结算主要包括审核结算内容和确定结算标准两方面的内容。

(1) 审核结算内容。财务人员在审核综合服务费结算内容时，应对照旅游调度填写的结算通知单，对所需要的各项费用进行认真审查，涉及费用主要包括市内交通费、杂费、领队减免费、地方导游费、接待手续费和接待宣传费。其采取的结算公式：

综合服务费＝实际接待旅游人数×实际接待天数×人天标准综合服务费

(2) 确定结算标准。第一，旅游团人数。旅游团内成年旅游者达到 16 人，应免收 1 人综合服务费。第二，旅游者年龄。2～12 周岁儿童(不含 12 周岁)按成年旅游者 50%的标准收取综合服务费；12 周岁及以上儿童和少年旅游者，按成年旅游者的标准收取综合服务费；2 周岁以下的儿童，在未发生费用的情况下，不收取综合服务费，如有发生，由携带者现付。第三，旅游时间段。旅游者在一地的停留时间满 24 小时的，按照一天的综合服务费结算；超过 24 小时未满 48 小时的，按照旅行社相关标准结算。目前，主要可参照的有国旅、中旅和青旅标准。

经典案例 8—4

表 8-10 ××国旅团队旅游费用结算单

××国旅团队旅游费用结算通知单							
TO：	×××旅行社			FROM：	××国旅		
TEL：				TEL：			
FAX：				FAX：			
团号	20110607	出发地	上海	目的地	武汉	人数	16＋1
旅游线路	重庆三峡游轮世纪钻石号五日						
团费	成人：	4880		元/人			
	儿童：			元/人			
综合费用	项目	数量	单价	说明			结算金额

续表

费用明细	团费	16	4880		78 080
	机票补差	1	220	刘××返程 980，差价 220	220
	退票损失	2	50	丁×退票损失	100
	黑山谷未进	2	−150	刘、孟未进	−300
	黑山谷 70 免	1	−100		−100
	黄鹤楼半票	2	−40	刘、丁 60 岁以上	−80
	黄鹤楼 70 免	1	−80		−80
	机场接送	16	−75	未接送	−1200
	小　　计				76 640
其他					
合计(大写)	结算金额				76 640
	已付金额				
	余额(人民币)		柒万陆千陆佰肆拾圆整		￥76 640
				日期：	2011 年 7 月 26 日

××旅行社采用金棕榈软件系统，自动生成的成本明细表见表 8-11。

表 8-11　××旅行社成本明细表

供应商	项目	单价	数量	合计	付款方式	已付	备注
保险	保险	6	22	132		0	
宣传	宣传	3	22	66		0	
操作费	操作费	5	22	110		0	
公司导游部	导游补助	17,026	1	17,026		0	房费：160X11间X2晚=3520元，餐费（30X2餐+35X2餐）X22人=2860元，门票（天工开物园10+明月山80+索道55+温泉168）X22人=6886元，车费3200元，导游300元，水费100元。麻将房160元
合计				17,334		0	

收入合计：	19,058	成本合计：	17,334	毛利：	1,724	毛利率：	9.05%
收款合计：	21,580	欠款合计：	-2,522				

2. 其他旅游费用结算

其他旅游费用包括旅游者的房费、餐费、城市间交通费、门票费和专项附加费。

(1) 房费分自订房和代订房两种。自订房房费由计房单位或旅游者本人直接向饭店结算；代订房房费由接待旅行社结算；若需延迟退房时，因旅行社接待原因则由旅行社处理，因旅游者原因则由旅游者补房差。

房费＝实用房间数×实际过夜数×房价

(2) 餐费结算有两种形式：一种是将餐费(午、晚餐)纳入综合服务费一起结算；另一种是将餐费单列，根据用餐人数、次数和用餐标准结算。

餐费＝用餐人数×用餐次数×用餐标准

(3) 城市间交通费、门票费和专项附加费等，根据旅游合同或协议及有关旅游服务供应企业单位的收费标准办理。

3．特殊情况业务结算

特殊情况业务主要指因旅游淡旺季过度、团队等级变化、中途离团等情况而出现的新业务。这些业务变化给结算带来一定变化。

(1) 淡旺季变化，旅行社应按照旅游者在该地实际停留日期的季节价格标准分段结算，一般多以每年的12月初至转年的3月底作为旅游淡季，其余的月份作为旅游旺季或平季。

(2) 旅游团队成行后，因特殊原因分团导致团队等级变化或者人数变化，应按分团后的实际等级或人数进行结算。

(3) 晚间抵达或清晨离开的旅游团队，接待旅行社按照人数和等级标准向组团旅行社结算接送费用。其计算公式为

接送费用＝人数×计价标准

8.4 旅行社财务分析

8.4.1 旅行社财务报表

财务报表是财务分析的基础，反映旅行社财务状况和经营成果的书面文件，主要包括资产负债表、损益表和现金流量表及有关附表。

1．旅行社资产负债表

资产负债表是反映企业在某一特定日期财务状况的报表，它是一种时点静态报表。资产负债表的理论平衡公式为

资产＝负债＋所有者权益

依据这个公式将企业所有资金占用和资金来源项目，按一定的次序进行排列，以全面

反映企业的财务状况。资产负债表能够反映报告期企业的资产总量和资产分布情况；能够反映企业所负担的债务总额和债务结构；通过资产和负债的对比，可以反映企业的偿债能力；可以明确地反映出企业最终经营状况、所有者权益状况和资本增值情况，揭示旅行社资产结构及其流动性、资金来源、负债水平和负债结构，反应旅行社变现能力、偿债能力及资产管理水平。

报表左方包括资产类(流动资产、长期投资、固定资产、无形及递延资产)其他长期投资；报表右方包括负债类(流动负债＋长期负债＋递延税项)，所有者权益类。

2．旅行社损益表

损益表是反映企业在一定期间内生产经营成果的财务报表，它是一种时期动态报表。从损益表上反映的财务信息能够看出企业的经营成果和获利能力。通过对损益表及有关情况的分析，能够评价一个企业投资效果的好坏和经济效益的高低。

损益表分为五个主要部分：营业收入、经营利润、营业利润、利润总额和净利润。其中经营利润是销售收入减去销售成本、销售费用和销售税金三项后的余额；主营业务利润加上其他业务利润，再减去管理费用和财务费用，就得到了企业的营业利润；营业利润加上企业投资收益和营业外收入，减去营业外支出就是企业的利润总额；利润总额形成后，要按规定向国家缴纳一定比例的所得税，剩余部分就是企业的税后净利润。

我国现行采用的是报告式损益表。表格上方表示企业收入情况，下方表示成本费用支出，上下差额表示企业的利润或亏损。损益表较资产负债表内容更直观、更便于理解。

3．旅行社现金流量表

在旅行社的经营活动过程中，会需要大量现金来支付应付账款和员工工资、工资性津贴、个人奖金、电话费、差旅费等，因此，对现金流向、流量的把握是非常重要。通过对现金流量的分析可大致判断其经营周转是否顺畅，向管理者和其他有关单位(部门)提供在一定时期内现金和现金等价物流入和流出信息，并预测旅行社未来的现金流量。

经典案例 8—5

不当家，不知柴米油盐贵——如何看旅行社的损益表(表 8-12)

表 8-12　旅行社损益表示例

编制单位：　　　　年　　月　　日　　　　单位：元

项目	行次	本月数	本年累计数
一、营业收入	1	4 854 000	44 702 000
减：营业成本	2	3 947 195	40 049 700
营业费用	3	95 450	1 073 420
营业税金及附加	4	15 500	95 097

续表

项目	行次	本月数	本年累计数
二、经营利润(亏损以"一"号表示)	5	795 855	3 843 783
减：管理费用	6	46 780	671 280
财务费用	7	45 500	389 300
三、营业利润(亏损以"一"号表示)	8	706 468	2 437 912
加：投资收益(亏损以"一"号表示)	9	2550	23 750
补贴收入	10	0	0
营业外收入	11	25 300	213 269
减：营业外支出	12	9560	89 931
加：以前年度损益调整	13	0	0
四、利润总额(亏损以"一"号表示)	14		
减：所得税	15	217 428	853 050
五、净利润	16		

旅行社损益表为投资者和管理者提供了有关旅行社的获利能力、利润变化原因、企业发展趋势等大量信息，是考核旅行社利润计划完成情况和经营水平的重要依据。

8.4.2 旅行社财务分析的方法

对某旅行社的各种财务数据进一步加工，据此对该旅行社的经营活动做出客观评价，就称为财务分析。通过分析，要对该旅行社的获利能力、财务状况和偿债能力、筹资和投资的合理性做出评价。财务分析有两种基本方法，一种叫动态分析，是将不同时期报表中的同一项目进行比较分析；一种叫静态分析，是对于同一张报表中的不同项目之间的数据进行比较分析。不论是动态分析还是静态分析，都需要将数据指标与一定的对照物来比较，要么与本企业历史最好水平相比较，要么与同行业其他旅行社现有水平相比较。

1. 增减分析法

增减分析法是对照两个期间财务报表的历史数据比较，分析其增减变动差额及其原因，并编制成比较对照表，通过对差额的分析评价企业的经营状况与财务发展趋势。主要有资产负债表增减分析和损益表增减分析。

2. 比率分析法

比率分析是在同一财务报表的不同项目之间，或在不同报表的有关项目之间进行对比，以计算出来的比率反映各项目之间的相互关系，据以评价旅行社财务状况和经营成果的一种方法。旅行社分析和评价本企业财务状况和经营成果的主要财务指标包括：流动比率、速动比率、应收账款周转率、成本费用利率、资产负债率、资本金利润率和营业利润率。

(1) 流动比率反映旅行社短期偿债能力，表明旅行社偿还流动负债的保障程度。

(2) 速动比率是速动资产(流动资产－存货资产)和流动负债间的比率，反映旅行社最短时间内偿还流动负债的能力。

(3) 应收账款周转率反映应收账款的周转速度。

(4) 成本费用利润率反映为取得利润而消耗的成本和费用的情况。

(5) 资产负债率反映旅行社偿债能力大小，揭示负债在全部资产中的比重。

(6) 资本金利润率可以衡量投资者投入旅行社资本金的获利能力。

(7) 营业利润率是衡量旅行社赢利水平的重要指标，每100元营业净收入产生的利润。计算公式如下。

① 旅行社短期偿债能力衡量指标：

流动比率＝流动资产÷负债资产×100%

速度比率＝速动资产÷流动负债×100%

＝(流动资产－存货资产)÷流动负债×100%

② 旅行社长期偿债能力衡量指标：

旅行社资产负债率＝负债总额(短期负债＋长期负债)÷资产总额×100%

③ 旅行社营运能力的衡量指标：

应收账款周转率＝赊销收入净额/应收账款平均余额

＝2(营业收入－现金销售收入)÷(期初应收账款余额－期末应收账款余额)

④ 旅行社获利能力的衡量指标：

成本费用利润率＝利润总额÷成本费用总额×100%

资本金利润率＝利润总额÷资本总额×100%

营业利润率＝利润总额÷(营业收入－营业成本)×100%

本章小结

本章首先介绍了旅行社财务固定资产与折旧方法，流动资产中的货币资产、生息资产、存货资产、无形资产的类别与管理，成本费用的构成、核算与控制，构成旅行社营业收入的不同类别与管理，旅行社利润的不同类别与管理等知识。

其次，介绍了对旅行社的综合服务费的结算、其他旅游费用的结算及特殊情况下的结算，国内结算中的汇兑(含信汇和电汇)、银行汇票、银行本票、银行支票和委托收款结算方法，国际结算中的汇付、信用证和旅行支票和信用卡等结算方法。

最后，介绍了旅行社财务管理中常用的资产负债表、损益表和现金流量表的功能与价值，财务分析中的资产负债表增减分析和损益表增减分析基本方法。

通过本章的阅读和学习，读者能够对旅行社的财务知识和财务管理基本知识有初步的了解。

练习与思考

一、单项选择题

1. 使固定资产成本在有限年限内加快得到补偿的折旧计算方法是(　　)。

A．双倍余额递减法　　B．工作量法

C．平均年限法　　D．快速折旧法

2. 以下不属于旅行社流动资产的是(　　)。

A．预付款项　B．办公耗材　C．银行存款　D．有价证券

3. 经营管理人员的工资、福利和其他费用应该计入(　　)。

A．营业成本　B．营业费用　C．管理费用　D．财务费用

4. 广义的营业收入不包括(　　)。

A．主营业收入　　B．其他营业收入

C．营业外收入　　D．导游上交的人头费

5. 旅行社的营业利润构成不包括(　　)。

A．营业利润　　B．投资净收益

C．营业外收支差额　　D．部门承包收益

6. 目前使用最多的、迅速方便、安全高效，但费用相对较高的汇款方式是(　　)。

A．信汇　B．电汇　C．银行汇票　D．银行本票

7. 国际结算中没有指定的付款地点和银行、不受日期限制、全世界通用，且可在国外的各大银行、国际酒店、餐厅及其他消费场所兑换现金或直接付款的定额结算工具是(　　)。

A．信用证　B．信汇　C．旅行支票　D．信用卡

8. (　　)是能够直接反映企业所负担的债务总额和债务结构、反映企业的偿债能力、反映出企业最终经营状况、所有者权益状况和资本增值情况的财务报表。

A．损益表　B．资产负债表　C．现金流量表　D．资产变动表

二、名词解释

1. 固定资产
2. 流动资产
3. 旅行社成本费用
4. 旅行社营业收入
5. 结算

三、简答题

1. 如何理解固定资产及其折旧？
2. 旅行社的成本费用主要由哪些方面构成？怎样控制？
3. 简述旅行社营业收入和利润的关系。

4. 旅行社经常使用的票据类型有哪些？
5. 旅行社应该怎样加强结算管理？
6. 旅行社应该如何更好的控制成本？
7. 旅行社财务分析中什么是增减分析法？
8. 旅行社财务分析中什么是比率分析法？

四、计算题

1. 某旅游团一行 15 人于 3 月 28 日 16：05 抵达 Y 城游览，并于 4 月 2 日 8：33 离开该城前往 C 市。该旅行社淡季团体包价旅游的综合服务费标准为每人天 70 元，平季和旺季综合服务费为 90 元。试计算 Y 城旅行社应收综合服务费。

2. ××国际旅行社在上年度的利润总额为 576 928.81 元，营业成本为 35 935 710.42 元，营业费用为 2 802 310.74 元，管理费用为 4 269 608.24 元，营业外支出为 241 757.05 元，财务费用为 113 214.25 元。试计算该旅行社成本费用利润率。

3. 某旅行社计划采购一批用于发展旅游电子商务用的服务器材及相关设备，采购价格 25 万元，计划使用 10 年，10 年后净残值估计为 5000 元。试计算其年均折旧额和折旧率，以及平均每月需分摊的折旧资金。

4. 某一旅行社准备新开辟一条旅游线路，资金占用额为 40 万元，预计月发团量为 220 人次，单位售价 3800 元/人次，成本费用 3400 元/人次。试求在敏感性因素不变的情况下，该旅游产品的年利润及资金利润率。

补充阅读

突然的惊愕——中国台湾洋洋旅行社破产

中国台湾洋洋旅行社创立于 1976 年，创立至今已有 30 多年，一直本着稳健实在的态度，在稳定中求成长。洋洋旅行社以经营欧美等长程线为主，认为“中高档旅游产品仍有开发潜力”，勇于开发旅游新路线与新产品，坚持“不打价格战”，曾在市场一片低价声中推出 13 万元的美东奢华之旅，因而博得“洋洋得意游”的优良品牌形象、多次获得观光局颁发“优良旅行社奖”、获得太平洋区首奖“台湾地区最佳旅行社”，是极有口碑的金字招牌旅行社，不仅是老牌旅行社，也是台湾地区“品保协会旅游品质监督委员会”委员。

2010 年 7 月 6 日，洋洋旅行社惊传跳票，原订由凤凰旅行社出团的 20 多人的北欧团因付不出新台币 100 余万元机票款，遭退票。由于陷入财务困难，无法履行旅游契约，损害消费者权益，业经台湾地区“交通部观光局”依据“消费者保护法”第 36 条及第 38 条规定，自 7 月 7 日起予以停止经营旅行业业务之处分，并限于 3 个月内提出改善计划。

台湾地区“观光局”在 7 月 7 日会同品保协会前往洋洋旅行社调查了解，发现洋洋跳票金额达新台币 385 万元，初步统计受影响的有北京及江南、日本北海道，欧洲英国、意大利、美国团等，受影响的旅客总计约有 169 人。洋洋旅行社为综合旅行社，依规定投保履约保证保险共新台币 4200 万元(公司 4000 万，2 家分公司各 100 万)，有关后续赔偿事宜，台湾地区“品保协会”即日起开始受理旅客申诉 30 天，旅客可上网填写申诉表格，并检附旅行业代收转付收据及其他付款凭证、旅游契约书等资料寄送至品保协会。

而洋洋传出财务问题而倒闭的消息（如图 8.6 所示），也震惊业界，而这也是近来继天喜、明泰之后，又一个老字号抵不过市场寒冬侵袭的旅行社。韩家威接受媒体采访时表示，过去洋洋最引以为傲的美国线，在“9·11”恐怖袭击之后大受冲击，加上景气寒冬、新流感的重击，只剩下过去同期的两成左右，因此造成资金周转困难。同时，金融风暴的影响，洋洋不得已就员工减薪 20%，2010 年年初一个月的薪水分三次发，直到 5 月再减薪 30%，也因此流失掉许多主管级的优秀人才。至于公司因财务问题倒闭，韩家威表示洋洋已经有 30 多年的历史，未来公司会朝向重整的方向，并不会轻言结束，同时也表示期望有机会能东山再起。

洋洋旅行社有限公司
EVERLIGHT TRAVEL SERVICE CO., LTD.

洋洋旅行社要跟大家說再見了，非常抱歉無法再為貴賓們提供服務。

縱然全體同仁是萬般不捨與無奈，也只得帶著美好的回憶各奔前程。

衷心感謝所有貴賓 34 年來的支持與愛護，珍重再見 !!

洋洋旅行社全體同仁
敬上

图 8.6 洋洋旅行社倒闭声明

资料来源：TTN 旅报 http://www.ttnmedia.com/magazine/，有改动

讨 论

1. 导致洋洋旅行社破产的财务危机是如何形成的？
2. 简述旅行社财务管理的意义。
3. 如何回避或减弱财务危机对旅行社的冲击？

第 9 章　旅行社信息技术应用与管理

学习目标

知识目标	技能目标
1. 了解旅行社信息化建设的必然性及应用概况	1. 了解国内外信息技术应用的现状
2. 理解旅行社管理信息系统的概念和特点	2. 掌握旅行社管理信息系统的作用
3. 理解 BPR 的定义	3. 掌握旅行社业务流程重组方法
4. 了解旅行社管理信息系统主要功能模块	4. 掌握旅行社管理信息系统分析与设计过程
5. 熟悉旅行社电子商务的概念	5. 掌握分析具体旅行社电子商务模式
6. 理解旅行社电子商务的模式	6. 掌握开展旅行社网络营销的方法和工具
7. 掌握旅行社网络营销方法与体系	

知识结构

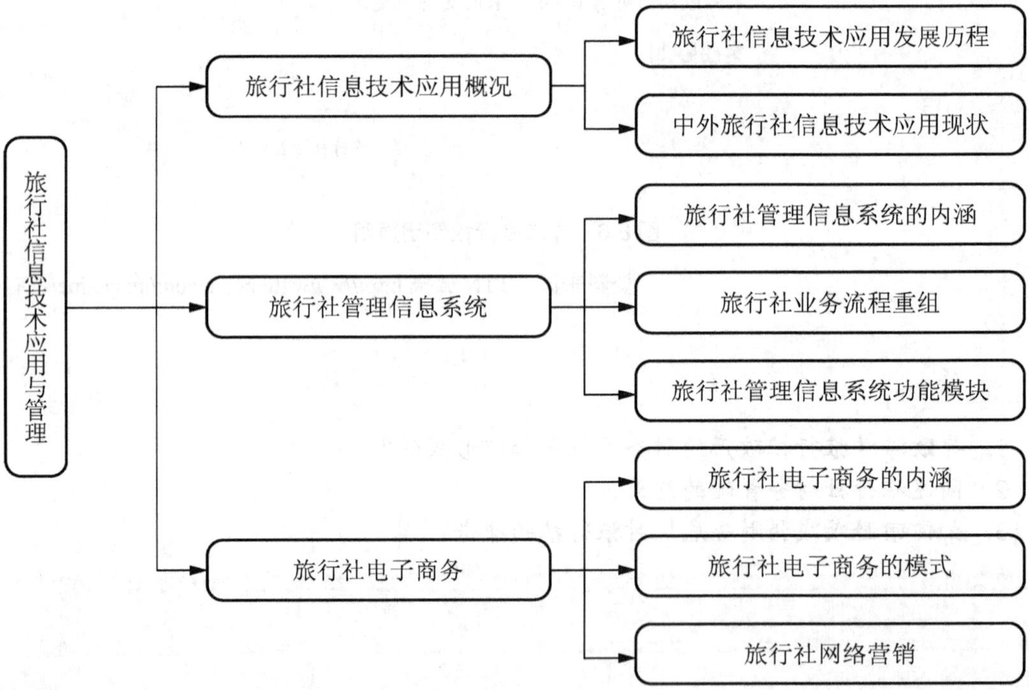

导入案例

一次满意的自驾游

2012 年 6 月，赵先生和同事一行共 10 人相约 7 月份到四川阿坝州自驾游玩，但随着出发时间临近，天公不作美，经常下大雨，直到 6 月底 7 月初，大家还商量着是否去。有几个问题摆在面前：一是什么时间去；二是行程怎样安排；三是去的话如何解决吃住行的预订等。首先要解决时间问题，于是大家开始在网上进行搜索，查到了在 7 月 10～13 日四川阿坝州天气较好，其他时间都是中到大雨，于是就定在此时间段出发。

2 人负责行程安排，2 人负责住宿预订，2 人负责后勤保障，大家通过网上分头行动。首先，行程安排主要在社区网站参考驴友的攻略、旅行社的经典路线安排、博客和游记等来决定，路线是“成都—绵阳—江油—平武—九寨沟—若尔盖—红原—米亚罗—汶川—都江堰”。其次，全程的住宿通过团购网站、淘宝平台网站得到了妥善预订。最后，后勤保证也主要参考旅行社网站、景区网站、驴友的攻略等信息来准备。

7 月 9 日，虽然天气预报说 7 月 10 日仍会下雨，但大家还是怀着革命乐观主义出发了，结果 7 月 10 日，天气很好。第一天从九寨西环线出发，第二天游九寨，第三天下午到若尔盖，结果第四天早上起来有位成员生病了，因此游完若尔盖大草原直奔九曲黄河第一弯住宿，但之前并没有预订，于是就在去目的地的途中，成员通过网络快速预订到了酒店的住宿，第五天返回成都。这是该团队的第一次自驾游，但每位成员感觉收获是超值的，非常满意。

【点评】近年来，随着我国有车族和有驾照人员数量的迅速增多，国内自驾游发展势头非常火爆。自驾车旅游者多为中青年，他们学历高、收入水平高，其主要特征与上网人群类似，网络是他们获取信息的最主要渠道。因此，信息技术的广泛应用方便了游客购买的同时，也造成游客分流，对传统旅行社等客上门的经营模式造成了威胁。旅行社需要把握市场发展态势，建立和完善旅游信息系统，增加电子商务平台，改变落后被动状态，赢得市场主动。

9.1 旅行社信息技术应用概况

旅游业与信息产业同是当今世界最大、最有发展潜力的两大产业，也是现代服务业的两大主要产业。旅游业正在日益广泛地利用信息技术手段，其中管理信息系统与电子商务是其发展的主要方向。旅游产业与电子商务具有天然的适应性，一方面旅游产业本身就是信息密集型和信息依托性产业，另一方面旅游电子商务较少涉及物流，通过该平台能够较快较好地解决满足旅游者的个性化需求。

在 21 世纪，随着移动电子商务和物联网技术在旅游业的应用不断深入，智慧旅游将成为旅游信息化发展的重要方向。

9.1.1 旅行社信息技术应用发展历程

旅行社的信息技术应用经历了管理信息系统(Management Information System，MIS)应用、企业内网(Intranet)应用、企业外网(Extanet)应用和互联网(Internet)应用四个阶段见表 9-1。

表 9-1 旅行社应用信息技术历程

阶段	名称	主要应用范围	信息技术工具	主要作用
管理信息系统 (MIS) 应用阶段	旅行社内部管理信息系统	旅行社内部	ERP、BPR、CRM	进行一般事务管理，提高工作效率，进行高效、科学的管理
企业内网 (Intranet) 应用阶段	内联网阶段	大型旅行社	EDI	旅行社实现对各营业网点间的信息沟通
企业外网 (Extranet) 应用阶段	外联网阶段	旅行社与上游企业之间	CRS、BSP、GDS	完成各旅游企业之间的信息沟通、产品预订与规范化结账等操作
Internet 应用	互联网阶段	旅游产业环境	WWW 技术、移动网络技术、物联网、云计算	整合旅行社营销系统，加强信息收集与处理、与客户关系更紧密；移动网络还使人们可以在任何时间、任何地点开展旅游业务；智慧旅游以融合的通信与信息技术为基础，以游客互动体验为中心，实现一体化的信息处理

资料来源：根据《旅游电子商务教程》(巫宁著)及相关资料整理而成

根据应用层次不同，旅行社信息技术应用又可以分为以下两个层次。

(1) 面向市场，以市场活动为中心，包括促成旅游交易实现的各种商业行为(网上发布旅游信息、网上公关促销、旅游市场调研)和实现旅游交易的电子交易活动(网上旅游企业洽谈、售前咨询、网上旅游交易、网上支付及售后服务等)。

(2) 利用网络重组和整合旅游企业内部的经营管理活动，实现旅行社内部管理信息化，它又包括旅行社资源计划(Enterprise Resources Processing，ERP)、旅行社业务流程重组(Business Process Reengineering，BPR)、客户关系管理(Customer Relation Management，CRM)几个方面。

1. 旅行社管理信息系统(MIS)应用阶段

MIS 是指利用计算机技术和通信技术，对旅行社经营的所有信息进行综合管理和控制的一种人机综合系统。这一阶段旅行社 MIS 应用领域主要包括旅行社(ERP)、旅行社业务流程重组(BPR)、客户关系管理(CRM)等技术。

2．企业内网(Intranet)应用阶段

企业内网应用阶段主要的信息技术工具是电子数据交换(Electronic Data Interchange，EDI)。EDI 是一种在公司之间传输订单、发票等作业文件的电子化手段。这一阶段旅行社中常用 EDI 系统作为一种交互式应答系统(Interactive Query Response)，主要应用于旅行社的机票预订。这种 EDI 在应用时要询问到达某一目的地的航班，要求显示航班的时间、票价或其他信息，然后根据旅客的要求确定所要的航班，打印机票。

3．企业外网(Extranet)应用阶段

Extranet 把企业内部已存在的网络扩展到企业之外，使得可以完成一些合作性的商业应用(如企业和其客户及供应商之间的电子商务、供应链管理等)。这一阶段 Extranet 在旅行社的应用主要有计算机预订系统、银行开账与结算计划、全球分销系统几个方面。

1) 计算机预定系统(CRS)

旅行社工作人员利用计算机预定系统(Computerized Reservation System，CRS)，可以快速方便地为游客预订到全球大部分航空公司的机票、客房及租车，以及其他与旅游的相关服务，如旅游地点的安排、购买保险、游轮席位甚至火车票等，通过 CRS 也能直接取得全世界各地与旅游服务相关领域，如航空、旅馆、租车的日程表，机场设施、转机时间、机场税、签证、护照、检疫等的信息。

2) 银行开账与结算计划(BSP)

银行开账与结算计划(Billing and Settlement Plan，BSP)是国际航协根据运输代理业的发展和需要而建立的，供航空公司和代理人之间使用的销售结算系统。BSP 票由代理人销售，并通过国际航协指定的数据处理中心和清算银行进行结算和付款，由于它规范统一，所以有效地避免了以往航空公司和代理人之间多种票证、多头结算、多次付款的复杂状况，为航空公司和代理人节约了大量开支，提高了工作效率和服务质量，也杜绝了欺诈等违规行为。

3) 全球分销系统(GDS)

20 世纪 50 年代末，全球主要的航空公司为了实现全球分销，开始开发计算机预订系统，并通过在全球旅行社安装计算机终端来实现全球及时查询机位和售票，经过兼并和收购，最终形成了四大全球分销系统(Global Distribution System，GDS)，即 Amadeus、Galileo、Saber 和 Worldspan，链接了全世界 60 余万个旅行社终端。GDS 拥有的全球分销能力吸引了酒店加入其分销平台。

4．互联网(Internet)应用阶段

旅行社 Internet 的应用从技术角度出发，又经历了以下三个发展层次。

1) 基于 Internet 的旅行社电子商务

基于 Internet 技术的旅行社电子商务主要表现在充分利用 Internet 技术开展旅行社业务，整合旅行社营销系统，加强信息收集、促销、分销与客户关系管理。

2) 基于移动网络的旅行社电子商务

基于移动网络的旅行社电子商务就是利用手机、PDA及掌上电脑等无线终端开展的B2B、B2C或C2C的旅行社电子商务。它将因特网、移动通信技术、短距离通信技术及其他信息处理技术完美的结合，方便人们在任何时间、有无线信号终端地点开展旅行社业务。

3) 智慧旅游

智慧旅游也叫智能旅游，它以物联网、云计算、下一代通信网络、高性能信息处理、智能数据挖掘等技术为依托，以游客互动体验为中心，完成了旅游物理资源和旅游信息资源高度系统化整合和深度开发激活，是一种面向未来的全新的旅游形态。简单地说，智慧旅游就是游客与网络实时互动，让游程安排进入触摸时代。智慧旅游利用信息化的技术，能够把一些旅游资源进行整合，然后为广大游客量身定做，提供适需对路的旅游产品。

知识链接

智慧旅游的“四导”功能

从使用者的角度出发，智慧旅游主要包括导航、导游、导览和导购(简称“四导”)四个基本功能。

(1) 导航。将位置服务加入旅游信息中，让旅游者随时知道自己的位置。确定位置有许多种方法，如GPS导航、基站定位、Wi-Fi定位、RFID定位、地标定位等，未来还有图像识别定位。智慧旅游将导航和互联网整合在一个界面上，地图来源于互联网，而不是存储在终端上，无须经常对地图进行更新。当GPS确定位置后，最新信息将通过互联网主动地弹出，如交通拥堵状况、交通管制、交通事故、限行、停车场及车位状况等，并可查找其他相关信息。在运动中的汽车上进行导航，位置信息、地图信息和网络信息都很好地显示在一个界面上。随着位置的变化，各种信息也及时更新，并主动显示在网页上和地图上。

(2) 导游。在确定了位置的同时，在网页上和地图上还会主动显示周边的旅游信息，包括景点、酒店、餐馆、娱乐、车站、活动(地点)、朋友/旅游团友等的位置和大概信息，如景点的级别、主要描述等，酒店的星级、价格范围、剩余房间数等，活动(演唱会、体育运动、电影)的地点、时间、价格范围等，餐馆的口味、人均消费水平、优惠……智慧旅游还支持在非导航状态下查找任意位置的周边信息，拖动地图即可在地图上看到这些信息。周边的范围大小可以随地图窗口的大小自动调节，也可以根据自己的兴趣点(如景点、某个朋友的位置)规划行走路线。

(3) 导览。导览相当于一个导游员。点击(触摸)感兴趣的对象(景点、酒店、餐馆、娱乐、车站、活动等)，就可以获得关于兴趣点的位置、文字、图片、视频、使用者的评价等信息。我国许多旅游景点规定不许导游员高声讲解，而采用数字导览设备，如故宫。智慧旅游则像是一个自助导游员，有比导游员更多的信息来源，如文字、图片、视频和3D虚拟现实，戴上耳机就能让手机/平板电脑替代数字导览设备，无须再租用这类设备了。导览功能还将建设一个虚拟旅行模块，只要提交起点和终点的位置，即可获得最佳路线建议(也可以自己选择路线)，推荐景点和酒店，提供沿途主要的景点、酒店、餐馆、娱乐、车站、活动等资料。如果认可某条线路，则可以将资料打印出来，或储存在系统里随时调用。

(4) 导购。经过全面而深入的在线了解和分析，已经知道自己需要什么了，那么可以直接在线预订(客房/票务)。只需在网页上自己感兴趣的对象旁单击“预订”按钮，即可进入预订模块，预订不同档次和数量的该对象。由于是利用移动互联网，游客可以随时随地进行预订。加上安全的网上支付平台，就可以随时随地改变和制订下一步的旅游行程，而不浪费时间和精力，也不会错过一些精彩的景点与活动，甚至能够在某地邂逅特别的人，如久未谋面的老朋友。

(资料来源：一个全新的命题——智慧旅游之四导基本功能解读[EB/OL]．企业博客．[2013-12-21] http://www.bokee.net/company/weblog_viewEntry/12263941.html

9.1.2 中外旅行社信息技术应用现状

信息技术在社会生活和经济生活中的广泛应用引出了信息化的概念，而信息化的核心内容在于开展电子商务活动。

1．国内旅游信息技术应用表现

中国国际旅行社总社(CITS)是我国最早涉足信息技术应用的旅行社企业。1981 年，中国国际旅行社总社引进美国 PRIME550 型超级小型计算机系统，用于旅游团数据处理、财务管理和数据统计等；又与澳大利亚 JETSET 联网运营加入了全球预订系统(GDS)。随后，中旅总社、中青旅、上海中旅、上海国旅等大型旅行社也开始应用计算机和软件，进行简单的业务处理并代替手工操作。

20 世纪 90 年代，大型旅行社开始注重局域网建设和单项软件的开发，并出现了专门的旅行社软件公司和专业的旅游网站。国旅总社等建立了企业内部网络(Intranet)，在电脑系统结构上经历了主机结构到客户/服务器结构的转变。国旅总社、上海春秋、广之旅等开发了入境游、出境游、国内游、饭店预订等单项模块。1992 年，上海棕榈电脑系统有限公司成立，标志着内地第一家专业旅行社软件企业出现。1998 年，华夏旅游网创办，定位为旅游专业网站，成为第一家以提供旅游资讯和旅游预订为主的旅游专业网站。2000 年后，旅行社网站建设和电子商务兴起，呼叫中心、短信平台、ERP 相继出现，旅行社软件产品更加丰富。2000 年 6 月，中青旅率先开通电子商务网站——“青旅在线”，2000 年 8 月开始“电子商务＋连锁店”营销模式，2001 年 4 月，中青旅 ERP 一期项目正式启动，成为国内第一家全面引入 ERP 的旅行社。

经过近 30 多年的发展，以大型旅行社为主导的我国旅行社信息化道路取得一定成就，但中小旅行社的信息化仍然任重道远。

2．国际旅行社旅游信息技术应用表现

在德国 TUI(途易)公司，只要客人的旅游产品订购完毕，剩下的操作全是自动化和信息化的：自动打印出客人的行程，自动打印出客人旅行机票或车票，自动装订，自动邮寄。他们与承运人签订协议，预订系统对接；从 TUI 系统里打印出的各种票据，承运人直接接受，无须换票。

国外大型旅游运营商无一例外地掌握着旅游的上、下游资源，或嫁接相关资源。他们

往往通过对旅游相关的资源掌控来加强自身的市场竞争能力，一般注重系统地进行产品设计与开发，注重营销模式设计与应用；管理方面国外旅行社除了在组织结构的设计、公司治理结构、激励机制等方面经过过年经营具有很强的优势外，更主要的是充分利用信息技术作为管理上的强有力的助手。

9.2 旅行社管理信息系统

9.2.1 旅行社管理信息系统的内涵

1. 旅行社管理信息系统的概念

旅行社管理信息系统(MIS)是依靠计算机技术和通信技术，对旅行社的经营业务进行综合管理和控制的人机综合系统。其职能是对旅行社生产服务过程的管理实现信息化，从而提高旅行社的工作效率，提高服务质量，决策更加科学。

2. 旅行社管理信息系统的特点

旅行社管理信息系统包括组接团管理、外联管理、接待管理、陪同管理、信息管理、成本核算、财务管理等模块。

(1) 信息量大，时效性强。旅行社为了能给旅游者提供更加满意的信息服务，必须收集大量的旅游产品信息，包括交通、餐饮、饭店、景点购物等；同时，这些信息都处于时刻变化之中，时效性非常强，如某些饭店推出的特价房，餐馆推出的特色菜和特价菜等。

(2) 业务流程复杂，涉及部门多。旅行社的主要任务是整合旅游产品，然后推荐给消费者，消费者预订和消费的每一个旅游产品，不但涉及旅行社的多个部门，如外联、接待、陪同、财务结算等，而且还涉及其他相关的合作伙伴，如饭店、餐馆、景点等，需要每个环节之间相互协作，这就要求信息系统交叉处理信息的能力高，而且敏捷性也强。

(3) 服务个性化，互动性强。随着消费者需求的个性化和多样化发展，要求旅行社必须能够实时与消费者互动，并提供满足他们需求的个性化及特色化服务。比如，旅游者可以通过旅行社管理信息系统自主设计旅游路线、选择饭店、景点、交通工具等；旅行社也可以根据旅游者的信息反馈对工作和产品及时改进，并提供旅游者需要的服务产品和信息。

3. 旅行社管理信息系统建设的意义

(1) 可以提高旅行社服务的时效性。旅行社管理涉及的信息量很大，旅行社所收集的旅游产品信息越多，旅游消费者获取满意产品的概率就越高。跟旅游相关的信息变化非常快，时效性非常强。旅行社管理信息系统能够及时做好信息变更，把最有效的信息适时传达给旅游消费者。

(2) 可以处理复杂信息，促使各部门的通力协作。旅行社的经营涉及每一个部门的通力合作，旅行社管理信息系统有很强的交叉处理信息的能力，能够把各部门紧密地衔接在一起，促使各部门的通力协作。

(3) 拥有较强的个性化处理能力。旅游业个性化发展驱使要求旅行社管理信息系统必须提供个性化的服务。根据西方国家经验，散客旅游将逐渐成为市场主体，未来旅行社的信息服务系统也需要为散客提供个性化的服务。旅行社可以通过完美的信息服务，使旅游者实现自助旅游。

(4) 可以建立完善安全的客户信息数据库。传统的手工信息管理模式中，许多客户信息掌握在工作人员手中，往往随着人员的变动而丢失。采用旅行社管理信息系统管理能够将所有客户信息自动存储在计算机内，这样可以有效减少人员变动对旅行社客户管理带来的不利影响。旅行社还可以在客户信息数据库基础上完善客史档案，开展针对性营销，拓展旅游业务，以及开展客户信用审核等。

(5) 便于管理层的决策管理。由于旅行社管理信息系统支持旅行社企业内部事务管理，及时准确地报告旅行社内部运行信息，使得各类人员，尤其是财务人员，不用再埋头于各种合同、单据之中了。这样可以把更多的精力投入到企业财务状况分析、融资或投资的财务分析及客户的信用审核等专业工作中去，且借助于信息资源数据库强大的查询功能，管理层的决策有了更加科学的信息支持。

4．旅行社管理信息系统的功能模块

旅行社管理信息系统实际上是一个庞大的数据库，涉及旅行社业务管理系统、旅行社财务管理系统、互联网分销和协作系统几个方面，如图 9.1 所示。

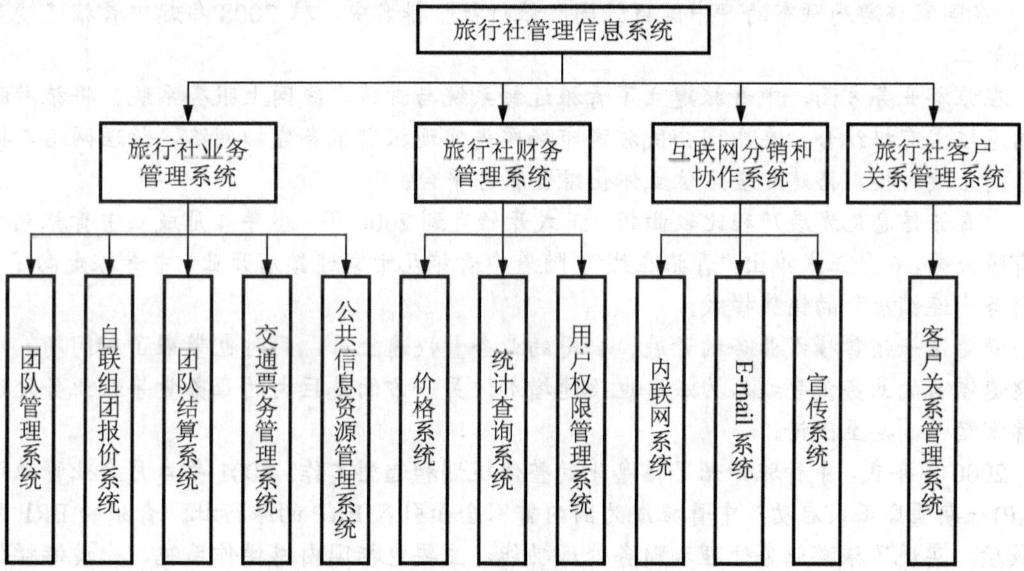

图 9.1 旅行社管理信息系统功能模块图

(1) 旅行社业务管理系统。主要包括横向上的旅行社产品开发与销售、出入境旅游和国内旅游的业务接待、导游车辆的调度以及办公室工作流程与管理工作等；纵向上的旅游相关服务业务采购、旅游产品供应商的协调配合、旅游六大要素的组织设计等环节。

(2) 旅行社财务管理系统。主要包括管理应收应付账款与已收已付款项、账面余额、员工工资核算与发放，准确及时掌握资金流动及去向，完成整个公司的财务核算。其中，资产管理、价格管理、财务分析是财务管理的工作重点。

(3) 互联网分销和协作系统。主要包括对各部门及上机人员分发不同使用操作权限，通过 Intranet 实现旅行社内部管理信息化、决策科学化，通过 Internet 服务发布各种公告信息，宣传旅游线路及企业公共形象，以及为员工提供 E-mail 账户等。

(4) 旅行社客户关系管理系统(CRM)。客户关系管理要求以客户关系为重点，目的在于利用现代技术手段，提升旅行社在市场中的竞争能力、支持长期客户关系、不断挖掘新的销售服务机会，最终实现旅行社销售收入、利润及股东价值的持续增长。CRM 的核心是要提高客户满意度。

9.2.2 旅行社业务流程重组

经典案例 9-1

中青旅股份有限公司的信息化历程①

中青旅股份有限公司(简称中青旅)是我国 3 大骨干旅行社之一，前身为共青团中央国际联络部、青联等单位于 1997 年创立的中国青年旅行社总社。同年在上海证券交易所上市，是我国旅行社行业 A 股上市的第一家公司，曾被评为“中国最具发展潜力的上市公司 50 强”。在国家旅游局颁布的“中国百强国际旅行社”排名中，从 2008 年起中青旅连续多年名列第二。

在旅游业务方面，中青旅建立了青旅连锁系统与青旅在线网上服务系统。将旅游服务与信息技术有机结合，在中国公民旅游市场率先实现旅游服务虚拟网络、物理网络与操作体系的无缝对接，搭建起全方位立体化综合服务平台。

中青旅信息化发展历程比较曲折，正式开始直到 2000 年，当年 4 月成立中青旅电子商务有限公司，6 月正式推出“青旅在线”。随着中青旅几十家连锁店开业，中青旅走向了“电子商务＋连锁店”的销售模式。

随着这一销售模式业务的开展，公司的业务量快速上升，同时也带来了新问题。一方面飞速增长的业务量导致人力成本也飞速增加；另一方面是巨大的业务量导致业务处理人员异常繁忙，甚至出错。

2000 年年底，中青旅开始了信息化的整体规划和选型工作。2001 年 4 月企业资源计划(ERP)一期项目正式启动，中青旅成为国内首家全面引入 ERP 的旅行社。青旅的 ERP 系统建成后，实现了旅游业务处理和财务处理功能，主要包括国内游操作系统、出境游操作系统、连锁销售系统、单团核算系统、财务系统等，实现了旅游业务从开团、销售、单团核算到财务的集成处理，同时实现了 ERP 系统与青旅在线网站系统、饭店和机票预订中心系统的对接。

---

① 无锡城市职业技术学院省级电子商务实训基地网站，http://101.76.40.2/dzswjd/jdly/ShowInfo.asp?InfoID＝316。

中青旅ERP项目使青旅获得了信息系统的综合效益：一是实现了信息资源的一致性、共享性，使企业信息资源得到了有效利用，也提高了业务人员的工作效率和业务操作水平，提高了对客户需求的反应能力。二是公司各部门人员责权利相匹配，纠正了可能的暗箱操作，业务流程控制点明确，简化了决策环节；领导决策数字化，规避了企业经营风险。

在中青旅的整个发展战略中，青旅在线是电子商务平台，ERP则实现了企业内部运作的信息化。前台由网站(青旅在线)、门店和800咨询电话组成的三位一体销售网络，负责客户的招揽；后台由ERP构成，负责采购上游旅游供应商产品的批量采购，实现低成本优势。前后台之间紧密协作，信息平台替代了纸张、传真等传统信息载体，加强了中青旅各部门之间、总部和门店之间的业务协同，成为企业不可或缺的神经中枢。

【点评】在世界信息技术快速发展背景下，如何调整战略，迎头跟上新型技术在旅行社行业领域的应用，是每一家旅行社需要做出重要战略决策。可贵的是，中青旅不仅成为中国旅行社行业第一家上市公司，发展了电子商务事业，也在运行中出现诸多问题后继续深化应用领域，成为第一家开展ERP系统的旅行社公司，获得了良好的市场回报。

目前，我国旅行社的经营环境正发生着深刻的变化。国际经济全球化和区域经济一体化加速发展，世界旅游资源不断丰富和多样化，信息技术革命及电子商务蓬勃兴起，外资旅行社在资金、人才、管理方面的对内渗透，《旅游法》带来的机遇与挑战。而我国旅行社现有的国内游、入境游、出境游等三大市场各自为政，分散采购的业务流程无法整合资源，旅行社无法实现规模效益。同时，部门化为基础的机构设计还导致其他部门无法给予IT部门更多的支持与帮助，以此为基础的信息系统必然就是一个个部门“信息孤岛”的零散集合，信息无法及时、有效和准确地沟通和传递，无法发挥信息系统的资源整合功能，导致信息资源的浪费。长期以来不合理的业务流程造成了个别部门或业务骨干控制企业的核心资源，各部门内部资源无法整合，最终使得信息系统无法真正更好地为企业其他业务部门服务。因此，业务流程重组是我国旅行社信息化建设的必经之路。

1. 业务流程重组的定义

业务流程重组是对企业的业务流程做根本性的思考和彻底重建，以实现提高效率，消除不必要的浪费，缩短工作时间，提高顾客满意度和公司竞争力，降低流程成本。

知识链接

业务流程重组

业务流程重组是由迈克尔·汉默与咨询专家詹姆斯于1993年提出来的，指出BPR就是对企业的业务流程(Process)进行显著地、根本性(Fundamental)地再思考和彻底地重新设计(Re-engineering)，从而获得在成本、质量、服务和速度等方面业绩的显著地(Dramatic)改善。

(1) 显著性的。显著性的意味着流程再造不是取得较小的改善，而是要取得业绩上的突飞猛进，如大幅度的降低成本、减少时间、提高质量等。

(2) 根本的。它是指在企业再造的过程中，企业领导者必须就公司自身以及公司的运营方式自问一些根本性的问题。在这一过程中，必须要跳出传统的框框，针对切实的需要来开展业务流程再造。

(3) 流程。哈默认为，大多数企业领导人在工作中通常不以流程为导向，他们通常只注意到局部的业务，而对流程的整体视而不见。

(4) 重新设计。就是重新设计和安排企业的整个生产、服务和经营过程，对其中不合理、不必要的环节进行彻底的变革，使整个流程合理化。

(资料来源：百度百科．业务流程重组[EB/OL]．[2013-12-21]. http://baike.baidu.com/link?url=lpbQygmJGw7ocv5OTX6AcX3mQrjuFbEGjoV19ULc1RN8ic_4c_LSH1MmbBno4bSr)

2．旅行社业务流程重组方法

旅行社的业务流程由于职能分工涉及外联部、计调部、散客部、接待部、财务部以及人力资源部等部门。在没有建立起有效的旅行社管理信息系统之前，为同一个旅行团(者)服务的各个部门之间需要频繁的信息沟通，反复填写团队资料于各种合同、表格、单据之中，这些合同副本、表格、单据“旅行”于各部门之间，传递着信息，这种信息传递方式烦琐、缓慢、错误率高，造成工作效率低下，其结果是降低了游客的满意度，如图 9.2 所示。

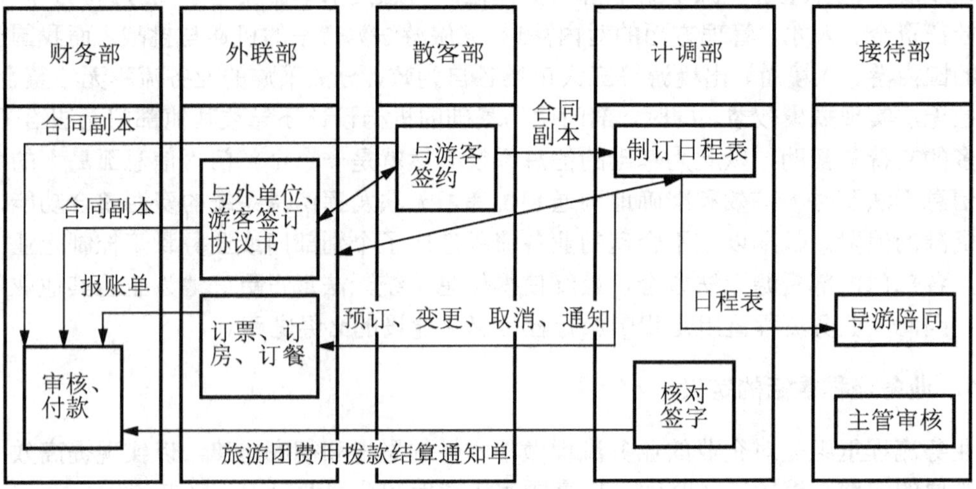

图 9.2　旅行社传统接待业务流程图

旅行社业务流程重组时，应对旅行社的业务流程进行分析，发现有无优化价值，然后找出优化增值部分，改进或删除非增值部分；应该充分考虑到顾客的利益，把顾客满意度放在首位；应充分利用信息技术，以流程为导向建立旅行社的组织形式，如图 9.3 所示。

(1) 将旅行社的主要业务流程看作信息处理流程，建立一个共享的数据库。每项业务活动都有信息源、信息的处理加工和信息的储存、通过信息的标准化实现信息的共享，通过信息流来驱动人流、物流和资金流。保持信息内部信息流转一致性和共享性，以免重复输入和查询的差异，实现信息的有效流转。

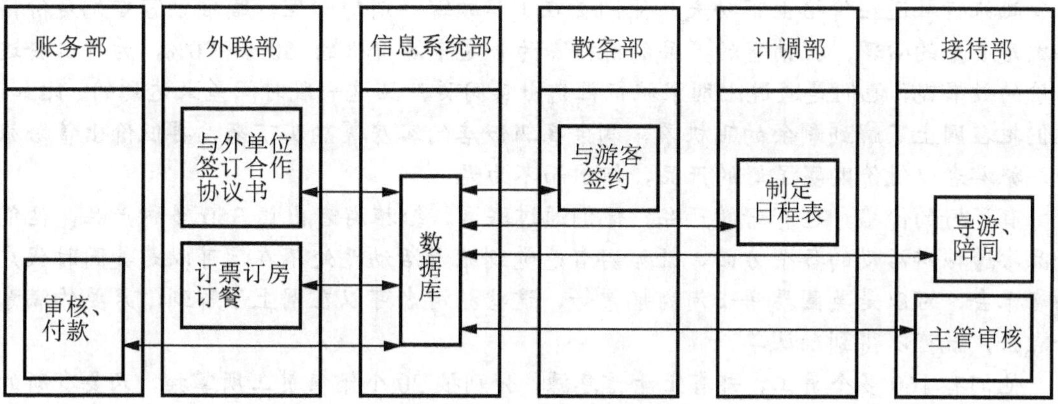

图 9.3 旅行社接待业务流程再造后流程图

(2) 打破职能部门的组织界限，有效整合旅行社资源。在传统的旅行社中，工作完全按职能部门划分，使得部门是割裂状态，严重影响了旅行社的发展壮大。实行 BPR 可以使严格划分的组织界线模糊甚至超越组织界线，可以对旅行社资源进行横向纵向整合，旅行社各个部门彼此协调，动态沟通，实行旅行社内部资源效能和顾客价值最大化。

(3) 旅行社企业文化的重组。旅行社需要构建一个核心数据库，由其接收分别来自外联、计调部的工作内容，然后将这些数据经过处理以后提交给接待部和财务部。然后由财务部收款或付款，接待部完成接待任务。

在旅行社管理信息系统建立后，由于共享数据库，缩短了信息传递中介，把各环节信息传递中的拖延和失误降到最低点，降低了对各环节进行衔接、协调、监督和控制的成本，极大地提高了服务的质量和效益。旅行社在实施业务流程重组时，需要利用信息技术改变原有的组织结构，这将会触及旅行社部门和个人利益，也会改变旅行社的企业文化。

9.3 旅行社电子商务

经典案例 9-2

没有门市的旅行社

20 世纪 90 年代末的法国，一家叫作德格利夫的旅行社，竟有 45%的巴黎人，50%的企业中的高级管理人员、自由职业者、电子媒体、60%的互联网都知道这家旅行社，尽管有如此高的知名度，却没有一家门市部。此旅行社在 1998 年销售总额达到 4.6 亿法郎，比上一年增长 20%，人员也从 1991 年的 4 人变成 1998 年的 60 人。仅有 7 年的时间，为什么会有如此高的成就呢？不能不说是一家成功的旅行社，没有门市，他们是怎么销售产品呢？

德格利夫旅行社是第一家利用电子媒体开展业务的旅行社，他利用互联网的普及率建立了自己的旅游产品，可以说，法国的每一台上网电脑都是他的门市部，这种快捷，信息量大，直观，更好地了解产品特色的特点，被广大的旅游者所接受，顾客上网查询的同时可以过上网。

此旅行社还在价格上下功夫，他们贵在了解顾客的消费心理，瞄准顾客首先是价格，再次是质量的心理，把销售的产品的价格降为普通市场价格的 60%～70%，为什么会达到降价的效果呢，他们是通过比别家旅行社先出售同类产品这一段时间差来达到的。比如说，他们把在网上了解到剩余的飞机票，剩余高级饭店的客房等购买下来，再低价出售给旅游者，旅游者以低价购买了好的产品，何乐而不为呢。

有了好的价格，也有好的产品，他们通过联网，给旅游者出售 350 多种产品，他们的产品渗透旅游活动的各个方面，让旅游者感觉到旅游活动无处不在，可以是美国时代广场的音乐会，可以是英国泰晤士河游船票等，这些旅游者可以在网上了解到，只要你满意，一点击，就可以得到确认单。

他们有 160 多个员工，却有上千信息源，分别被 20 个销售员工所掌控，只要有新的信息，新的产品就会出现在网页，让你第一时间了解到新的旅游信息。

他们同时也注重旅行社的信誉，不光给好的信息，还对产品信息的准确性，质量给予保证，有产品的售后服务，保障。同时与保险公司合作，保障旅游者的利益，注重与顾客的沟通，耐心听取反应，再加以改正，也在展示自己的实力，使顾客对自己的服务有信心，加强同媒体的联系，建立很好的人际关系。

资料来源：李兴荣．旅行社经营管理[M]．成都：西南财经大学出版社，2008.12.

【点评】该旅行社把握了市场动向，通过信息技术，搭建了让它神通广大的电子商务平台，不仅成为世界上第一家利用电子媒体开展业务的旅行社，而且节约了租用办公场地成本；虽无门市却又无所不在，凭借无可比拟的信息来源渠道和很广的客源市场渠道，为别人所不为，想客户所想，赢得了市场的肯定。

旅行社是信息依托性产业，与电子商务天然适应。根据艾瑞咨询集团①研究报告，2011 年中国在线旅游市场交易规模达 1313.9 亿元，比 2010 年增长 38.5%；2011 年中国在线度假市场交易规模为 136.9 亿元，自由行和出境游成为在线旅游市场热点，移动互联网成为各家旅游企业争夺的战略高地，旅游社交、旅游攻略等成为热点话题。

发展旅行社电子商务已成为旅行社未来核心竞争力的重要内容。对内，旅行社能充分利用信息技术进行业务流程优化重组，加强 EPR 系统的建设和运用；对外，可以通过电子商务平台改善供应链管理，增强市场的应变能力，及时响应在线旅游者的需求。

9.3.1 旅行社电子商务的内涵

1．旅行社电子商务的概念

旅行社电子商务是指旅行社基于网络、通信、电子支付等现代技术，以市场需求为导向，在网上发布旅游信息，进行网上旅游促销及旅游市场调研，实施旅游交易的电子商务活动。旅行社可以根据客源市场，在网络中实时进行线路咨询、业务洽谈、网上旅游交易、

① 艾瑞市场咨询(iResearch)成立于 2002 年，是中国一家在网络媒体、电子商务、网络游戏、无线增值等新经济领域为网络行业及传统行业客户提供市场调查研究和战略咨询服务的、有影响的专业市场调研机构。

在线支付、售后服务等活动。同时，旅行社可以对企业经营管理活动进行资源重组和接合，建设企业内部办公网，依托旅行社业务管理、旅行社客户关系管理和财务管理等经营管理系统，实现旅行社经验管理信息化。

2. 旅行社电子商务的功能

旅行社电子商务系统一般有以下四种功能。

(1) 信息查询。满足客户进行旅游线路信息、旅游景点信息、旅游服务、旅行常识、生活常识、旅游电子地图及网上导游等信息的查询。

(2) 实时预订。满足客户通过网络开展涉及酒店客房、旅游交通、餐饮、旅游线路及散客产品预订等的在线预订。

(3) 客户服务。指在客户关系管理系统支持下，为游客或代理商提供在线旅游产品预订的用户端服务。

(4) 桥联服务。通过与其他旅游企业及民航等多种旅游产品提供商链接，能够帮助客户实时完成网络业务查询与预订、产品需求变更、电子支付与交易等活动。

3. 旅行社电子商务的特点

(1) 能使旅游信息传递突破时空限制。旅行社电子商务通过互联网可以24小时不间断地向全球的旅游者提供旅游信息、旅游服务、产品预订等，可通过内联网与合同伙伴进行畅通无阻的信息共享和业务交流。

(2) 能高效整合旅游信息。旅行社电子商务平台能将旅游服务吃、住、行、游、购、娱六个方面零散信息进行有机地整合，形成具有吸引力的旅游产品。旅行社电子商务将与旅游相关的各方面信息资源、服务资源和客户资源整合在一起，形成一个巨大的旅游交易平台。

(3) 能优化旅游服务的质量。旅行社电子商务平台提供了高效的交流途径。旅行社工作人员可通过网络与旅游者进行实时沟通，能及时获得旅游者对旅游需求和旅游产品的反馈意见，随时解决问题，从而优化旅游服务质量，有助于提高旅游者的满意度和忠诚度。

(4) 能满足个性化旅游需求。过去居于主流的团队旅游，正逐渐被个性化、零散化的旅游消费所代替。传统旅行社由于客源量和信息流量有限，无法满足散客的需求。而旅行社电子商务则能提供可视的、可查询的、可实时更新的信息平台，通过众多旅游经营者和消费者的参与，能及时满足多样化的游客需求；同时，通过该电子商务平台能迅速获得旅游者的访问信息、旅游动机、购买方式、旅游广告效果、旅游服务要求等反馈信息，个性化的服务质量能够不断得到提升。

9.3.2 旅行社电子商务的模式

根据经营和应用程度来分，鉴于交易商品、交易场所、交易过程的差异，可以将旅行社电子商务经营管理模式划分为“纯虚拟型”、“虚拟＋实体型”、“实体型”三种模式，如图9.4所示。

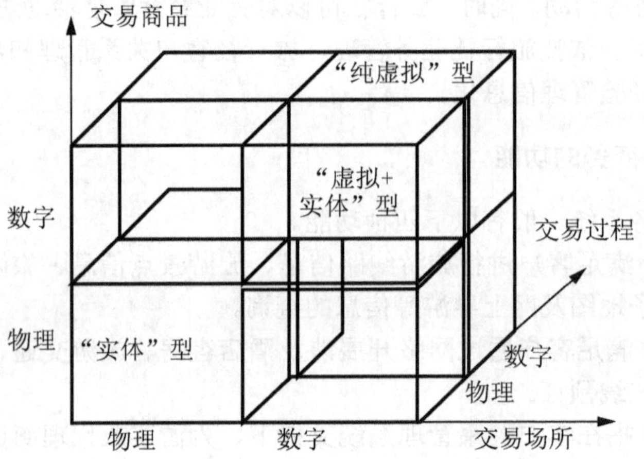

图 9.4　旅行社电子商务模式

1. "纯虚拟"型

"纯虚拟"型旅行社与提供网络技术与内容服务的旅游中介企业相似，通过搜集、整理自己和其他旅游供应商的旅游产品和服务，将旅游产品和服务进行推广、促销和营销，开展游客免费咨询互动、提供企业网站论坛或 BBS 等资源，降低了成本，提高了效益，开拓了新市场。其所有的全部业务都是以数字化方式完成的。如图 9.4 右上角所示，提供的产品是数字化的，并以数字化方式进行业务处理和在线销售，中国最大的自助游网站旅人网(http://www.lvren.cn)就是这种模式。

2. "虚拟＋实体"型

"虚拟＋实体"型是旅行社发展电子商务的主流形式，包括纯虚拟旅游电子商务企业开展实体旅行社业务和实体旅行社开展电子商务业务两种形式。首先，纯虚拟的旅游电子商务在发展到一定的时间，会与传统旅行社合作或者兼并传统旅行社，如携程网(www.ctrip.com)。其次，是传统旅行社在互联网经济的冲击下，纷纷触网，开展电子商务，如作为港中旅集团的附属子公司、香港中旅国际投资有限公司的全资子公司的芒果网(http://www.mangocity.com/)。芒果网是港中旅集团顺应现代旅游发展趋势，以独立品牌专门从事在线旅游业务的电子商务平台，旨在充分综合利用港中旅集团丰富的旅游资源、订房、订票资源和客户资源，类似的还有遨游网(http://www.aoyou.com)、春秋旅游网(http://www.springtour.com)等。

3. "实体"型

"实体"型旅行社一般都采取部门块状管理模式，信息化程度很低，仅仅建立了自己的企业网站的宣传页，业务仍离不开手工操作，基本是附属于大型旅游企业的分销商，还谈不上企业内部的信息管理系统的建设。多数的地方性小型旅行社都属于这种类型。旅行社内部基本的计算机操作，主要用于产品电子化、处理文件、在线使用即时通信软件洽谈业务，通过电话或是传真确认，使用现金、汇款、转账、支票等方式支付费用。该类旅行社线路产品信息、服务信息、交易信息几乎无互动沟通，各部门独立运行，缺乏实时协调，以电话预订为主要交易特征，除了运用短信平台和财税管理外，几乎无信息化应用，电子商务运用很少，报纸、期刊等媒介成为对外宣传主要手段。

9.3.3 旅行社网络营销

网络营销(On-line Marketing 或 E-Marketing)是以国际互联网络为基础，利用数字化的信息和网络媒体的交互性来辅助营销目标实现的一种新型的市场营销方式，是企业整体营销战略的一个组成部分。网络营销不仅具有方便、快捷、信息量大、操作简单等特点，而且具有覆盖面广、成本低廉、图片精美等特点，能很好地激发客人的购买欲望。

1. 旅行社开展网络营销的常用方法

旅行社开展网络营销常用方法体系主要分为两种情况，如图 9.5 所示，一是旅行社有网站的情况，另一种是旅行社无网站的情况。在不同情况下采用的方法不一样，无网站的网络营销方法同样适用于有网站的情况。

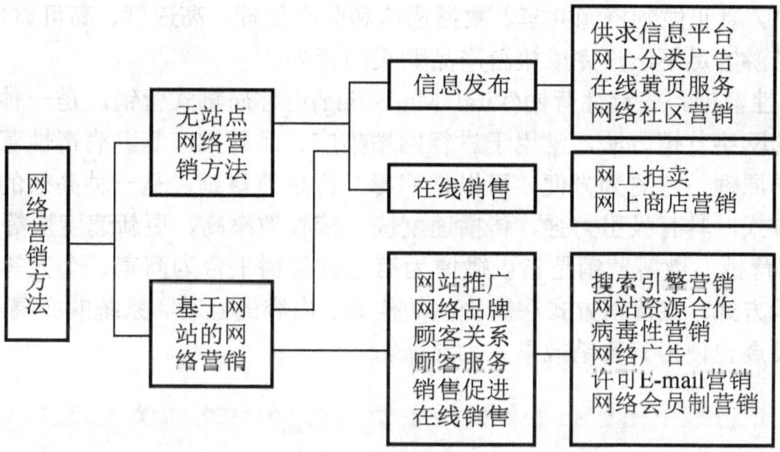

图 9.5 旅行社网络营销方法体系

2. 旅游网络营销的常用工具

(1) 旅行社网站营销。在所有的网络营销工具中，旅行社网站最基本、也最重要。其网络营销具有展示品牌形象与产品(服务)、发布有价值信息、开展对客服务(如常见问题回答(FAQ)、电子邮件咨询、即时通信等)、维护顾客关系、进行网上调查(在线调查、邮件、论坛、征求顾客意见等)。此外，网站还可以通过交换链接、交换客户资源合作与广告等方式进行合作，以及利用旅行社网站开展在线销售等。

(2) 搜索引擎营销。搜索引擎营销(Search Engine Marketing，SEM)，就是基于搜索引擎平台的网络营销，利用人们对搜索引擎的依赖和使用习惯，在人们检索信息的时候尽可能将营销信息传递给目标客户。搜索引擎营销追求最高的性价比，它以最小的投入，获最大的来自搜索引擎的访问量，产生商业价值。

(3) E-mail 营销。E-mail 营销是在用户事先许可的前提下，通过电子邮件的方式向目标用户传递有价值信息的一种网络营销手段。E-mail 营销必须具备用户许可、电子信箱、有价值信息三个基本因素。

(4) 博客(Blog)营销。博客营销就是旅行社利用博客这种网络交互性平台，发布并更新旅行社或公司的相关概况及信息，密切关注并及时回复相关疑问以及咨询，通过较强的博客平台帮助旅行社零成本获得搜索引擎的较前排位，从而达到宣传目的的营销手段。博客营销可以直接带来潜在用户，降低网站推广费用，为用户通过搜索引擎获取信息提供了机会，增加旅行社网站的链接数量，实现以更低的成本对读者行为进行研究，可以让营销人员从被动的媒体依赖转向自主发布信息等，是建立权威网站品牌效应的理想途径之一。

(5) 网络广告营销。网络广告与其他广告形式相比，独具优势。网络广告传播不仅突破了时间和空间的限制，而且它的受众是最年轻、最具活力、受教育程度最高、购买力最强的群体，凭借多媒体、超文本格式文件载体给受众获得更详细信息的渠道；它还可系统精确统计出每个广告被浏览数量、查阅时间和客户地域分布，有助于客商正确评估广告效果，审定广告投放策略；同时，凭借其交互性优势使网络广告可以与电子商务紧密结合，迅速实现交易，真正做到资源共享、数据通信和分布处理，高速度、高可靠性和高安全性，极大地方便了游客足不出户完成旅游产品购买的行为。

(6) 病毒性营销。病毒性营销(Viral Marketing)也称病毒式营销，是一种常用的用户之间自发进行的网络营销方法，常用于进行网站推广、品牌推广等。病毒性营销利用的是用户口碑传播的原理，它更为方便，可以像病毒一样迅速蔓延，是一种高效的、不需要费用的信息传播方式，具有吸引力强、传播速度快、接收效率高、更新速度快等特点。

(7) 微博营销。微博营销是指以微博为第三方传播平台为商家、个人等创造价值而执行的一种营销方式。该营销方式注重价值的传递、内容的互动、系统的布局、准确的定位，微博的火热发展也使得其营销效果尤为显著。

本章小结

随着旅游者的消费需求越来越个性化和多样化，信息技术应用领域不断深入，信息化建设对旅行社来说是必然性的。

旅行社管理信息系统利用了计算机技术和通信技术，对旅行社的经营业务进行综合管理和控制的人机综合系统，具有信息量大、时效性强、业务流程复杂、关联度高、互动性强等特点，因而成为旅行社实现内部科学管理的重要助手。

旅行社业务流程重组要求将旅行社的主要业务流程看作信息处理流程，建立一个共享的数据库；打破职能部门的组织界限，有效整合旅行社资源。经过业务流程重组后的旅行社业务能实现业务流程根本性的再思考和彻底性的再设计，从而获得在成本、质量、服务和速度等方面业绩的显著改善。

旅行社电子商务以市场需求为导向，在互联网上开展发布旅游信息、进行网上促销、旅游市场调研和实施交易等多种电子商务活动，提供信息查询、实时预订、客户服务、桥联服务等功能。旅行社电子商务模式根据其经营应用电子商务的程度有“纯虚拟”型“虚拟＋实体性”型“实体”型三种模式，旅行社的网络营销也有无网站和有网站两种情况，旅行社网站营销、搜索引擎营销、E-mail 营销、博客(Blog)营销、网络广告营销、病毒性营销和微博营销等方法仍然是实现营销目的的重要手段。

练习与思考

一、单项选择题

1．业务流程重组的缩写是(　　)。
A．BSP　B．BPR　C．ERP　D．CRM

2．病毒式营销特点不包括(　　)。
A．传播速度快　B．投入巨大　C．高效率接收　D．吸引力强

3．搜索引擎营销的实现的方法包括(　　)。
A．竞价排名　B．分类目录登录
C．关键词广告　D．搜索引擎优化

4．旅行社管理信息系统的特点不包括(　　)。
A．信息量大，时效性强
B．业务流程复杂，每项服务涉及多个部门
C．提供个性化信息服务，互动性强
D．功能模块划分较简单

5．旅行社电子商务功能不包括(　　)。
A．信息查询　B．实时预订　C．客户服务　D．实时服务

二、名词解释

1．旅行社管理信息系统
2．智慧旅游
3．业务流程重组
4．旅行社电子商务
5．旅行社网络营销

三、简单题

1．简述旅行社进行信息化建设的必要性。
2．旅行社管理信息系统主要功能模块有哪些？
3．简述旅行社电子商务主要模式。

四、思考题

选取某家旅行社，综合网络营销方法，为其制定一个具有一定可行性的网络营销方案。

补充阅读

旅游电商进入“战国”时代

“去携大战”表面是两个企业之间的对立，而其背后却是日趋白热化的在线旅游市场竞争。首都经济贸易大学工商管理学院旅游系副主任李云鹏说，去哪儿和携程之间的竞争，是在线旅游市场新生力量和传统力量之间的竞争，是新的商业模式和传统商业模式之间的竞争。携程网和去哪儿网竞争的白热化，反映了在线旅游市场格局在加快发生改变。

中国旅游研究院的最新数据显示，2010 年中国旅游电子商务(基于互联网平台的在线旅游业交易)市场规模达到 2000 亿元人民币，占整体旅游收入份额将近 15%。艾瑞咨询也预测，未来四年中国在线旅游市场交易规模仍将保持高增长。

面对诱人的在线旅游市场，不少新兵旧将蠢蠢欲动。据了解，目前国内旅行预订网站数量已经达到了上千家。上千家的在线旅游企业必然面临着一系列的整合与洗牌，事实也印证了这一点。

过去的几年里，多家在线旅游企业已经率先行动了起来：芒果收购易休、易网通收购游易、艺龙亦对几家酒店代理网并购、国际旅游巨头 expedia 收购酷讯……并购的结果必然是更加激烈的竞争。

另外，一些其他行业的竞争者积极布局在线旅游市场。2010 年 5 月淘宝旅行频道正式上线；2010 年 12 月，网易机票频道高调上线;2011 年 5 月，腾讯宣布收购艺龙 16%的股权；百度以 3.06 亿美元控股去哪儿网；新浪推出了在线旅游品牌自游网；电器销售商京东商城近期开通了机票预订业务，酒店预订业务近期也将上线……

然而，这仅仅是个开始，接下来会有更多的企业介入到在线旅游市场之中。正如易观国际分析师陈寿送所说，中国在线旅游市场成熟度提升的表现之一是产业链的不断完善，市场集中度开始降低，各种细分模式百花齐放，相对于其他细分市场，对旅游细分市场的投资热潮刚刚开始。途牛旅行网获得红杉资本、日本乐天、DCM、高原资本等 5000 万元注资，驴妈妈获得江南资本、红杉资本上亿元人民币的投资，蚂蜂窝和悠哉旅行网等也连续收获多笔风投……在线旅游市场的后起之秀们，必然会冲击老牌企业的地位，挤占其市场份额。

在如此严峻的竞争面前，携程们显然不会坐以待毙，老牌企业与行业新秀之间的争斗也就在所难免了。正如 51766 旅游网 CEO 倪学军所说，我国在线旅游市场正处于百花齐放的时期，未来在线旅游行业的纷争会愈演愈烈，在今后五年里整个市场甚至面临重新洗牌。

资料来源：徐万佳．去携大战的背后[J]．中国旅游报，2012.2.20：第 8 版.

讨　论

1. 去哪儿网和携程网的在线旅游大战反映了我国旅游电子商务市场的哪些现象？
2. 在线旅游市场竞争的核心是什么？

第10章 旅行社风险管理

学习目标

知识目标	技能目标
1. 了解风险及旅行社风险的内涵、构成要素	1. 通过案例刺激与冲击，建立旅行社风险的直观感受
2. 掌握旅行社风险的类型、特征	2. 通过认识风险的表现形式，掌握旅行社风险的基本内涵、准确描述风险特征、掌握风险构成要素与分类
3. 掌握旅行社风险识别的内涵、程序与方法	3. 了解风险管理思想的起源，掌握风险管理的定义、程序及风险处理的方式
4. 熟悉旅行社风险评估的内涵与方法	
5. 熟悉旅行社风险管理的程序与方法	

知识结构

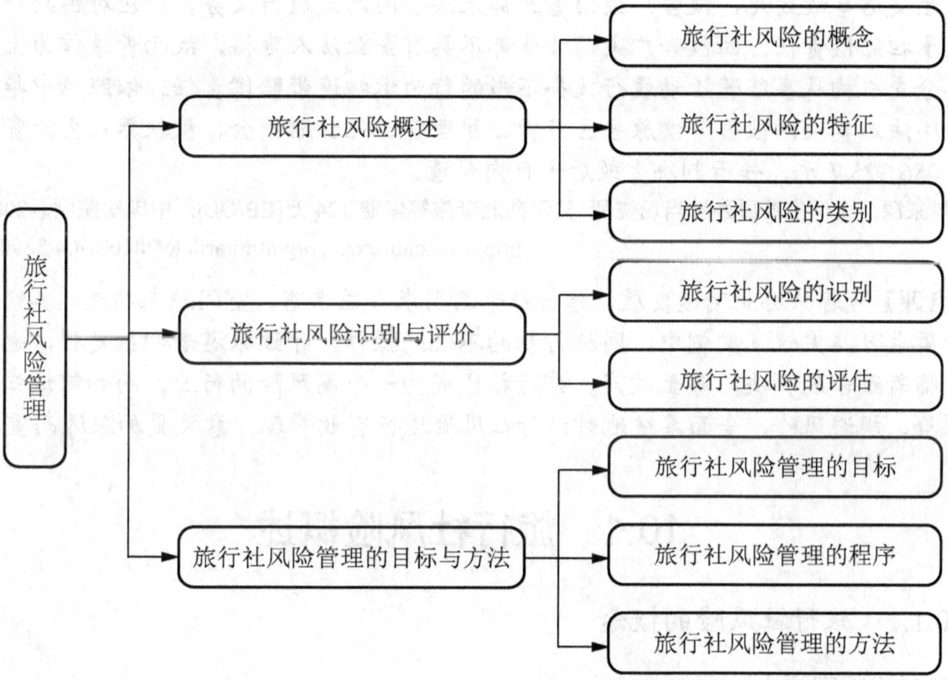

导入案例

一个游客伤亡事件案件的判决

2007 年 9 月 29 日，钱某和男友孙某与北京青年旅行社广渠门营业部签订《国内旅游组团合同》，约定参加其组织的丰宁坝上草原二日游，并缴纳了团费 228 元/人。10 月 1 日，两人按照广渠门营业部的旅游行程参加了草地摩托车项目。钱某与孙某在驾驶摩托车前往活动区域的途中，被一辆河北牌照的大卡车从后面撞翻并起火。因火势太大，众人无法救援，孙某当场被烧死，钱某终因伤势过重，抢救无效死亡。钱某家属将北京青年旅行社及该社广渠门营业部告上法庭称：两被告派出的导游胡某并不具备资质，且他在钱某等人驾摩托车出行时擅自脱团，未告知游客行程途中要经过开放式公路，家属以违反合同约定为由，要求两被告赔偿损失近 124 万元。

经核实，法院认为：钱某与被告广渠门营业部所签旅游合同系双方真实意思表示，合法有效，双方应履行各自的合同义务。现被告广渠门营业部派遣无导游资质的胡某陪同游客、未尽安全保障义务、未对游客进行安全提示、胡某在事发时亦不在场，致使钱某在游玩时发生交通事故致死，被告广渠门营业部未按合同约定履行义务，理应对由此产生的经济损失承担赔偿责任。因被告广渠门营业部不具有企业法人资格，故北青旅作为上级单位应对其分支机构从事经营活动履行义务不当的行为承担连带赔偿责任。依照《中华人民共和国合同法》判决两被告赔偿原告医疗费、护理费、死亡赔偿金、被扶养人生活费等各项总计 1 056 325.7 元，并于判决生效后十日内付清。

资料来源：大学生草原游被当场烧死 父母向北青旅等索赔 124 万[EB/OL]. 中国法院网. 2009-01-21
http://old.chinacourt.org/html/article/201001/04/389055.shtml

【点评】随着旅游业飞速发展，旅行社市场需求日益丰富，空间越来越大，其经营与发展的矛盾也日益尖锐。案例中，因旅行社的不规范操作，导致旅游者利益受损，也使得旅行社面临着致命的判决，甚至破产。旅行社已成为一个高风险的行业，而如何认知风险、选择风险、规避风险，全面系统地对旅行社风险进行有效管理，意义更加深远而重大。

10.1 旅行社风险概述

10.1.1 旅行社风险的概念

1. 风险的内涵

目前，理论界与实业界对“风险”一词尚无统一的界定，大致分为两种。一种强调风险表现的不确定性，美国学者海尼斯认为，“某种行为能否产生有害的后果应以其不确定为界定，如果某种行为具有不确定性，其行为就反映了风险的负担”，风险产生的结果可能带来损失、获利或者无损失无获利；另一种强调风险只能表现出损失，无获利的可能性，学者罗森布朗把风险界定为“风险是损失的不确定性”。

对风险界定的分歧，根源于研究的角度与出发点不同。本书在前人研究的基础上，将风险的内涵归纳为：风险总是客观存在的，不以人的意志为转移；是可能结果与目标之间偏离的表现；是系统内外部多种因素共同作用的结果；其大小可以估测或者度量。

知识链接

风险的由来

远古时期，以捕捞为生的渔民在长期的捕捞实践中深深地体会到“风”能够给他们带来平安与满载而归，同时也能带来无法预测的和无法确定的危险。出海捕捞，“风”即意味着“险”，因此有了“风险”一词。在早期的运用中，“风险”也被理解为客观的危险，体现在自然现象或者航海遇到礁石、风暴等事件。现代意义上的“风险”越来越被概念化，理解为“遇到破坏或损失的机会或危险”，并随着人类活动的复杂性和深刻性而逐步深化，被赋予了从哲学、经济学、社会学、统计学甚至文化艺术领域的更广泛更深层次的含义，且与人类的决策和行为后果联系越来越紧密，“风险”一词也成为人们生活中出现频率很高的词汇。

2．旅行社风险的内涵

旅行社是沟通旅游者与旅游企业的桥梁，将吃、住、行、游、购、娱等旅游要素组合成一个完整的旅游产品向旅游者销售。旅行社为旅游者提供宣传、咨询、销售旅游产品等直接服务，也为旅游者代订旅游要素的产品服务，及代办签证、保险等中介、委托服务。旅行社产品完成不仅受自身因素的影响，也受旅游要素企业及行业经营环境的影响，因而随着旅游业的飞速发展，旅行社面临巨额损益的机会相应增加，导致事故损益的范围不断扩大。旅行社风险总是存在于经营与管理活动中，并与旅行社的经济与非经济损益相联系。因此，旅行社风险的内涵可归纳为：旅行社风险的存在是客观的，与一定的时空条件相联系；其大小是可以估测或度量的，也是可以防范的；旅行社风险的发生将会影响旅行社的利益，甚至导致旅行社的消亡。本章主要介绍旅行社在经营与管理过程中损失发生的不确定性。

3．旅行社风险三要素

旅行社风险的组成要素包括风险因素、风险事故和风险损失。

(1) 风险因素是指引起风险事故发生、增加风险事故发生可能性以及在事故发生后造成损失扩大和加重的因素，包括自然风险因素、道德与心理风险因素、社会风险因素。它是风险事故发生的潜在原因，是造成损失的内在或间接原因。

(2) 风险事故即损失的直接原因，是促使风险有可能变成现实的事件，包括自然风险事故、人为风险事故、经济风险事故。风险事故是意味着风险的可能性转化为现实性，即风险的发生。

(3) 风险损失是指人身伤害和伤亡以及经济价值非故意的、非计划的、非预期的减少或消失，有时也指精神方面的危害。

经典案例 10-1

当旅行社遭遇香港迪士尼拒客后

为方便游客游园，香港迪士尼乐园自 1 月 3 日起推出半年期有效门票，游客可通过旅行社或网站提前订购门票。2 月，迪士尼乐园迎来了在港的首个春节，却遇到了“前所未有的极大需求”，以至于 1 日早晨开门仅一个半小时后，就直接关闭大门，拒绝逾千名持有效票的游客进入乐园；2 日早上 10 时 30 分，再度因人满为患暂时关闭售票处大门，而滞留在外等候的游客，大部分是专门为迪士尼乐园而来的内地游客。连续两日“闭门羹”，引起游人强烈不满。

上海旅游质监所根据《旅行社质量保证金赔偿试行标准》第十三条的规定，“旅行社安排的观光景点，因景点原因不能游览，旅行社应退景点门票、导游费并赔偿退还费用 20% 的违约金”，要求旅行社做好游客返沪后的情绪安抚工作和赔偿退款工作；关于游客“旅行社免费组织再去一次迪士尼，以弥补损失”的要求，则由旅行社和游客协商解决。尽管部分旅行社拟向香港迪士尼乐园提出赔偿要求，但乐园在赔偿方面三缄其口，且不公开赔偿细节。

资料来源：四川新闻网-成都商报，解放网-新闻晨报

【点评】迪士尼凭借良好的品牌印象和品牌活力在电影、服饰、玩具等多领域赢得广大消费者普遍赞誉，商业信誉与价值丰硕。香港迪士尼乐园是中国第一个迪士尼主题乐园，极大地满足了中国游客，尤其是内地游客对迪士尼的旅游需求。但因迪士尼对中国内陆市场需求缺乏充分地了解，导致中国假期市场出现游客激增而引发拒客事件，这是迪士尼和旅行社、游客都不曾预想到的问题。但在中国“你去过迪士尼吗？”“我想要迪士尼的门票”的特殊需求是不以人的意志为转移、客观存在的事实，在迪士尼单方面应对不及时的情况下，会连带旅行社发生旅游行程难以为继的事件，旅行社将面临赔偿与追偿无果的风险，既要蒙受经济损失，也会给自己的声誉带来负面影响。

10.1.2 旅行社风险的特征

1. 必然性与突发性

旅行社风险是旅行社经营管理的必然属性，它不以人的意志为转移，独立于人的意识而客观存在。旅行社是一个高风险型的行业，在其经营管理的每一个环节都面临着风险，但却可以通过经营者内化自身素质、提升服务品位，尽可能地降低风险、回避风险，使其只是在特定时间、特定条件、特定环境下的突发事件。

2. 不确定性与可控性

旅行社风险存在是必然的，何时发生、为何发生、影响如何，都存在不确定性。而这些不确定的风险多是可以通过一定的方法加以预测与管理的，在一定的时间和空间内，可通过改变旅行社风险存在和发生的条件来控制风险损益的走向，如旅行社可通过投保转移风险、通过人员培训降低风险等。

3. 关联性与发展性

旅行社经营管理活动涉及人与自然、人与社会和人与人之间诸多关系，其中任何一项关系发生，都可能引发旅行社风险及其连带风险，如自然灾害、疾病扩张、政局动乱、战争爆发等。随着科技进步、社会发展、人类的进化，这些关系也呈现出新情况，且风险造成的损失范围也越来越大，如信息保密、交通事故等。

4. 相对性与扩张性

面对旅行社风险，不同的人会做出不同的判断、采取不同的行动，这对旅行社本身、对行业本身产生的影响也是不同的。不管影响的程度如何、层面如何，有些已超越了行业和时代的界限，深深地影响到全社会，甚至持续影响到后来者。这也就决定了该旅行社在行业竞争中所处的市场地位及其未来发展。

经典案例 10-2

把握游客心中的那杆秤

片段 1: 2005 年 3 月初，浙西大峡谷景区，一起浮桥侧翻事故造成 88 名常州游客落水，5 名罹难。景点导游在关键时刻全然不顾游客的安危，只顾自己逃生，眼睁睁地看着身边的一对母女被洪水吞没。洪水无情，人有情啊！只要那个导游能够伸一下手，也许那对母女就能获救。

片段 2: 2005 年 8 月 28 日，陕西洛川，一场旅游交通意外造成 6 人死亡、14 人重伤、8 人轻伤。“我是导游，先救游客!”导游——中国女孩文花枝，尽管是受伤最重的，却是最后一位被送到医院的重伤者，在生死关头把生的希望让给游客，把死的威胁留给自己，她以不惜生命、先人后己的行动，兑现了诚实守信、服务游客的诺言。

……

片段 n: 2012 年 5 月，湖南凤凰，连日来强降雨让沱江水位暴涨，但仍挡不住游客游玩凤凰的脚步。“游客落水了，我就必须下去救援!”吉首市大湘西国旅导游杨欢，奋不顾身、勇救落水游客，其英勇事迹广为流传，中央电视台、湖南电视台、浙江电视台、深圳电视台等各大媒体相继对其进行了报道，被赞为名副其实的“平民英雄”“中国最美导游哥”。

资料来源：美丽的花枝，湘西自治州《团结报》

【点评】安全是游客最关心的，意外也是旅游过程中最难调控的。意外发生时，导游采取什么样的处理方式，牵动着事情的发展走向。文花枝、杨欢无疑是优秀的，他们在关键时刻心中有游客、鼓励游客、救助游客，使得原本沉重的旅游事故变得温暖。他们的果断行为不仅仅是阻止了事态的严重化，更为旅行社带来清新暖人的新形象，化危机为转机。

10.1.3 旅行社风险的类别

在风险社会里，旅行社经营管理可能会面对行业和经营等两大风险的影响。

1. 行业风险

旅行社行业风险与旅行社所处的生命周期状态、对相关产业的依赖程度、行业竞争程度以及政府政策变化等密切相关。

(1) 旅行社的生命周期由开创期、成长期、成熟期和衰退期构成，旅行社风险随着旅行社的创立并走上成长到成熟，风险会逐渐减弱，但随着旅行社进入衰退期，行业风险又会逐渐增大。

(2) 旅行社是旅游中介服务机构，对旅游饭店、旅游交通、旅游餐饮、景区、娱乐、购物等相关产业的依赖，造成旅行社产品质量风险的不确定，如果合作持久稳定，那么风险相对较小，反之则风险越大。

(3) 旅行社的行业壁垒相对较低，其他企业容易参与旅行社市场的竞争，这使得旅行社面临的风险越来越高。

(4) 旅行社受政府的产业政策、财税政策、关税政策等的影响也较大，如加入世贸组织、政局变化、政权更替、法令颁布实施、种族或宗教冲突、叛乱与战争等引起的社会动荡，可能造成旅行社经济利益损害的风险。另外，疾病、自然灾害等引起人的恐慌、技术革新造成空气污染、噪声、核辐射等形成旅行社经营的环境风险。

2. 经营风险

旅行社经营风险是旅行社在经营与管理过程中因采取的战略不当、资源管理不善、产品定位不准确等造成旅行社损益的不确定。

(1) 旅行社在制定管理目标、定位市场目标、拓展业务方向、推广品牌形象等战略性决定时，存在战略风险，如战略模糊导致多元化投资失败。

(2) 旅行社对自身、合作伙伴、竞争对手等在负债与偿债能力、现金流与资金周转率、成本核算与利润管理等信息方面的预测不准确，存在财务风险，如旅行社信用管理不善导致的呆账、坏账。

(3) 旅行社在产品生产与销售过程中，因对旅游者需求、市场竞争环境、产品供给渠道、通货膨胀、汇率变动等有关因素的估计不准确，而导致产品供给不足或价格涨跌的市场风险。

(4) 由于旅行社员工操作、跟团过程管理、道德诚信等人为失误而导致损失不确定的操作风险，如旅游过程中造成的旅游者人身安全事故、旅游服务质量缺陷导致的旅游投诉等。

(5) 旅行社企业文化建设、人力资源管理等对员工凝聚力的强弱，形成的廉政风险、人才流失与客户流失的人力资源管理风险。

(6) 法律是旅行社抵御风险的屏障，也是旅行社风险的来源，旅行社及合作企业违反法律、法规或合同约定，不履行诚信义务，欺诈、侵权等，使旅行社需要承担法律责任，面临法律风险。

经典案例 10-3

旅游合同不仅仅是一纸文书

广东某旅行社(甲方)给昆明某旅行社(乙方)发了几十个团，双方都是往来传真确认，每月甲方按传真约定给乙方做团人的个人储蓄卡上打钱。双方开始合作一直没问题，但从“十一黄金周”到年底，甲方以各种借口拖延付款。乙方考虑到以前一直合作不错，也就没有拒绝接团。可到年底催款时，甲方已欠乙方几十万元的团款。到法院起诉，乙方败诉，此笔欠款成为死账。原因有三：一是双方业务往来全是传真；二是往来确认的签字没有公章；三是双方往来的团款全部走私人账户。

点评：旅行社在业务合作过程中，仅仅有往来传真是不够的，特别是在没有公章的情况下。如果没有其他的证据能证明双方业务合作的事实，乙方是很难依法追偿甲方欠款的。乙方做团人应知晓《合同法》、熟悉旅行社财务章程的相关规定，与甲方签订旅游合同，约定合作双方的履约方式、履约代表人、争议管辖，约定付款方式、渠道、期限，注明违约责任等旅行社须特别强调的事项，避免旅行社通过法律程序也资金难以回收、形成呆账或坏账风险。

材料来源：侯燕．旅行社危机管理与风险防范[EB/OL]，西双版纳旅游网，2013.12.21．http://www.xsbnly.com/xsbnly/hyxh/6439.jhtml

10.2 旅行社风险识别与评估

10.2.1 旅行社风险的识别

1．旅行社风险识别的概念

旅行社风险识别是旅行社通过收集有关风险因素、风险事件和损益暴露等方面的信息，对影响旅行社运营与管理的各种风险因素进行寻找、发现、归类的过程。风险识别是旅行社风险管理的重要内容，是风险评价、防范、监控和处理的基本依据。

旅行社风险识别是系统的、全面的，不能局限于某一部门和环节，而应对旅行社方方面面的风险进行识别和分析；同时，风险识别也不可能是一成不变、一劳永逸的，随着旅行社及其经营环境的不断变化，风险管理者必须时刻关注新出现的风险和各种潜在风险，是一个连续的过程。

2．旅行社风险识别的程序

旅行社风险可从感知、分析、诊断三个程序进行识别。

(1) 感知是旅行社根据历史经验和感性认识，对具有潜在风险的产品、过程、事件、现象和人员进行风险性质、类型、成因等鉴别，是旅行社风险识别的基础。因旅行社风险多样、可变，这要求风险管理者有较高的风险感知力，并随时感知新的风险。

(2) 分析是旅行社对客观存在的风险事件、过程、现象、后果进行观测、分析、归纳和整理的过程。

(3) 诊断是旅行社对风险前兆、风险后果与各种原因进行评价与判断，从中找出风险主要成因及其损失规律的过程，这为拟定风险决策预案打下基础，是风险识别的关键。

3．旅行社风险识别的方法

识别旅行社经营风险的方法主要有以下三种。

(1) 业务流程法。按照旅行社业务流程的顺序，对每一个过程、每一个环节进行深入分析，发现其中潜在的风险，挖掘产生风险的根源。

(2) 风险调查分析法。旅行社通过现场观察和请教专家获得各种信息，以识别经营风险。

(3) 财务报表分析法。旅行社通过对资产负债表、损益表和现金流量表的研究与分析，以识别经营风险。

另外，图标分析法、事故树分析法等在旅行社风险识别中也能运用。

经典案例 10-4

未雨绸缪，爱在出行前

古语云，“行车走马三分险”。近年来，老年人出游比例逐年攀升，随之而来的是，旅游过程中突发疾病的风险也在逐年攀高。旅行社责任保险统保示范项目全国调处中心在2010年1月至2011年7月期间，共接到旅游人身伤害事件11 011件，其中突发疾病(包括慢性病急性发作)811件(抢救无效死亡198件)，占所有案件的7.36%。

出行前，应做到未雨绸缪，询问游客与旅游相关的个人健康信息。这是疾病风险防范工作的第一步，包括以下几个方面：

(1) 对身体基本情况的问询。主要针对50岁以上游客，询问是否有慢性疾病，目前状况怎样。对于有慢性疾病的游客，如实善意告知其旅游中可能因为劳累诱发疾病。必要时建议其到医院检查，确定是否适合本次旅游。

(2) 对旅游目的地适应情况的问询。主要针对高原地区的旅游，询问游客是否患有高血压、心脏病、气管、肺部疾病，这类游客对高原反应耐受力低，易导致原有疾病加重或高原反应猝死，如患有肺心病、支气管哮喘等忌讳去高原地区旅游。

(3) 对旅游行程适应情况的问询。主要针对旅游行程较长、周转劳累的线路，建议老年游客慎选，如陕西某旅行社组织游客海南桂林10日游，需连续乘坐48小时火车赶到海南，紧接着又乘汽车，转轮船到海口，游览结束后，又乘坐十几个小时火车赶到桂林。建议游客放弃或者调整行程中的交通工具，简化游程。

只有做好相关防范工作，减少乃至避免旅游行程中此类悲剧的发生，才能真正做到让旅行出游乐陶陶、无后忧。

资料来源：旅行社风险防范之突发疾病、猝死篇[EB/OL]，中国第一旅游网，[2011-09-05] http://www.toptour.cn/tabid/66/InfoID/32094/frtid/770/Default.aspx

【点评】法律规定旅游者、旅游经营者都有互相告知义务，特别是关于旅游过程中自身疾病的风险告知，要依赖于对游客的询问。不询问，就不掌握游客的个人健康情况，就无法尽到告知义务。一旦发生此类事件，游客遭受痛苦，旅行社遭受损失，可谓祸及多方。如能在出行前从游客身体基本情况、旅游目的地适应情况、旅游行程等多角度仔细问询，做到未雨绸缪，必能减少突发疾病带来的旅行社风险。

10.2.2 旅行社风险的评估

旅行社风险评估是在风险识别的基础上，对可能出现的各种不确定性及其可能造成的各种影响及其程度进行分析与评价，做出定性或定量的明确描述，为旅行社风险应对策略制定、风险预警、后续风险监测、风险控制等各管理环节提供最直接的决策信息。旅行社风险评估可采用定性与定量两种方法。

1. 风险损益的定性描述

根据经验与判断能力对旅行社风险损益特征、范围及时间进行定性分析，是评估旅行社风险的主要因素，其主要根据旅行社风险管理计划、已识别的风险因素与类型、历史经营数据等判断。

(1) 风险损益的特征是旅行社经营与管理中突发事件或经营损益的性质特点与内容，如对影响旅行社收入、市场占有、企业形象或信誉等变化的事件发生概率，可用“零风险”“很小”“中度”“一定的程度”“较大”等描述。

(2) 损益范围是指旅行社经营与管理活动中突发事件或损益发生的程度及其分布情况，可从收入、市场、声誉等角度划分为轻微、中等和严重等三个等级反映风险量的大小，其中每一等级还可以进一步划为不同的层级，从而可以对旅行社风险损益范围的程度进行评估；同时，深入分析突发事件涉及旅行社哪些经营与管理层面，哪些部门、经营领域和市场范围。

(3) 损益时间是旅行社经营与管理中突发事件或损益发生的时间类型及时间幅度，可分为即时发生、间断发生和很少发生等三种时间类型；时间幅度则是对损益延续时间与程度的描述，如有的旅行社一次经营活动所造成的损失，会与另一家旅行社一年发生的经营损失相同。

对旅行社风险损益特征的评估，是从主观上对各种旅行社风险损益进行比较的定性分析，通过这种比较确定风险损益的大小与数量，而不是现实数量，因此，评估的结果因评估的主体会存在较大的差异。

2. 风险损益的定量分析

对旅行社风险损益实现可能性的分析是从风险量的关系上研究旅行社风险发生的概率问题，可用风险概率评估法、期望值分析法、敏感性分析法等。

1) 风险概率评估法

旅行社风险概率是旅行社经营管理过程中，某种突发事件可能发生的机会。风险概率分析的数据依据主要来源于统计数据、理论分析和主观估计。统计数据是对旅行社风险历史观察统计的结果，是某旅行社风险发生的相对频率；理论分析是利用经营学、管理学的一般理论，来说明和确定产生某种旅行社风险的概率；主观估计是根据人的经验判断和对某种经营风险的主观认定而得出的概率。

旅行社对风险的概率、概率值与概率分布的分析确定是十分重要的。概率值在 0 与 1 之间变动，数值越高，某种风险发生的可能就越大，相反就越小。如果旅行社将所有可能产生损益的事件或结果都列举出来，并确定其发生的概率值，便可以得知概率分布情况。旅行社可以利用风险发生可能性的概率分布来研究经营与管理方案，从中选优。

经典例题 10-1

某旅行社考虑两个营销方案，方案中根据旅游市场状态和产生风险的概率所列经营成果如表 10-1 所示，当 A、B 两个营销方案中的各个可能的结果乘以对应的发生概率并相加，便可得出经营利润的期望值。

表 10-1 旅行社经营成果

市场状态	A 方案/万元		B 方案/万元	
	发生概率	经营利润	发生概率	经营利润
衰退	0.3	70	0.3	10
正常	0.5	90	0.5	110
繁荣	0.2	130	0.2	170

计算如下：

A 方案期望利润 $0.3\times70+0.5\times90+0.2\times130=92$(万元)

B 方案期望利润 $0.3\times10+0.5\times110+0.2\times170=92$(万元)

分析：虽然两个经营方案的期望利润相等，都是 92 万元，但是，当市场状态发生变化时，两个经营方案利润变动是不同的。A 方案的变动范围为 70 万～130 万元，B 方案的变动范围为 10 万～170 万元。显然，B 方案的变动范围远远大于 A 方案的变动范围，从这个意义上讲 B 方案的经营风险要高于 A 方案。

2) 期望值分析法

期望值分析法是对某种旅行社风险的收益与成本差和另一种风险的收益与成本差进行比较，从而对旅行社风险的成本与收益进行科学的评估。用期望值法来评估旅行社风险，首先要根据各种信息资料确定不同方案的自然状态(市场状态或经营状态)、发生的概率以及损益值(经营收益或者经营成本)，列出比较分析表；其次，根据比较分析表计算各种方案的期望值；最后，根据风险控制目标，比较各个方案经营风险的大小，选取较优的经营方案。

经典例题 10-2

某旅行社准备向市场推出 A 、B 、C 三种不同的旅游产品。根据经营的历史资料分析，每种产品的销售收入可分为较好、一般和较差三种情况。这三种情况发生的概率分别为 0.20、0.40 和 0.40，其各种产品经营收益见表 10-2。

表 10-2 旅行社产品经营收益

旅游产品	客源市场形势较好	客源市场形势一般	客源市场形势较差	年经营收益期望值/万元
概率	0.20	0.40	0.40	
A	60	40	30	
B	80	55	25	
C	100	60	0	

计算如下：

A 方案期望利润 0.2×60＋0.4×40＋0.4×30＝40(万元)

B 方案期望利润 0.2×80＋0.4×55＋0.4×25＝48(万元)

C 方案期望利润 0.2×100＋0.4×60＋0.2×0＝44(万元)

分析：根据上表比较计算结果，三种产品中 B 产品年收益期望值最大，经营风险最小；A 产品年收益期望值最小，经营风险最大。因此，应选择 B 产品作为经营重点。

3) 敏感性分析法

敏感性分析法是研究不确定因素一定幅度的变化，对旅行社经营管理结果的影响程度，是从敏感性因素变化的可能性，以及测算的误差来评价旅行社风险的大小。敏感性分析可以是单因素敏感性分析，也可以是多因素敏感性分析。单因素敏感性分析是假定在旅行社经营活动中，只有一个不确定性因素发生变化时，对经营管理活动所产生的风险或影响程度；多因素敏感性分析是假定在两个或两个以上不确定性因素同时发生变化时，对旅行社经营活动所产生的风险或影响程度。

在敏感性分析中，首先要确定敏感性分析的评价指标，确定什么因素作为敏感性分析的主要不确定性因素；其次将选定的不确定性因素按一定幅度变化(如 10%或 20%)，计算出相应的评价指标变动结果；最后将各种评价结果进行排列，做出旅行社风险情况的大致估计。

经典例题 10-3

某旅行社准备新开辟一条旅游线路，资金占用额为 400 万元，预计月发团量为 220 人次，单位售价 3800 元/人次，成本费用 3400 元/人次。试问售价、发团量和成本费用的变化，会对旅行社的资金利润率产生怎么样的影响？

(1) 在敏感性因素不变的情况下，该旅游产品的年利润及资金利润率为：

年营业收入总额＝12×月发团量×单位人次售价＝12×220×3800＝1003.2(万元)

年总成本费用＝12×月发团量×单位人次成本费用＝12×220×3400＝897.6(万元)

年利润＝年营业收入总额－年成本费用总额＝1003.2－897.6＝105.6(万元)

资金利润率＝年利润总额÷资金占用额×100%＝105.6÷400×100%＝26.4%

(2) 售价变动对年利润和资金利润率的影响当产品售价提高10%时，则：

年收入总额＝12×220×3800×(1＋10%)＝1103.52(万元)

利润总额＝1103.52－597.6＝505.92(万元)

资金利润率＝505.92÷400×100%＝126.48%

当产品售价降低10%时，则：

年收入总额＝12×220×3500×(1－10%)＝831.6(万元)

利润总额＝902.88－897.6＝5.28(万元)

资金利润率＝5.28÷400×100%＝1.32%

分析：根据以上计算，旅游产品的售价是旅行社利润总额和资金利润率的敏感性因素。一旦产品售价下降，旅行社利润以及资金利润率会大幅度下降并可能出现亏损。因此，售价是高度敏感性因素。

(3) 成本费用的变动对旅行社利润和资金利润率的影响程度如果成本费用降低10%，则：

年成本费用＝12×220×3400×(1－10%)＝807.84(万元)

利润总额＝1003.2－807.84＝195.36(万元)

资金利润率＝195.36÷400×100%＝48.84%

如果成本费用提高10%，则：

年成本费用＝12×220×3400×(1＋10%)＝987.36(万元)

年利润总额＝1003.2－957.36＝45.84(万元)

资金利润率＝45.84÷400×100%＝11.46%

分析：根据以上计算，当旅行社成本费用提高时，年利润总额和资金率会大幅度降低。因此，利润总额及资金利润率对成本费用的变化，同样具有高度的敏感性。

10.3 旅行社风险管理的目标与方法

风险管理作为企业的一种管理活动与方法，最早起源于美国，1929—1933年的经济大萧条让企业家们真正意识到风险管理的重要性。旅行社风险管理就是针对旅行社运营过程中存在的达到基本风险规模的风险进行全面的管理，通过风险识别、风险估测、风险评价等方式，准确了解风险的阶段与大小，正确处理获益与风险的关系，达到以最小的成本获得最大安全保障目标的管理过程。

10.3.1 旅行社风险管理的目标

风险管理是一项具有特殊意义和特定内涵的管理活动，旨在以最小的风险成本获得最大的安全保障，从而实现经济效益最大化。旅行社作为经济活动单位，其风险管理目标应符合成本最小化和利润最大化的管理目标。

1．维护旅行社及其员工的生存与发展

这是旅行社风险管理的首要目标，旅行社运营的前提是旅行社存在，因此，旅行社风险管理的首要目标是保障旅行社的存在及其发展，避免旅行社走向消亡。而旅行社员工是其运营的根本，因而旅行社风险管理应使旅行社及其员工在面临风险与意外事故的情形下能够维持生存，能够在面临损失的情况时得到持续发展，避免受到灾害损失的打击。

2．保障旅行社运营活动正常运转与收益稳定

这是旅行社风险管理的终身目标。风险会给旅行社带来不同程度的损益，有可能会影响或打破旅行社的正常运营，甚至停运。借助风险管理，一方面可以让旅行社树立风险意识，防患于未然；另一方面，建立风险管理制度，可以帮助旅行社迅速恢复正常运转，从无序走上有序，使旅行社较快实现稳定、持续增长的计划。

3．减少忧虑和恐惧，提供安全保障

这是旅行社风险管理的深层目标。旅行社风险的发生不但会导致财产损毁和人身伤亡，而且会给人们带来严重的忧虑和恐惧心理。实施风险管理能够尽可能地减少人们心理上的忧虑，增进安全感，创造宽松的生产和生活环境，或通过心理疏导，消减人们因意外灾害事故导致的心理压力。

4．风险成本最小化与旅行社效益最大化

这是旅行社风险管理的根本目标。由于风险的存在而导致旅行社效益损失，这就构成了风险成本。借助风险管理可以减少旅行社的风险成本，进而减少灾害损失的发生和旅行社现金流出，通过风险成本最小化而实现履行社会效益最大化。

10.3.2 旅行社风险管理的程序与方法

1．旅行社风险管理的程序

一个有效的旅行社风险管理程序应该包括以下几个步骤：

(1) 旅行社风险识别分析。旅行社的管理人员必须分析旅行社即将面临的风险，并对风险因素、外部环境、内部抗风险能力进行深入的分析。

(2) 旅行社风险评估。针对具体的旅行社风险问题(如旅行社财务风险、市场或者操作风险等)，对所搜集的损失资料进行详细分析，评估风险发生的概率和损益幅度。

(3) 旅行社风险防范。在风险发生之前，根据风险分析、风险辨识和风险推断的结果，采取超前的防范措施，如预先控制和消除风险隐患、回避风险、进行风险分散与转移、购买保险、寻求联合以分摊风险等。

(4) 旅行社风险处理。根据安全指标衡量风险程度，确定旅行社风险是否要处理及处理程序，以尽量减少风险损失。

(5) 旅行社风险管理效果评价。是对风险管理防范及处理方法适用性及其收益性情况的分析、检查、修正和评估。

这五个步骤构成了一个风险管理的周期。

2. 旅行社风险管理的方法

旅行社面临的风险多是可以通过一定方法加以预测与管理的，因此，对旅行社风险进行适当的管理是可行的，也是非常有必要的。

(1) 树立风险意识，预防风险。风险意识反映员工对旅行社面临风险的认知和敏感程度。旅行社风险广泛存在，需要旅行社全员意识到自己正面临着许多可控或不可控的风险。旅行社的经营者可以通过教育、培训等方式不断提醒员工，提高员工的责任意识与风险意识，并真正发挥到工作中保持应有的职业谨慎，预防风险。

(2) 采取有效措施，回避风险。在特定的条件和环境中，可综合考虑潜在的风险因素及自身的风险承受能力，选择中止或放弃某种决策方案、调整或改变决策方案来回避潜在的风险，减少风险对旅行社的冲击。回避风险需要在风险认知的基础，客观、准确地分析旅行社面临的风险属性及其大小。

(3) 采取适当策略，转移风险。虽然旅行社可以通过自身的资源来主动承担一部分风险及其损失，但自留风险的策略对旅行社的冲击相对比较大，适合于实力雄厚的旅行社。而通过转移风险，可将风险及其可能造成的损失全部或部分转移给他人，适合于绝大多数的旅行社。通过转移风险而得到保障，是应用范围最广、最有效的风险管理手段，旅游保险就是其中之一。

经典案例 10-5

“旅责险”统保示范项目有效转移旅行社风险

2011 年 8 月 15 日，哈尔滨一旅游团在长春发生车祸，4 名台湾同胞死亡，2 人重伤。事故发生后，旅行社当即向投保旅行社责任保险(以下简称“旅责险”)的江泰保险经纪股份有限公司(以下简称“江泰”)400 电话中心报案，江泰哈尔滨分公司调处人员随即赶赴现场查勘，当晚赴医院查看游客伤情，先行垫付 40 万元，以确保伤员及时获得救治。

次日，江泰哈尔滨分公司调处人员和旅行社负责人一同赶往长春，协调相关保险公司预付了 150 万元，极大地缓解了旅行社事故处理的资金压力，为妥善处置事故赢得了宝贵时间。

2010 年，在保监会支持下，国家旅游局和江泰携手推出了旅责险统保示范项目，按照“市场运作、政策引导、企业参与”原则首创了国内第一个行业性的全国性旅责险统保项目。

截至 2011 年 6 月 30 日，全国有旅行社的 343 个城市中，311 个城市启动了旅责险统保示范项目，全国旅行社的投保率达到 58.15%，总保费超过亿元。

资料来源：旅责险迎来转机：逾半数旅行社全国统保[EB/OL]，中国保险网，http://www.traveldaily.cn/article/53986_1.html

【点评】国家旅游局推荐的旅责险统保示范项目，是切实将旅行社责任保险与旅行社风险防范及风险管理的相结合，确保让旅行社的旅游意外风险责任，能得到最大限度的转移。同时，受托保险经纪人创新设置了“专项基金保障项目”，打破“先定责、后理赔”的陈规，急旅行社之所急的充分负责态度，是有效缓解旅行社在发生意外的情况下，旅行社及时得到有效救助与最大限度转移意外风险损失的可靠保证。

本章小结

旅行社经营中的风险是难免的，旅行社的风险是可以识别的，其影响是可以评估的。

在旅行社风险概念部分，主要介绍了风险的内涵与旅行社风险的内涵、旅行社风险三要素(风险因素、风险事故和风险损失)、旅行社风险的四种特征、旅行社风险的类别(行业风险和经营风险)。

在旅行社风险的识别与评估部分，首先介绍了旅行社风险的识别，涉及旅行社风险识别的程序、旅行社风险识别的方法，然后介绍了旅行社风险的评估、定性描述及三种定量分析方法。

在旅行社风险管理的目标与方法部分，提出作为经济活动单位，旅行社的风险管理目标应符合成本最小化和利润最大化的管理目标，建立有效的风险管理程序和方法。

通过本章的学习和阅读，读者应当认识到旅行社经营中的风险不可避免，但是又是可控可防的，只要掌握了有效的方法，本着合理的管控目标，就有助于实现风险管理的目标。

练习与思考

一、单项选择题

1．旅行社风险的基本构成要素不包括(　　)。

A．风险因素　　B．风险事故　　C．风险结果　　D．风险损失

2．以下属于旅行社经营风险的是(　　)。

A．由于旅行社员工操作、跟团过程管理、道德诚信等人为失误而导致损失

B．因旅行社的行业壁垒相对较低，其他企业容易参与旅行社市场的竞争

C．对旅游饭店、旅游交通、旅游餐饮等相关产业的依赖，造成旅行社产品质量风险的不确定

D．旅行社受政府的产业政策、财税政策、关税政策等的影响

3．风险处理的方法不涉及(　　)。

A．规避风险　　B．预防风险　　C．分散风险　　D．转嫁风险

4．不属于旅行社风险特征的是(　　)。

A．不确定性与可控性　　B．关联性与发展性

C．相对性与扩张性　　C．偶然性与突发性

5．政府的产业政策、财税政策、关税政策等的影响属于(　　)。

A．旅行社经营风险　　B．旅行社行业风险

C．旅行社管理风险　　D．旅行社潜在风险

6．旅行社风险识别管理的正确程序是(　　)。

A．识别—评估—防范—处理　　B．防范—识别—评估—处理

C．识别—防范—评估—处理　　D．评估—防范—识别—处理

7．(　　)是对某种旅行社风险的收益与成本差和另一种风险的收益与成本差进行比较，从而对旅行社风险的成本与收益进行科学的评估。

A．概率评估法　　B．期望值分析法

C．敏感性分析法　　D．要素分析法

8．旅行社风险管理的目标不涉及(　　)

A．维护旅行社行业的正常秩序

B．保障旅行社运营活动正常运转与收益稳定

C．减少忧虑和恐惧，提供安全保障

D．风险成本最小化与旅行社效益最大化

二、名词解释

1．旅行社风险的内涵

2．旅行社风险的识别

3．旅行社风险的评估

三、简单题

1．列举三种识别风险的方法。

2．风险评价应注意什么问题？

3．旅行社削价竞争行程的原因有哪些？如何维护旅行社市场的良性循环？

四、思考题

××旅行社的业务以地方接待为主，后因与其长期合作的某组团社拖欠接待费用，导致该社流动资金不足，影响旅行社正常经营。应采取哪些措施，可减少旅行社经营风险？

补充阅读

埃及热气球爆炸9名香港同胞遇难

2013年2月26日，一个载有21人的热气球在埃及旅游城市卢克索上空爆炸。事故共造成19名游客死亡，其中包括9名中国香港游客，另有4名日本人、3名英国人、2名法国人和1名埃及导游，另外一名英国游客在被送往卢克索当地医院后因伤势过重不治身亡。

当地经营热气球飞行的多家企业代表艾哈迈德·阿布德证实，热气球驾驶员和一名游客在坠地前跳出吊篮，幸免于难。中国香港胜景游旅行社组织的旅行团里面共有9位旅客死亡，其中包括4名男子、5名女子，年龄为33岁至62岁，分别来自三个家庭，他们与其他6名香港游客共同参与了此次为期10天的埃及之旅。团中另外6名中国香港游客因为没有参加该自费项目而幸免于难。

卢克索的旅游公司负责人表示，热气球升空后，由于球体内压力过大，升空高度过高，引擎火焰碰触到球壁，导致球体起火爆炸。另据英国《镜报》网站报道，有报告称，事故发生的原因是着陆时工人试图拉扯气球的绳子，结果导致气罐的软管被扯断，之后气罐爆炸，气球迅速升至400米处并起火。

9名在埃及卢克索热气球坠落事件中遇难的中国香港游客中有6人虽然购买了旅游保险，但热气球活动不在保单的承保范围之内，将不获得赔偿。在招商局网站上可以查询到的旅游保险介绍中列明，空中活动(跳伞除外)不在保障范围之内，招商局保险不会赔偿由此类事故直接地或间接地引起、发生或随之而发生的损失。而另外3名遇难游客则是通过涉事旅行社胜景游购买的忠利保险有限公司承保的保险计划，热气球活动在承保范围之内，包括人身意外(最高赔偿额50万港元)，遗体运返(赔偿额为运送费用)及恩恤保障(最高赔偿额5万港元)。

中国香港保险业总工会理事长张伟良对记者表示，本次事故原因如果是机械故障或者操作失当，遇难者家属都有权透过外交部门的协助向卢克索当地的热气球公司索赔。

中国国际旅行社国内部副总经理孙立群表示，目前在国内的各大景区很少存在乘坐热气球的项目，仅云南腾冲等西部景区才会有。而在旅行社的行程中，像这种乘坐热气球的活动是不安排在规定行程中的，只是作为自费项目由游客来自行选择参加与否。而且在合同中，旅行社也会提示游客，如果要参加热气球、骑马等高风险活动，建议购买额外的相应保险。

资料来源：田虎，商西．埃及热气球爆炸9名香港游客遇难[EB/OL]．中青在线，http://article.cyol.com/lvyou/content/2013-02/27/content_7950648.htm；
埃及热气球爆炸遇难9港人中6人将不获旅游保险赔偿[EB/OL]．中青在线，http://article.cyol.com/lvyou/content/2013-02/28/content_7960767.htm)。

讨　论

1. 该事故发生的是哪一类的旅游风险？有什么特征？
2. 该旅游事故9名游客中，3名获赔，6名不获赔，为什么会有不同的处理结果？
3. 随着中国经济的蓬勃发展，中国公民出境游越来越多，各种风险将难以预测，如何防范、如何规避，你有什么新的见解？

第 11 章　旅行社战略管理

学习目标

知识目标	技能目标
1. 了解战略的概念及层次，理解战略管理的内涵 2. 了解旅行社战略管理的规划、选择的含义 3. 掌握旅行社战略管理的具体操作程序 4. 掌握旅行社战略管理的控制方法与策略	1. 掌握旅行社战略的类别与作用 2. 熟悉战略管理的基本程序和基本原则 3. 了解战略管理的分析方法——PESTEL 分析法、竞争因素分析法、BCG 矩阵分析法、价值链分析法、SWOT 分析法 4. 了解成本领先战略、一体化成长战略、集中化战略、国际化战略、差异化战略

知识结构

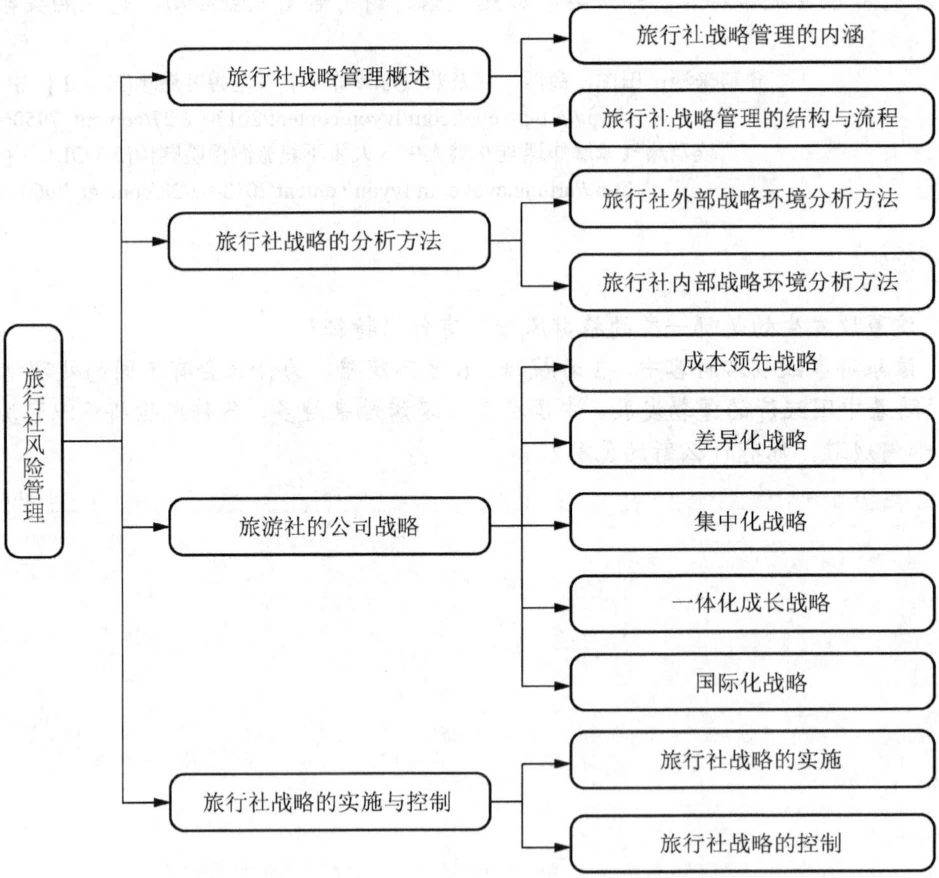

导入案例

肯德基在中国飞速发展

肯德基是来自美国的世界第二大、中国最大的快餐店。1987年11月12日，中国第一家肯德基餐厅在北京前门开业，开始了在这个世界最多人口国家的快速发展史，1992年10家，1996年100家，2004年1000家，2010年6月达到了3000家。这得益于它在华恰当的发展战略。

产品上，肯德基严格坚持了产品的品质规定，无论是对选料，还是对加工的规格形状、产品分量、烹煮时间以及口感，都有严格的要求。其次突出"家庭成员的消费"观念，推出符合中国人口味的"辣鸡翅"、"鸡腿堡"，中国人饮食习惯的芙蓉蔬菜汤、榨菜肉丝汤，以及有中国地域特色食品的老北京鸡肉卷、川辣五方牛肉卷，中国消费者们最熟悉的早餐食品豆饼、油条和豆浆。

价格上，普遍采用组合定价，将主餐或配餐、甜点饮料等合理搭配，发放优惠券给顾客，适当调低价格，既达到促销目的，同时也使点餐速度大大提高。其次，肯德基一直坚持"合适的价格与合格的产品"路线，产品价格在很长时间里基本持平。即使在成本上升的时候，肯德基通过非常巧妙的做法——改变套餐组合、推出新产品，从而完成对上升成本的调控，而这种价格的细微变化使消费者难以感觉。

渠道上，肯德基打入中国市场首先集中精力占领辐射能力最强的大城市。其次为了促进肯德基在中国稳步发展，肯德基改变了"从零开始经营"传统，实行"非零开始特许加盟"在中国实现了快速的扩张。

媒介推广上，针对中国人重团圆，重感情特点，肯德基巧妙地将情感表现融入产品宣传，将亲情、爱情、友情与产品牵线，将产品的特色融于简洁的系列故事情节中。

人力资源管理和跨文化管理上，肯德基还设立培训机构，对100%本地化的中国本土员工进行系统培训；针对中国人力资源市场特点，为员工提供养老保险，大病保险及失业保险和雇主责任险。

资料来源：根据肯德基官方网站(http://www.kfc.com.cn/kfccda/index.aspx)整理而成

【点评】肯德基在中国的成功，源于其针对中国市场的特点，发展并坚持实施了本土化战略(品牌、菜单、原材料、人力资源)，加上成功地的价格策略、营销渠道策略等，从而成为中国最大的快餐店。没有合适的发展战略，不对发展战略进行有效的管控，企业的成长与扩张是难以想象的。

11.1 旅行社战略管理概述

11.1.1 旅行社战略管理的内涵

1. 旅行社战略的概念

(1) 战略的概念。战略最早应用于军事领域，指作战的谋略。《辞源》释为"依据敌对双方的军事、政治、经济、地理等因素，照顾战争全局的各方面，规定军事力量的准备和运用”，是对战争全局的筹划和指挥。孙子曰：“兵者，国之大事也。死生之地，存亡之道，不可不察也。”

知识链接

战略的由来

战略“strategy”一词源于希腊语“strategos”，意为“将兵术”“将道”。后来演变成军事术语，指军事将领指挥军队作战的谋略。在中国，“战”指战争，略指“谋略”，春秋时期孙武的《孙子兵法》被认为是中国最早对战略进行全局筹划的著作。20 世纪 60 年代，战略思想开始运用于商业领域，并与达尔文“物竞天择”的生物进化思想共同成为战略管理学科的两大思想源流。在现代“战略”一词被引申至政治和经济领域，其含义演变为泛指统领性的、全局性的、左右胜败的谋略、方案和对策。

(2) 旅行社战略的概念。将战略思想运用于旅行社经营与管理，便产生了旅行社战略的概念。旅行社战略思想萌芽于 20 世纪 30 年代，形成于六七十年代，管理学家和战略学家从不同角度，形成自己的观点，总结出旅行社战略管理的基本要素，即目标、手段和条件。

旅行社战略是在充满变化和竞争的环境中，旅行社为谋求长期生存与发展而实施的既定的长期经营目标，选择实现目标的途径和取得竞争优势的方针对策所进行的谋划。

知识链接

中外旅行社战略著名人物及其影响

安索夫(Ansoff)被管理学界尊称为战略管理的鼻祖，他在战略管理中的特殊地位源于他对战略管理(Strategic Management)的开创性研究，他首次提出了公司战略概念、战略管理概念、战略规划的系统理论、旅行社竞争优势概念，以及把战略管理与混乱环境联系起来的权变理论。

美国哈佛大学教授迈克尔·波特(Michael E. Porter)是当今全球第一战略权威，被誉为“竞争战略之父”，他所提出的“五种竞争力量”“三种竞争战略”受到了全世界知名跨国旅行社的广泛学习和应用。

加拿大麦吉尔大学明茨博格教授(H. Mintzberg)认为，人们在不同的场合以不同的方式赋予战略不同的内涵，说明人们可以根据需要来接受各种不同的战略概念，即战略是计划(Plan)、计谋(Ploy)、模式(Pattern)、定位(Position)、观念(Perspective)。只不过在正式使用战略概念时，人们只引用其中的一个罢了。

此外，我国的刘冀生、郎咸平、赖伟民、徐二明等被广泛认为是中国旅行社战略管理的领军人物。

2. 旅行社战略管理的概念

旅行社的战略管理是指对旅行社战略的管理，即对战略目标形成、战略对策的制定和战略方案实施的整个过程进行计划、组织、指挥、协调、控制的活动。

对该概念的理解应当包括：第一，战略管理不仅涉及战略的制定和规划，而且也包含着将制定出的战略付诸实施的管理，因此是一个全过程、全面的管理；第二，战略管理不是静态的、一次性的管理，而是循环、往复的动态管理过程。

旅行社是在一个动态的市场环境中生存和发展的，旅行社为了自身能更好更稳定规范的发展，在做好日常的常规管理的同时，必须具备未雨绸缪、预知态势的战略管理能力。

3. 旅行社战略管理的特征

(1) 在空间上具有全局性。旅行社战略管理是以旅行社全局的发展需要、规律为研究对象，必须关系到旅行社的整体，而不是强调旅行社某一事业部或某一职能部门的重要性。

(2) 在时间上具有长远性。战略管理是面向未来的管理，相对于旅行社未来较长时期(3 年以上或 5～10 年)内的旅行社如何生存与发展的统筹策划。

(3) 在管理上具有权威性。旅行社战略管理的主体是旅行社的高层管理人员，高层管理人员不仅能够统观旅行社全局，了解旅行社的全面情况，而且具有对战略实施所需资源进行分配的权力。

(4) 在资源上具有优化配置性。旅行社战略管理是一个长期的、动态的管理过程，涉及旅行社大量资源的配置问题，为保证战略目标的实现，对旅行社的资源进行统筹规划，合理配置。

(5) 在环境上具有适应性。在现代旅行社所处的开放系统中，受内外部环境中诸多因素的影响。旅行社要使自己占据有利地位并取得竞争优势，就必须考虑到各方面相关因素。

4. 旅行社战略管理的类别

旅行社的战略来源于经营实践需要，从不同角度出发，可以实施多种战略管理。

(1) 一般战略分类。一般战略可以从公司的不同层次、主要负责的职能、战略涉及范围与重要性及时间长短四个方面进行分类，见表 11-1。

表 11-1 旅行社一般战略类别

依 据	主要战略体现
按层次分	①公司层战略：它是旅行社战略管理的总纲，是旅行社最高管理层指导和控制整个旅行社的一切行为的最高行动纲领。 ② 经营单位战略(事业部战略)：它是旅行社内部各经营单位在旅行社总体战略指导下，经营管理每一个特定的经营单位的战略计划。 ③ 职能战略：它是为贯彻、实施和支持总体战略与经营单位战略而在旅行社特定的职能管理领域制定的战略

续表

依　据	主要战略体现
按职能划分	市场、产品、技术、人才、信息等职能战略
按战略范围及重要性划分	总体战略、一般战略、附属战略
按时间划分	长期、中期、短期战略

(2) 发展战略分类。从职能看，现代旅行社战略主要的是如何在市场中适应竞争环境，取得有利于自己发展的竞争环境，以及实现既定的战略目标，包括如何满足市场竞争需要，如何保证技术创新以及实施多样化发展以谋得更大的发展空间，见表 11-2。

表 12-2　旅行社发展战略类别

类　别	适用对象	主要战略体现
市场竞争战略	现有技术单一产品	①低成本战略：规模经济性、价格大战；供给条件：相似技术与产品；需求条件：收入低、价格弹性大、需求偏好相似。 ② 差异化战略：在消费者心理形成不可替代印象；避开价格大战。 ③ 焦点战略：完全不可替代性
技术创新战略	降低成本或产品更新	①率先创新战略：投资高、利润大、风险高。 ② 模仿战略：投资少、利润低、风险低
多样化战略	范围经济性、一体化战略	①横向多样化战略：多个产品处于同一加工水平。 ② 纵向多样化战略：多个产品处于不同加工水平、上下游。 ③ 多向多样化战略：技术相关性、市场相关性、无关性

5. 战略管理的价值

(1) 有利于旅行社建立长远的发展方向和奋斗目标，并能在经营中兼顾当前和长远发展，做到增强后劲，持续成长。

(2) 有利于旅行社明确自己在市场竞争中所处的地位，制定并实施有效的经营战略，提高旅行社的竞争能力。

(3) 有利于提高旅行社在管理思想、管理组织、管理人员、管理方法和管理手段等各方面实现现代化，全面推动旅行社管理现代化进程。

6. 旅行社战略管理的风险

(1) 战略确定了旅行社发展的基本方向和目标。对于旅行社，正确的方向是重要的，但面对复杂多变的外部环境，如果战略方向不能与外部环境及时保持一致，也会掩盖潜在的危险。

(2) 战略注重集体行动的协调性，但行动的过度集体化将导致“团体思维”，这就失去了外围眼光，也就失去了其他获得成功的可能性。

(3) 战略和理论不是现实本身，而是现实在人们头脑中的反映(或抽象)。没有人能触摸或看见战略，这就意味着每一个战略都有可能错误地反映现实或歪曲现实，形成战略代价。

7．旅行社战略管理的基本原则

旅行社实施战略管理不是心血来潮，不是盲目地开展，而是需要坚持相关的原则。

(1) 适应环境原则。战略的制定一定要注重旅行社与其所处的外部环境的互动性，来自环境的影响力在很大程度上会影响旅行社的经营目标和发展方向。

(2) 全程管理原则。旅行社的战略是一个动态过程。在这个过程中，各个阶段互为支持、互为补充，忽略其中任何一个阶段，旅行社战略管理都不可能成功。

(3) 整体最优原则。战略管理要将旅行社的战略策略视为一个整体来处理，要强调整体最优，而不是局部最优。战略管理不强调某一局部或某一部门的重要性，而是通过制定旅行社的宗旨、目标来协调各单位、各部门的活动，使它们形成合力。

(4) 全员参与原则。由于战略管理是全局性的，并且有一个制定、实施、控制和修订的全过程，所以战略管理绝不仅仅是领导和战略管理部门的事，在战略管理的全过程中全体员工都将参与。

(5) 反馈修正原则。战略管理涉及的时间跨度较大，一般在五年以上。战略的实施过程通常分为多个阶段，因此分步骤地实施整体战略。在战略实施过程中，环境因素可能会发生变化。此时，只有不断地跟踪反馈方能保证战略的适应性。

(6) 从外往里原则。卓越的战略制定是从外往里，而不是从里往外。

11.1.2 旅行社战略管理的结构与流程

1．旅行社战略管理的结构

从结构上看，旅行社战略管理包括实现愿景(Vision)、使命(Mission)、价值观(Basic Philosophy)、各阶段战略目标与衡量指标(Objectives and Indicators)、战略策略(Policies)及战略实施(Execution)几个环节，构成金字塔结构，如图 11.1 所示。

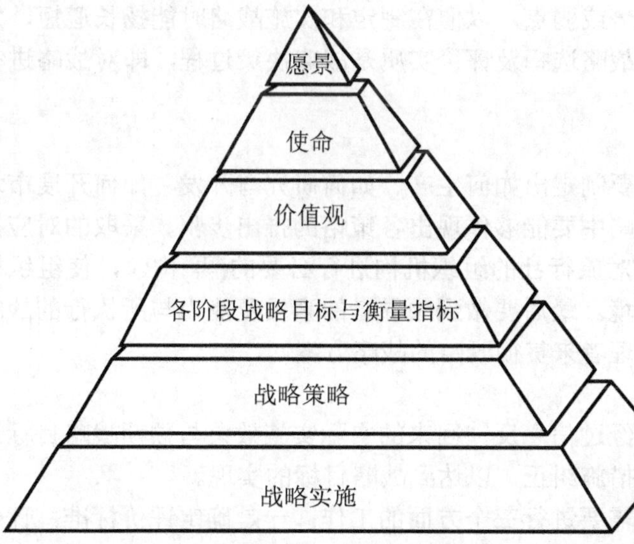

图 11.1 旅行社战略结构图

其中愿景是旅行社付诸行为的根本，是一切行为的起点。战略实施则包含了复杂的战略分析(Strategic Analysis)、战略选择(Strategic Options)、战略形成(Strategic Formulation)、战略评估(Strategic Evaluation)、战略执行(Strategic Implementation)以及战略控制(Strategic Control)等内容。

2. 旅行社战略管理的流程

一个规范的、全面的战略管理过程可大体分解为四个阶段：战略规划、战略实施、战略控制、战略修正，如图 11.2 所示。

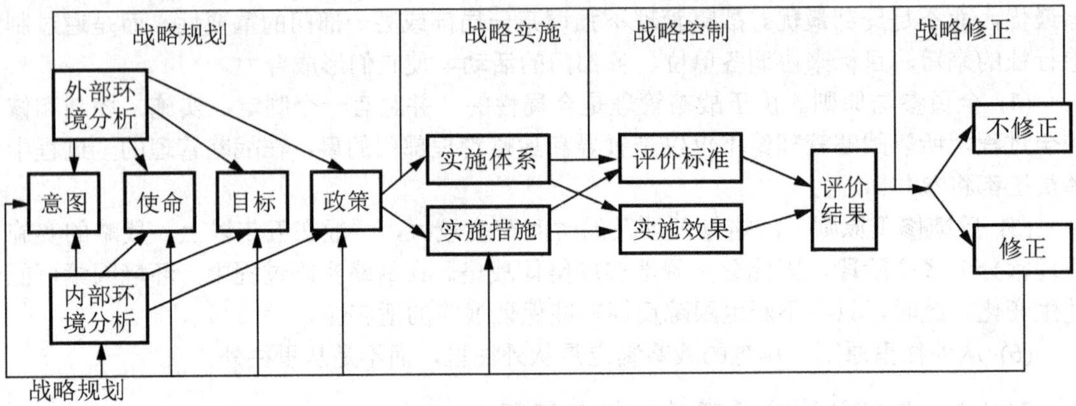

图 11.2 战略管理流程图

资料来源：秦远建．旅行社战略管理[M]．北京：清华大学出版社，2003.2：25

1) 战略规划

首先要进行战略分析。战略分析即要做到“知己”“知彼”，是旅行社对战略环境进行分析、评价，并预测这些环境未来发展的趋势及其可能对旅行社造成的影响，目的在于发现旅行社所具备的优势或弱点，以便在制定和实施战略时能扬长避短、发挥优势。其次进行战略选择及评价。战略选择及评价实质是战略决策过程，即对战略进行探索、制定以及选择。

2) 战略实施

战略实施首先需要制定出如何生产、如何研究与开发、如何开展市场营销，以及财务安排等。这些职能策略中要能够体现出各策略的推出步骤、采取的对应措施，以及大体的时间安排等。其次要对旅行社的组织机构进行必要的(再)构建，使组织机构能够为战略实施提供一个有利的环境。最后要做到领导者的素质及能力与所执行的战略相匹配，即挑选合适的旅行社高层管理者来贯彻既定的战略方案。

3) 战略控制

战略控制就是将经过信息反馈回来的实际实施效果与预期战略目标进行比较，检测偏离程度，并采取相应措施纠正，以达到战略目标的实现。

实施战略控制，需要进行三个方面的工作：一是确定评价标准。评价标准是用以衡量战略执行效果的指标体系，这是衡量战略运行过程中是否统一、平衡，风险是否得到控制和规避、战略实施的相对稳定性如何、战略资源是否匹配等。二是实际工作效果。检测战略执行中实际工作效果是否达到目标的综合要求。三是评价工作。用所取得的实际成果和战略目标相比较，并需要分析差距产生原因，及时有效地采用纠正措施。

4) 战略修正

战略修正是在战略执行中产生的实际结果和预期目标有明显差距时采取的对战略方案的修改。如果无战略执行效果与预期目标差异不明显，则无须修改。这种修改不是一时的，而是按照周期不断地调整修改，周期不宜过长也不宜过短，一般以年为周期。

11.2 旅行社战略的分析方法

11.2.1 旅行社外部战略环境分析方法

外部环境分别从企业外部宏观环境、行业环境及经营环境三个领域进行分析，如图 11.3 所示。

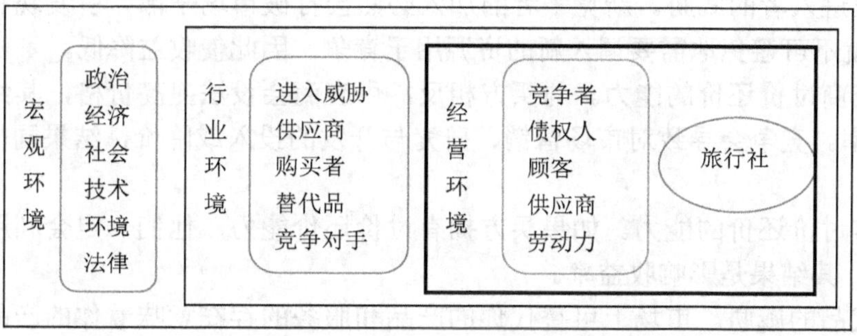

图 11.3 旅行社外部环境分析模型图

资料来源：胡大立，陈明．战略管理[M]．上海财经大学出版社，2012.7.

1．外部宏观环境分析法

外部宏观环境分析法也叫 PESTEL 分析法，即要分析：政治因素(Political)，包括政治力量、政治环境等因素；经济因素(Economic)，包括经济结构、产业布局、资源状况、经济发展水平、未来经济走势等；社会因素(Social)，包括社会历史发展、文化传统、价值观念、教育水平、风俗习惯等；技术因素(Technological)，包括新发明、新技术、新工艺、新材料发展趋势及应用前景；环境因素(Environmental)，包括资源环境；法律因素(Legal)，包括法律、法规、司法状况及公民法律意识等。

2．行业环境分析法

行业环境分析源自著名战略大师迈克尔·波特的“五力模型”。该模型表示在一个行业中存在着五种基本的竞争力量，这五种力量此消彼长，共同作用决定了该行业的竞争强度和盈利能力，如图 11.4 所示。

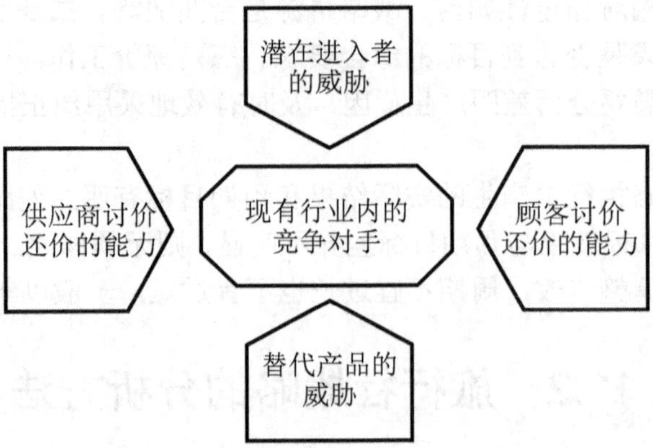

图 12.4 行业环境“五力模型”图

这五种力量具体介绍如下。

(1) 现有行业内的竞争对手。往往反映竞争的激烈程度。

(2) 潜在进入者的威胁。新竞争者的加入必然会打破市场平衡，引发现有竞争者的竞争反应，也就不可避免地需要调入新的资源用于竞争，因此使收益降低。

(3) 供应商讨价还价的能力。与买方相反，供应商会设法提高价格，其结果同样会影响你的收益率。竞争会导致对市场营销、研究与开发的投入或降价，结果同样会减少你的利润。

(4) 顾客讨价还价的能力。如果买方拥有讨价还价能力，他们一定会利用它。这会减少你的利润，其结果是影响收益率。

(5) 替代品的威胁。市场上可替代你的产品和服务的存在意味着你的产品和服务的价格将会受到限制。

3．竞争环境分析法

竞争环境则着重针对自身在市场中的竞争状态进行分析，它包括竞争者分析，需要识别自己的竞争对手，并对自己的竞争地位进行评估；细分消费者，主要是根据四类变量(地理变量、人口变量、心理变量和购买行为变量)来对所选择市场进行细分，做好市场定位；供应商之间竞争，对于自己的下游企业需要分析评价他们的产品价格是否有竞争力、生产标准是否有竞争力、在供应商的供应保障能力、信誉和服务等方面是否具有竞争力、在市场中与旅行社是否存在相互依赖关系等；债权人，对于自己融资，债权人是否拥有充足的流动资本，能否接受公司的融资条件，能否帮助公司预测竞争态势并获得所需要的资金支持，贷款条件是否与公司的盈利目标相一致，对公司的信用评级如何，是否会扩大贷款额度等；人力资源，对自己需要的技能员工的可获得性(人口总量、符合条件的潜在员工的数量、素质等)、旅行社的吸引力(公司的声誉品牌、职业匹配度与职业生涯发展前景等)。

11.2.2 旅行社内部战略环境分析方法

旅行社的内部环境分析有针对产品本身在市场中的成长状态——BCG 矩阵分析法，产品的利益辐射链——价值链分析法以及旅行社在市场中的竞争态势——SWOT 分析法。

1. BCG 矩阵分析法

BCG 矩阵分析法即波士顿矩阵，是由美国大型商业咨询公司——波士顿咨询集团(Boston Consulting Group，BCG)首创的一种规划旅行社产品组合的方法，其矩阵模型如图 11.5 所示。

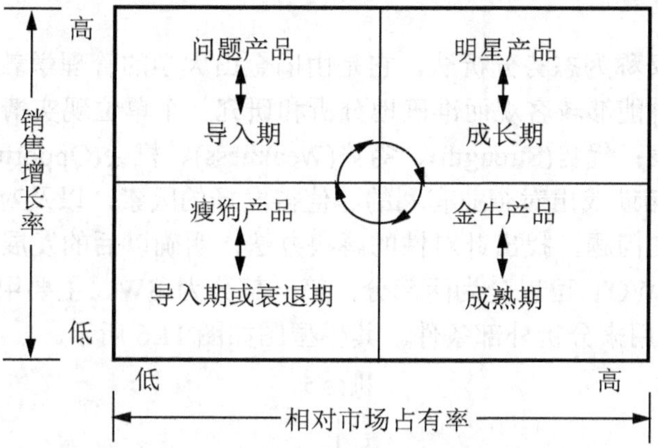

图 11.5 BCG 矩阵模型图

在图 11.5 的坐标图上，以纵轴表示旅行社销售增长率，横轴表示相对市场占有率，将坐标图划分为四个象限，依次为“问题产品”“明星产品”“金牛产品”“瘦狗产品”。使用中，旅行社可将产品按各自的销售增长率和市场占有率归入不同象限，保持“问题”“明星”“金牛”和“瘦狗”产品的合理组合，实现产品及资源分配结构的良性循环。

明星产品是高增长率、高市场占有率象限内的产品群，这类产品可能成为旅行社的金牛产品，需要加大投资以支持其迅速发展；金牛产品又称厚利产品，体现为低市场成长率、高相对市场份额，这类产品是成熟市场中的领导者，它是旅行社现金的来源，对这一象限内的大多数产品，市场占有率的下跌已成不可阻挡之势，因此可采用收获战略，即所投入资源以达到短期收益最大化为限；问题产品属于高增长率、低市场占有率象限内的产品群，前者说明市场机会大、前景好，而后者则说明在市场营销上存在问题，其财务特点是利润率较低，所需资金不足，负债比率高，对问题产品应采取选择性投资战略；瘦狗产品也称衰退类产品，它是处在低增长率、低市场占有率象限内的产品群，其财务特点是利润率低、处于保本或亏损状态，负债比率高，无法为旅行社带来收益。

2. 价值链分析法

价值链分析(Value Chain Analysis，VCA)最早是由美国哈佛商学院迈克尔·波特教授提出来的，是一种确定旅行社竞争优势的基本工具。价值链的范畴从核心旅行社内部向前延伸到了供应商，向后延伸到了分销商、服务商和客户。价值链是一种高层次的物流模式，由原材料作为投入资产开始，直至原料通过不同过程售给顾客为止，其中做出的所有价值增值活动都可作为价值链的组成部分。

旅行社价值链有其自身特点：其一，价值链分析的基础是价值，而不是成本。其二，价值链主要由各种价值活动构成，价值活动是旅行社从事的物质和技术上的界限分明的各项活动。其三，价值链显示的是总价值。其四，旅行社的价值链不是孤立存在的，而是体现在更广泛的价值系统中。其五，在同一产业中，不同的旅行社具有不同的价值链。其六，对同一个旅行社而言，在不同的发展时期会具有不同的价值链。

3．SWOT 分析法

SWOT 分析法又称为态势分析法，它是由旧金山大学的管理学教授于 20 世纪 80 年代初提出来的，是一种能够较客观而准确地分析和研究一个单位现实情况的方法。SWOT 四个英文字母分别代表：优势(Strength)、劣势(Weakness)、机会(Opportunity)、威胁(Threat)。SWOT 分析法可以帮助找出对企业有利的、值得发扬的因素，以及对企业不利的、要避开的东西；发现存在的问题，找出针对性的解决办法，明确以后的发展方向。

从整体上看，SWOT 可以分为两部分：第一部分为 SW，主要用来分析内部条件；第二部分为 OT，主要用来分析外部条件。其模型图如图 11.6 所示。

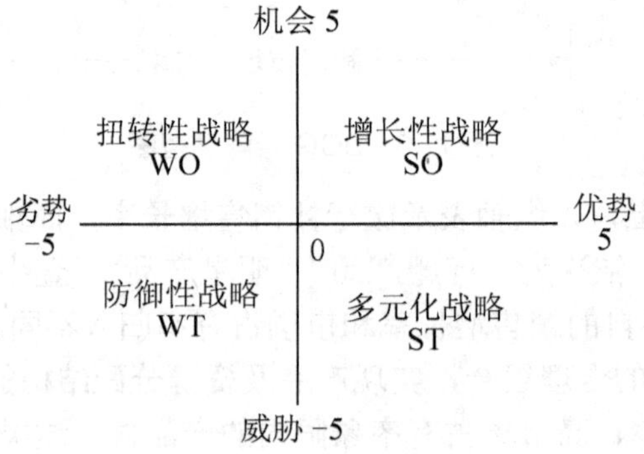

图 11.6　SWOT 分析模型图

优势是组织机构的内部因素，具体包括有利的竞争态势、充足的财政来源、良好的旅行社形象、技术力量、规模经济、产品质量、市场份额、成本优势、广告攻势等；劣势也是组织机构的内部因素，具体包括设备老化、管理混乱、缺少关键技术、研究开发落后、资金短缺、经营不善、产品积压、竞争力差等；机会是组织机构的外部因素，具体包括新产品、新市场、新需求、外国市场壁垒解除、竞争对手失误等；威胁也是组织机构的外部因素，具体包括新的竞争对手、替代产品增多、市场紧缩、行业政策变化、经济衰退、客户偏好改变、突发事件等。

当处于劣势而又有机会时(即 WO 态势)，则需要采取扭转性战略，如降低成本，取得成本优势，以赢得竞争；当处于优势而又有机会时(即 SO 态势)，则需要采取增长性战略，需要扩大生产规模，保持和扩大竞争优势；当处于劣势而有较大威胁时(即 WT 态势)，则需要采取防御性战略，尤其要回避成本方面的劣势，减小因成本原因带来的威胁；当处于优势而又面对较大威胁时(即 ST 态势)，则需要采取多元化态势，以分散风险，提高产品质量，回避外部威胁影响。

经典案例 11-1

安阳旅行社业的SWOT分析及战略选择

1．安阳旅行社业发展的区域优势 (1) 区位优势 (2) 资源优势 (3) 交通优势 (4) 基础设施条件优势 (5) 安阳旅行社业自身的优势	2．安阳旅行社业发展中存在的缺陷 (1) 旅行社的规模差异悬殊 (2) 总体人员的素质偏低 (3) 信息技术运用状况偏低 (4) 旅游产品雷同现象严重，无特色 (5) 竞争手段单一，目前还是以价格竞争为主
3．安阳旅行社发展机遇 (1) 旅游业的发展变化，为安阳旅行社的发展提供了巨大的消费空间。 (2) 中国旅行社行业的发展变化，为安阳旅行社发展提供了大的环境。	4．安阳旅行社发展中面对的威胁 (1) 区域及区内竞争激烈 (2) 需求的多样化，为旅行社提供了发展的空间，但也提出了挑战 (3) 加入WTO以后安阳旅行社面临更大的挑战

安阳旅行社今后的发展策略：

(1) 加强企业之间的联合，增大竞争力。

(2) 强化行业管理，提高旅游服务质量。

(3) 提高旅行社专业服务人员的素质。

(4) 搞好旅行社的内部营销，留住优秀人才。

(5) 采用多样化的营销手段，增强旅行社的竞争实力。

(6) 开发新产品，满足旅游者多样化的需求。

资料来源：蒋冰华．安阳旅行社的SWOT分析及战略选择[J]．安阳师范学院学报，2008(5)：116-119.

【点评】安阳旅行社业的经营状况在我国地市级具有代表性，具有资源丰富、区位条件不错、交通可进入性强等优点，但又面临着从业人员素质偏低、信息技术运用水平偏低、产品无特色、以价格竞争为主等缺点。机遇在于我国经济和旅游业的快速发展给旅行社行业带来了相当大的发展机会，而区内低层次竞争、产品无特色则是产业发展的最大威胁。通过SWOT分析，找到了适当的发展战略，通过加强企业合作与行业管理、提高从业人员素质、留住优秀从业人员、加强新产品开发和多样化营销，无疑会提升该地区旅行社业的总体实力和服务水平。

11.3 旅行社的公司战略

11.3.1 成本领先战略

1．成本领先战略的概念

成本领先战略也称为低成本战略，是指旅行社通过有效途径降低成本，使旅行社的全部成本低于竞争对手的成本，甚至是在同行业中最低的成本，从而获取竞争优势的一种战略。

2．成本领先战略的实施价值

实施成本领先战略，可以强化旅行社的资源基础，获得高于行业平均水平的利润，使得旅行社有更多的战略选择权和主动权；也能有效抵御竞争对手的对抗，迫使对手适当让步或退缩；使旅行社更有力量对抗强有力的买方，抵消购买商讨价还价的能力；提高行业的进入门槛，形成进入障碍；有效应付替代品的竞争，逐步争取对替代品的竞争优势；能更灵活地处理供应商的提价行为，化解成本威胁或风险。

3．成本领先战略的风险

其一，降价过度容易引起利润率降低，经营带来风险；其二，新加入者可能后来居上；其三，过度追求低成本，容易丧失对市场变化的预见能力；其四，因技术变化降低旅行社资源的效用；其五，容易受外部环境的影响。

4．与削价竞争战略的关系

它与削价竞争有本质的区别。后者往往以牺牲旅行社利益为代价，甚至是亏本运营的，以期打击和排挤对手，获得市场份额优势；而成本领先的指导思想并不是打价格战，而是通过在全行业成本最低获取持久的竞争优势。

11.3.2 差异化战略

1．差异化战略概念

所谓差异化战略，是指为使旅行社产品与竞争对手产品有明显的区别，形成与众不同的特点而采取的一种战略。这种战略的核心是取得某种对顾客有价值的独特性。

2．差异化战略的实现途径

旅行社要突出自己产品与竞争对手之间的差异性，主要有四种基本的途径。

(1) 产品差异化战略。产品差异化的主要因素有产品特征、产品性能、产品可靠性等。

(2) 服务差异化战略。服务差异化主要包括咨询、洽谈、培训讲解、售后服务等因素。

(3) 人事差异化战略。体现为训练有素的员工，集中突出六个特征，即胜任、礼貌、可信、可靠、反应敏捷、善于交流。

(4) 形象差异化战略。体现为品牌、包装、顾客体验等。

3．差异化策略的实施价值

(1) 有针对性地树立品牌，赢得顾客对旅行社(产品)的忠诚，也使得替代品无法在与之有效竞争。

(2) 形成强有力的产业进入障碍，使得竞争对手短期内无法找到合适的进入突破口。

(3) 提高旅行社的边际收益，增强旅行社对供应商讨价还价的能力。

(4) 使购买商缺少与之可比较的产品选择，降低了购买商对价格的敏感度，削弱其议价能力。

(5) 意味着如果购买商要摆脱对旅行社的依赖，就必须支付更高的产品转换成本。

4．实施差异化策略的风险

实施差异化战略的可能风险主要有顾客日趋成熟，理性化的消费倾向对产品不再盲目热衷，从而使得价值被抵消；或者竞争对手的模仿性很强，可能削弱差异程度，反而导致市场分流，特别是当产品发展到成熟期时，拥有技术实力的竞争对手很容易通过逼真的模仿，减少产品之间的差异，对市场进行大幅度割据；或者如果竞争对手压低产品价格，用户为了大量节省费用，放弃取得差异化产品和服务，转而选择物美价廉的产品，市场有失去的风险。

11.3.3 集中化战略

1．集中化战略的概念

集中化战略也称为聚焦战略，是指旅行社或事业部的经营活动集中于某一特定的购买者集团、产品线的某一部分或某一地域市场上的一种战略。这种战略的核心是瞄准某个特定的用户群体、某种细分的产品线或某个细分市场。

具体来说，集中化战略可以分为产品线集中化战略、顾客集中化战略、地区集中化战略、低占有率集中化战略。

2．集中化战略的实施收益

实施集中化战略的收益主要表现在便于集中使用整个旅行社的力量和资源，更好地服务于某一特定的目标；将目标集中于特定的部分市场，旅行社可以更好地调查研究与产品有关的技术、市场、顾客以及竞争对手等各方面的情况，做到“知彼”；战略目标集中明确，经济效果易于评价，战略管理过程也容易控制，从而带来管理上的简便。

3．实施集中化战略的风险

实施集中化战略的风险主要表现在由于旅行社全部力量和资源都投入了一种产品或服务或一个特定的市场，当顾客偏好发生变化，技术出现创新或有新的替代品出现时，就会发现这部分市场对产品或服务需求下降，旅行社就会受到很大的冲击；竞争对手打入了旅行社选定的目标市场，并且采取了优于旅行社的更集中化的战略；产品销量可能变小，产品要求不断更新，造成生产费用的增加，使得采取集中化战略的旅行社成本优势得以削弱。

11.3.4 一体化成长战略

1．一体化成长战略的概念

一体化战略又称旅行社整合战略，是指旅行社有目的地将相互联系密切的经营活动纳入旅行社体系中，组成一个统一的经济组织进行全盘控制和调配，以求共同发展的一种战略，即旅行社充分利用已有的产品、技术、市场的优势，向经营的深度和广度发展的一种战略。

2．一体化成长战略的类别

一体化战略从空间上看，分为前向一体化和后向一体化两种形式。

(1) 后向一体化战略。指沿着输入端向价值系统的上游延伸，如啤酒厂与啤酒瓶厂的联合，与大麦、小麦麦芽等原料厂商的联合。对旅行社而言，则是与向其提供旅游服务的住宿、餐饮、娱乐、购物等企业的联合，实现一体化。

(2) 前向一体化战略。指沿着输出端向价值系统的下游延伸，如轧钢厂与钢管厂的联合，属于与自己的顾客端的联合。对旅行社而言，前向一体化则是与中间商、代理商的联合。

一体化不等同于联合化，但一体化要通过联合的方式来实现战略目标。

3．一体化成长战略的优势

旅行社实施一体化成长战略，能够直接带来经济效益，提高旅行社研究与开发的能力，确保供应和需求旅行社，提高进入障碍。

4．实施一体化成长战略的风险

旅行社实施一体化成长战略的风险主要有外部变动成本与内部相对固定成本的差异；业务链的任何一点波动都会引起整个链条的波动；提高旅行社退出障碍；一旦上下游由于关系固定，可能弱化某些单位或部门的激励，出现“烂苹果”效应。

5．一体化成长战略的实现途径

一体化成长战略的途径有内部开发、企业并购、战略联盟等，其中最主要的是企业并购，即企业兼并与企业收购的简称。

当旅行社需要以更快的速度进入新的产品和市场领域，或者获取更加有利的市场竞争环境，或者为了避免竞争对手的报复，以及为了获取财务收益(通过收购获取资产)及提高旅行社的成本效益，旅行社可以进行企业并购，实现经营一体化。

一般而言，在经济高速发展时期，一些旅行社本身缺乏知识、能力、资源、经验、产品、市场，为快速进入某市场获得客观的经济效益的情况下，往往会采取并购策略。改革开放后，我国旅游饭店中比较普遍的特许经营是战略联盟中比较有代表性的一类，它能实现在没有大量资本投资的情况下，使企业成长而且保持相对有力的中央集权控制。

经典案例 11-2

激流勇进：宝中旅游的全国战略扩张之路

“宝中旅游”创建于 1998 年，与深圳数量众多的旅行社一样，最初也主营入境游，组团业务量并不大，企业收入主要靠收取承包挂靠费。2006 年之前，“宝中旅游”每年从挂靠费中可以获得两三百万元收入，但是这并不是一家有思想的旅行社所想要的。2006 年 9 月，“宝中旅游”重获出境游组团资格，为企业赢得转机。

西方发达国家的旅行社行业的“产销分离、渠道连锁发展、集约化管理采购”的成熟商业模式，与旅游产品批发、代理和零售三级运作体系，给中国旅游企业带来了很好的借鉴。引入连锁发展的方式，通过服务的规范化、产品的标准化、采购的集约化，通过人力资源的整合，把旅行社做大，实现战略扩张，追求规模效益，占领竞争制高点，就成为“宝中旅游”的战略选择。

2007 年以前，作为深圳入境游最大的旅行社，“宝中旅游”在最好的时候年主营收入也不到 1 亿元。2007 年 3 月伊始，实施新模式以后的“宝中旅游”深圳公司在 2009 年的主营收入便达到了 5.2 亿元。

“宝中旅游”的做法是：一是整合组团门店和出团地接社，提升组团和出团质量；二是坚持“两平方公里法则”，保证加盟店的生存空间；三是坚持加盟店遵循“采购、产品、广告、财务、人事、选址、形象、组团”等“八统一”的前提要求，只负责接受咨询和收客，不涉及具体的出团操作。

具体来讲，“宝中旅游”实行完全的产销分离模式。组团加盟店通过组织客源的提成获得利润，销售方有积极性；总部不直接采购旅游线路，而是通过地接社采购，让采购成本大幅下降，也可以提高加盟地接社的积极性。为了保证这种管理的有效性，“宝中旅游”还投入 600 万元开发了一套信息管理系统，任何加盟商都必须使用这套信息系统。系统对各地的子公司、各条线路实行统一行程安排、统一报价，实现业务、财务、自动化办公的一体化。更重要的是，这使“宝中模式”的大规模快速扩张成为可能。

截至 2011 年 10 月，“宝中旅游”初步实现了经营规模化和全国发展规划目标，在国内完成深圳、四川、重庆、福建、山西、云南、湖南、河南、湖北、江西、江苏(苏州)、浙江(宁波)、贵州、山东、安徽、陕西 16 个子公司的组建运营，分布在全国各地的服务网点已达 1600 余家，在 2011 年度在中国旅游集团 20 强中排名第 15 名。

资料来源：“宝中模式”全速扩张之路[EB/OL]，
腾讯网 http://finance.qq.com/a/20100726/001014.htm, 2010-7-26

【点评】作为行业经营首创者和领头羊，在全国旅行社还在走“店中店”承包、转包的低水平发展道路时，“宝中旅游”没有沿袭老路的轻松的盈利方式，而是在压力和机遇面前率先借鉴国外的“产销分离、渠道连锁发展、集约化管理采购”的成熟经营模式，通过“八统一”整合了资源，通过“两平方公里法则”，避免了加盟商的竞争，通过统一的信息管理系统实现了业务、财务、自动化办公的一体化，为快速扩张提供了技术支持，在较短的时间内在国内实现了一体化发展战略。

11.3.5 国际化战略

1. 国际化战略的概念

旅行社国际化战略是旅行社产品与服务在本土之外发展的战略。

2. 实施国际化战略的动机

传统观点是获取关键生产要素的有效供给，如中国在澳大利亚、巴西投资开采铁矿石；

或者为了分摊生产要素成本，如改革开放初，美国、日本在我国投资的服装、电子、汽车零配件产品，主要看中的是中国低劳动力成本。

现代的观点则可能是为了利用技术领先的地位，强大而卓越的品牌优势，实现其规模经济优势，或者获取区域经济效益等，而实施国际化战略。

3. 国际化战略的层次

国际化战略有本国中心战略、多国中心战略和全球中心战略三个层次。其一，本国中心战略是为了以高度一体化的形象和实力在国际竞争中占据主动，获得竞争优势，母公司集中进行产品设计、开发、生产和销售协调，管理模式高度集中，经营决策权由母公司控制。这种战略的优点是集中管理可以节约大量的成本支出，缺点是产品对东道国当地市场的需求适应能力差。其二，多国中心战略在统一的经营原则和目标的指导下，按照各东道国当地的实际情况组织生产和经营。母公司主要承担总体战略的制定和经营目标分解，对海外子公司实施目标控制和财务监督；海外的子公司拥有较大的经营决策权。其优点是对东道国当地市场的需求适应能力好，市场反应速度快，缺点是增加了子公司和子公司之间的协调难度。其三，全球中心战略是将全球视为一个统一的大市场，在全世界的范围内获取最佳的资源并在全世界销售产品。采用全球中心战略的旅行社通过全球决策系统把各个子公司连接起来，通过全球商务网络实现资源获取和产品销售。这种战略既考虑到东道国的具体需求差异，又可以顾及跨国公司的整体利益，已经成为旅行社国际化战略的主要发展趋势。但是这种战略也有缺陷，对旅行社管理水平的要求高，管理资金投入大。

4. 国际化战略的优势

实施国际化战略，可以实行世界范围内的大生产，能够带来规模经济，积累国际经营经验，降低生产成本；产品和服务能够分销到本土以外广阔的世界各地的代理商和客户；可能在全球范围内获得低廉的材料和人力资源；能够跨国界转让技术和经验；能够在全球范围树立公司形象；能够实现和维持全球的战略组合，保持全球性的领导力。

5. 国际化战略的风险

(1) 政治风险。政治风险与政治的不稳定性及其国内外战争动乱有关。政治不稳定会产生系列问题，包括经济风险、政权更迭频繁、法规制度的朝令夕改，给公司经营带来不确定性；可能性冲突使得公司无法正常经营等。

(2) 经济风险。主要的经济风险在于不同货币汇率的差异和波动。一方面必须认识到即使一个微小的汇率变动都可能对生产成本或净利润产生重大差异，另一方面是不同货币的购买力会极大地影响公司在全球市场的竞争力。

(3) 管理风险。首先，地理位置在不同国家的分散性增加了不同部门之间协调成本和产品分销的成本。其次，贸易壁垒、物流成本、文化差异和不同国家的其他差异(如原材料和不同劳动技能的取得)增加了实施国际化战略的复杂性。再次，制度和文化的因素阻碍了公司竞争优势从一个国家向另一个国家转移。

(4) 文化风险。文化风险是跨国公司在跨地域、跨民族、跨政体国体经营的情况下，因不同地域、民族、价值观、宗教及习俗等原因造成的文化观念冲突，具有复杂性、客观性和双重性的特点。这种风险通过具体的、特定的人群而发生作用，如联盟者、雇员和顾客之间，也往往表现为国际旅行社内部不同文化背景的职员之间。

以上几种风险往往不是孤立地单独发生作用，大多数情况都是相互影响的①。

11.4 旅行社战略的实施与控制

11.4.1 旅行社战略的实施

1. 旅行社战略的概念

旅行社战略实施就是贯彻执行既定的战略规划而必须采取的各项活动的总称，也是旅行社战略管理过程中的重要部分。旅行社的战略方案一经选定，管理者的工作中心就要转到战略实施上来。

2. 战略实施的内容

对于旅行社来说，具体的战略实施策略的好坏关乎整个战略目标的实现，各旅行社一般会从以下几个方面入手。

(1) 确定经营规模。旅行社行业作为第三产业的重要代表，其资本规模的大小很大程度上决定了其在一定时期之内的经营规模。不同的旅行社应该根据自身的基本情况，特别是资金情况来设定其经营的规模。

(2) 培养核心竞争力。旅行社的核心竞争力是旅行社取得优势、实现战略目标的重要保障。对旅行社而言，形成以信息收集为中心的核心能力体系儿为关键。

这个体系具体包括：一是客户信息收集平台。从了解客户的根本需求出发，根据客户的个性化需求制定具有不可复制性或难以复制的优势产品，是客户得到良好的产品体验。二是员工信息收集平台。每个员工都是相对独立的信息创造者和收集者，他们由于共同的职业属性和职业追求在一起合作，建立良好的信息创造和收集途径，利于旅行社制定有强大激励效用的分配体系；设定有发展潜力的岗位目标和有创造氛围的旅行社文化等。三是行业信息收集平台，利于旅行社对本行业内信息的敏感度，如政策调整、目标客户群体的变化等，也利于旅行社了解天气、气候、国家政策、地质情况、交通通畅度、景区景点的特色优势、食品卫生安全等信息，使旅行社自身能够获得源源不断的信息，为旅行社制作相关产品提供原材料，从而为旅行社的发展战略提供信息支撑。

(3) 规划设计旅行社部门功能。根据当前的战略，部门的功能设计应该更多地以营销推广和产品研发为导向，建立长效机制，这种机制应当有助于使旅行社的产品能不断地推陈出新。同时，着力建立良好的销售渠道，为旅行社的战略发展提供强大的支持。

(4) 整合营销。也即是说，旅行社为吸引消费者，除了关注价格、线路、服务等方面，

① 唐光辉．跨国公司战略联盟的跨文化风险及对策[J]，商业时代，2006，11

更要做好以下几个方面：一是品牌战略。品牌意味着更有实力、更加优质、更加专业，旅行社的品牌建立产品本身的质量价值基础上。二是建立良好的产品研发体系。旅游成为生活中习以为常的休闲方式，游客对价格的敏感程度也越来越理性，更多的游客关注有针对性的、有纪念意义等产品，因此应有针对性地创新产品，以提高旅行社产品对客户的持续吸引力。三是网络营销。网络科技的迅猛发展和低成本营销推广方式，使旅行社开始通过官网、团购、微博、门户网站、QQ、微信等互联网工具，与客户进行交流，利于旅行社对产品的设计、定价、制作、销售和售后全过程做出有意义反馈与及时调整，增强了旅游消费者与旅行社的互动性。

11.4.2 旅行社战略的控制

1. 旅行社战略控制的概念

所谓战略控制，就是掌握和了解战略的实施活动，并采取适当的行动，包括在必要时对战略规划加以修正，使旅行社的活动与战略要求保持一致。它是旅行社整个战略管理的最后一个环节。旅行社根据战略决策的目标对战略实施的过程进行的控制。广义的战略控制要求旅行社能够保证战略系统方向正确，并且保证这个正确的方向能够得到有效的贯彻实施。

2. 旅行社战略控制的分类

(1) 避免性控制。即采取适当的手段，使不适当的行为没有产生的机会，从而达到不需要产生的目的。

(2) 开关性控制。开关性控制又称为事中控制或行与不行的控制，它是在战略实施过程中，按照既定的标准检查战略行动，实施确定行与不行的行为。

(3) 事后控制。事后控制又称为后馈控制，它是在战略推进和转移过程中对行动的结果和期望的标准进行衡量，然后根据偏差大小及其发生的原因，对行动过程进行校正措施，以使最终的结果能符合既定的标准。

(4) 事前控制。事前控制又称为前馈控制、跟踪控制，它是在战略实施中，对战略行动的结果趋势进行预测，并将预测值与既定的标准进行比较和评价，针对可能出现的偏差而提前采取纠偏措施，使战略推进始终不偏离正确的轨道，确保旅行社战略目标实现。

3. 战略管理控制的要求

在一个旅行社里，管理人员往往要控制某些特定行为或作业运行。控制的根据就是这些行为或作业对整个旅行社效益的影响程度。因此，旅行社控制的重点应放在有战略意义的重要行为上，而不应该放在那些较容易控制的细节上。

(1) 控制量的大小。每一种控制手段所提供的控制量即取决于最初的控制设计，也取决于该手段对旅行社环境适应的程度。一般来讲，人员控制可以提供某种程度的控制，但这种控制很少或根本不能提供失败的警告。一旦管理的要求、机会或需求发生变化，人员控制很快会失效。具体活动控制与成果控制所提供的控制量可以有很大的变动范围。在一般情况下，控制需要做到：详细规定每个人的工作内容；防止意外活动，经常有效地监控各项活动或成果；有一定的奖惩制度；在具体活动责任制系统里，如果改变一个或几个要素，就会影响到该控制手段的控制量。

(2) 控制成本。控制成本受两个方面的因素的影响：一是控制系统的价格成本；二是各种控制系统所产生的副作用对实际成本的影响。从控制系统的实际价格来看，人们掌握的技能越熟练，成本费用越有降低的趋势，而控制系统的副作用越大，实际成本也有上升的趋势。具体活动的控制由于需要有一定的考核手段，往往会使产生过程拖延，影响生产费用。同时，具体活动不当，容易产生官僚主义行为，使管理人员不愿意或是不考虑如何在新的环境下更好地完成任务。

4．加强旅行社战略管理控制的策略

(1) 优化旅行社目标管理。目标旅行社管理通过集体参与共同设置目标，对组织的每一战略经营单位所负责实施的目标加以明确的规定和说明，并据此评价每个战略经营单位的工作绩效或贡献。

(2) 加强旅行社预算控制。就是通过数字化的财务报表、人力资源统计、研究和发展开支、销售增长幅度、资源配置等来约束经营活动，使旅行社或各战略经营单位的决策者在从事经营活动受到有效约束而不能任意行动。利用这种计量化的战略活动标准来衡量经营战略单位的战略实施，就比较容易得到实施与预算之间的差异，这样有利于提高控制的成效。

(3) 强化旅行社审计控制。审计可分内部审计和外部审计。内部审计是指旅行社内部的审计机构和审计人员为达到预定的目的而对本旅行社的会计资料及其所反映的经济业务活动进行的审查与监督。这种对旅行社会计资料的审查和监督实际上是验证这些记录的准确性，从而为控制提供一种手段。外部审计是指被审计旅行社以外的专门审计机构和审计人员对该旅行社的会计资料所进行的审查和监督。无论内部审计或是外部审计，均是通过对旅行社的财务记录进行审核，衡量其准确性和合法性，来评价旅行社的经济运行和财经状况，它是监督和鼓励旅行社人员遵纪守法，保护旅行社财务资源的一种有效控制手段。

本章小结

旅行社的发展离不开战略，战略的实施离不开有效的管理。

本章首先介绍了旅行社战略、旅行社战略管理的概念、类别、作用、原则和实施程序等基本内容。

为实现对旅行社的环境进行有效分析，本章在战略分析方法中着重介绍了外部环境分析几种方法包括(PESTEL 分析法、行业环境分析法、竞争环境分法)、内部环境分析法包括(BCG 矩阵分析法、价值链分析法、SWOT 分析法)。

在旅行社公司发展战略着重介绍了旅行社五大战略——一体化成长战略、成本领先战略、集中发展战略、差异化发展战略、国际化战略。

在旅行社发展战略的实施与控制环节介绍了战略实施的基本内容，尤其强调了培养核心竞争力是旅行社战略实施的重点；在战略控制中则着重介绍了控制要求与基本策略。

通过本章的阅读和学习，读者能够对什么是旅行社战略、采用什么方法对旅行社进行战略环境分析、有哪些可用的公司发展战略，以及如何进行战略实施和控制。

练习与思考

一、单项选择题

1．下列不属于旅行社战略管理类别的是(　　)。

A．紧缩型战略管理　　B．联盟战略管理

C．整体化战略管理　　D．个性化战略管理

2．不属于旅行社战略管理原则的是(　　)。

A．反馈修正原则　　B．全程管理原则

C．单体最优原则　　D．全员参与原则

3．以下不属于旅行社战略管理特征的是(　　)。

A．全局性　　B．长远性　　C．权威性　　D．协调性

4．旅行社实施战略管理具有一定风险，但不包括(　　)。

A．战略方向不能与外部环境及时保持一致

B．行动过度集体化导致“团体思维”

C．可能错误地反映现实或歪曲现实

D．协调全部行动以实现既定目标

5．以下不属于旅行社的战略管理过程的是(　　)。

A．战略规划阶段　　B．战略实施阶段

C．战略控制阶段　　D．战略完善阶段

6．以下不属于旅行经营外部战略环境分析方法的是(　　)。

A．PESTEL 分析法　　B．行业环境分析法

C．竞争环境法　　D．BCG 矩阵分析法

7．以下不属于对旅行社经营内部战略环境分析方法的是(　　)。

A．价值链分析法　　B．行业环境分析法

C．SWOT 分析法　　D．BCG 矩阵分析法

8．当旅行社需要以更快的速度进入新的产品和市场领域，或者获取更加有利的市场竞争环境，或者为了避免竞争对手的报复，以及为了获取财务收益(通过收购获取资产)及提高旅行社的成本效益时，旅行社可以(　　)。

A．一体化成长战略　　B．集中化战略

C．差异化战略　　D．国际化战略

9．旅行社在战略推进和转移过程中对行动的结果和期望的标准进行衡量，然后根据偏差大小及其发生的原因，对行动过程进行校正措施属于(　　)。

A．避免性控制　　B．开关性控制　　C．事后控制　　D．事前控制

10．旅行社为使自己的产品与竞争对手有明显的区别，形成与众不同的特点而采取(　　)。

A．一体化成长战略　　B．集中化战略

C．差异化战略　　D．国际化战略

二、名词解释

1．旅行社战略
2．旅行社的战略管理
3．集中化战略
4．差异化战略
5．成本领先战略

三、简答题

1．简述旅行社战略管理的内涵。
2．旅行社战略制定应有哪些步骤？
3．简述旅行社的战略分析策略。
4．旅行社实施战略管理的价值是什么？
5．简述行业环境分析的基本内容
6．简述差异化战略的四种基本途径。
7．简述旅行社一体化成长战略的主要思路。

四、思考题

请你在当地选择一个具有一定市场与资源优势的旅游旅行社，尝试为其制订一套较为合理的中短期战略发展计划。

补充阅读

旅游大鳄——德国途易(TUI)的战略扩张

德国途易(TUI)成立于1968年，到2013年列全球500强第488名。作为世界领先的大型旅游集团，途易(TUI)业务范围覆盖全球180多个国家，每年为来自超过27个客源国的近3000万游客提供全方位旅游服务。截至2011年9月底，途易在全球拥有约73 700名雇员，3500家旅游门市，248间酒店，140架客机以及6艘豪华远洋邮轮。

作为世界第一大旅行社，途易(TUI)以并购和合作发展模式为主，实施了纵向一体化成长战略和国际化扩张战略，最终演变为世界首屈一指的旅游经营商。

1．纵向一体化发展战略

为保证业务优势，途易(TUI)的纵向一体化战略主要采取内部增长、并购和合作发展等主要手段，从旅游服务要素的下游企业(如航空交通、酒店业、游船业及旅游零售业)入手。

(1) 进军航空领域。途易(TUI)采取了并购、战略联盟和自建等多种方式。2001年与波兰 White Eagle Aviation 建立战略联盟，并收购该公司 29.3%的股份；2002 收购意大利 Neos 航空公司；同年，在德国成立 Ha-pag-Lloyd Express，2004 年和 2005 年分别在比利时和荷兰成立途易(TUI)Airlines Belgium 和途易(TUI)Airlines Netherland。

(2) 进军酒店业。酒店住宿成本在包价旅游中所占比例很高，控制酒店不仅仅意味着控制房源，还意味着丰厚的利润。途易(TUI)主要着手买断热点度假区内的饭店，这些店设施基本都位于西班牙、地中海等旅游热点地区的度假胜地。这些饭店中 44%属各饭店公司所有，11%为途易(TUI)租赁，45%以管理合同或特许经营的方式运作。1971 年途易(TUI)在西班牙组建了 Robinson Club 饭店俱乐部，1972 年在西班牙收购了 Iberotel 连锁饭店公司，1977 年与希腊公司合资兴建了 Grecotel 连锁饭店。2004 年还与法国雅高集团建立战略合作关系，把旗下的 Sofitel、Novotel、Mercure 和 Ibis 品牌在欧洲市场的 180 家饭店纳入途易(TUI)的产品组合和销售渠道。现在途易(TUI)在全球 24 个国家有 248 饭店，157 000 床位。

(3) 购买包机公司。旅游经营商可以掌控包价旅游的关键要素。一旦某一旅游目的地受到游客冷落，包机则可以灵活改变航线而避免经营风险。2002 年以来，途易(TUI)拥有的飞机数量增长了近 50%。2007 年，途易(TUI)与 First choice 合并，对其航空业务进行完全接收。

(4) 进入邮轮业务。由于邮轮公司的资本密集性以及服务技能的特定性，途易(TUI)选择合资方式进入了邮轮业务，获得了所需要的知识和技术。首先与美国皇家加勒比海邮轮公司结成联盟合作关系，旗下第一艘邮轮“Mein Schiff”(德语，意思为“My Ship”)于 2009 年春开始运行。到 2012 年 9 月途易(TUI)共有 6 艘豪华远洋邮轮。

(5) 进入旅游产品零售领域。为了快速扩张旅游产品的分销渠道和实现广泛的地域布局，并加大对分销渠道的控制力，途易(TUI)1999 年接管德国最大的连锁旅行社。到 2006 年，途易(TUI)在德国 36 个主要目的地的 35 个地接社中拥有股权。

2. 国际化战略

为不断寻求新的成长空间，寻求旅游价值链的协调和利润最大化，途易(TUI)还积极实施国际化成长战略。

(1) 西进战略。中西欧具有巨大的成熟的旅游客源市场。途易(TUI)于 1998 年收购了世界知名旅行社托马斯·库克 25%的股份，随后又增资到 50.1%；2000 年途易(TUI)又以 30 亿欧元收购了著名的纵向一体化经营战略成功旅游经营商——英国汤姆逊旅游公司。途易(TUI)于 2002 年收购了法国领先的旅游经营商 NouvellesFrontière 的 100%的股权。2007 年 3 月，TUI 与在 17 个国家拥有 15 000 名员工的，当时欧洲第四大旅游公司的英国首选假日旅游公司(FirstHoliday PLC)合并。合并后的旅游服务销售收入达到 180 亿欧元。此时通过国际化战略发展，途易(TUI)已经迅速发展为欧洲最大的、最赚钱的旅游经营商。

(2) 东扩战略。首先，途易(TUI)以其在维也纳的途易奥地利控股公司(途易(TUI)Austria Holding)的总部为桥头堡进行东扩。其次，鉴于俄罗斯是一个不断增长的市场，为进一步推动其东欧扩张战略计划，2004 年途易(TUI)进入俄罗斯市场。但考虑到对俄罗斯的文化、法律和经济环境并不熟悉，合资方式成为最佳选择。在选择战略合作伙伴时，选择了总部在莫斯科、专注于四到五星包价产品、在组织俄罗斯游客前往土耳其和埃及旅游具有领导地位的旅游经营商 Mostravel。由于看好中国市场，途易(TUI)于 2003 年与中旅集团合资在北京成立了国内首家中外合资、外方控股的旅行社——途易旅游(中旅途易旅游有限公司)；2011 年，途易(TUI)旅游获准经营中国公民出境旅游业务，2013 年夏途易(TUI)组建上海分公司。

3. 战略结构调整

到 2006 年年底，途易(TUI)集团宣称其旅游部门覆盖整个旅行链，从预订、航空交通到住宿，能够为 70 个国家的游客提供一站式旅游度假服务；公司拥有大约 3200 家旅游代理商、70 个旅游经营商品牌、120 余架飞机、279 座饭店(大约 16 万间客房)。

为满足战略发展，途易于 2006 年再次对其管理结构进行了重塑，所有中心和集团整体平台职能由途易中心执行委员会管理。首先，实行管理有条件分权，不同国家分公司的市场管理职能在大多数情况下由直接运营单位负责。其次，组织结构重组之后，途易经营重心完全转移到旅游和航运两个板块。最后，新的管理结构下的业务模式强化了对除中心执行委员会管理职能之外的泛客源市场平台(航空、饭店和地接)的集团层面的控制，同时把每个国家的客源市场也掌握在手中。

资料来源：杨宏浩，德国途易(TUI)的一体化成长战略(上、中、下)[N]，中国旅游报，2010 年 7 月 19 日第 11 版、2010 年 8 月 2 日第 11 版、2010 年 08 月 16 日第 11 版

讨 论

1. 途易的纵向一体化发展战略有什么特点？
2. 途易的国际化发展战略有什么思路？
3. 途易的发展战略给了我们什么启示？

参考文献

[1] 李天元．旅游学概论[M]．天津：南开大学出版社，2000.
[2] 林南枝，等．旅游经济学[M]．上海：上海人民出版社，1986.
[3] 陈永发．旅行社经营管理[M]．2 版．北京：高等教育出版社，2008.
[4] 杜江，向萍．旅行社经营管理[M]．北京：旅游教育出版社，1989.
[5] 杜江．旅行社经营管理[M]．北京：旅游教育出版社，1999.
[6] 杜江，戴斌．旅行社管理比较研究[M]．北京：旅游教育出版社，2000.
[7] 杜江．旅行社经营管理[M]．天津：南开大学出版社，2001：22.
[8] 方增福．旅行社管理[M]．2 版．北京：科学出版社，2011.
[9] 何建民．旅游现代化开发、经营与管理[M]．北京：学林出版社，1989.
[10] 蒋长春．现代旅行社管理[M]．北京：中国林业出版社，北京大学出版社，2009.
[11] 李兴荣．旅行社经营管理[M]．成都：西南财经大学出版社，2008.
[12] 李兴荣．旅行社经营与管理[M]．2 版．成都：西南财经大学出版社，2011.
[13] 彭晓玲．旅行社经营与管理[M]．长沙：湖南大学出版社，2010.
[14] 朴松爱，吴鸣岐．旅行社管理[M]．2 版．北京：中国旅游出版社，2011.
[15] [英]史蒂芬·佩吉，等．现代旅游管理导论[M]．刘劼莉，等译．成都：电子科技大学出版社，2004.
[16] 王缇萦．旅行社经营管理[M]．上海：上海人民出版社，2006.
[17] 王中雨．旅行社经营管理实务[M]．北京：中国人民大学出版社，2011.
[18] 吴敏良，杨强．旅行社经营管理[M]．北京：科学出版社，2007.
[19] 姚延波．旅行社经营管理[M]．北京：北京师范大学出版社，2010.
[20] 叶娅丽，王瑗琳．旅行社经营管理[M]．北京：北京理工大学出版社，2010.
[21] 张道顺．现代旅行社管理手册[M]．北京：旅游教育出版社，2006.
[22] 陈康幼．投资经济学[M]．上海：上海财经大学出版社，2003.
[23] 林南枝，等．旅游市场学[M]．天津：南开大学出版社，1994.
[24] 彭星闾．营销管理学[M]．北京：中国统计出版社，1995.
[25] 王方华，黄沛．市场营销管理[M]．上海：上海交通大学出版社，2003.
[26] 和中孚，等．广告学原理[M]．北京：中国经济出版社，1991.
[27] 孔繁正．营销综合管理——理论、实务、案例、实训[M]．北京：高等教育出版社，2010.
[28] 于学谦．现代旅游市场经营学[M]．北京：旅游教育出版社，1989.
[29] 张俐俐，杨萤．旅游市场营销[M]．北京：清华大学出版社，2005.
[30] 陈乾康．旅行社计调与外联实务[M]．2 版．北京：中国人民大学出版社，2012.
[31] 陈乾康．阙敏．旅行社计调与外联实务[M]．北京：中国人民大学出版社，2006.
[32] 陈嘉隆．旅运业务[M]．台北：新陆书局，1991.
[33] 傅东升．旅行社业务实用指南[M]．北京：中国旅游出版社，1991.
[34] 郭春慧．旅行社计调实务[M]．上海：复旦大学出版社，2009.
[35] 国家旅游局人教司．旅行社接待部的业务与管理[M]．北京：中国旅游出版社，1992.
[36] 杨晨晖．外联部操作实务[M]．2 版．北京：旅游教育出版社，2012.
[37] 叶娅丽．王彪．旅行社计调师[M]．北京：旅游教育出版社，2011.
[38] 周晓梅．计调部操作实务[M]．2 版．北京：旅游教育出版社，2008.

[39] 查良松．旅游管理信息系统[M]．北京：高等教育出版社，2004.
[40] 陈晴光．电子商务基础与应用[M]．北京：清华大学出版社，2010.
[41] 冯英健．网络营销基础与实践[M]．3 版．北京：清华大学出版社，2007.
[42] 牟绍波，韩勇．旅游电子商务[M]．成都：西南交通大学出版社，2011.
[43] 巫宁，杨路明．旅游电子商务[M]．北京：旅游教育出版社，2004.
[44] 易昌泰．实用广告指南[M]．长沙：湖南人民出版社，1986.
[45] 章牧．旅游电子商务[M]．北京：中国水利水电出版社，2008.
[46] 陈继祥．王家宝．旅游企业战略管理[M]．北京：旅游教育出版社，2006.
[47] 秦远建．企业战略管理[M]．北京：清华大学出版社，2013.
[48] 秦远建．旅行社战略管理[M]．北京：清华大学出版社，2012.
[49] [美]罗伯特・E・霍斯基森，迈克尔・A・希特．战略管理：理论与教案[M]．2 版．刘刚，吕文静，等译．北京：清华大学出版社，2012.
[50] 郑晓文．人力资源管理导论[M]．2 版．北京：机械工业出版社，2005.
[51] [美]加里・勒斯德．人力资源管理[M]．9 版．吴雯芳，刘昕，译．北京：中国人民大学出版社，2005.
[52] 财经类教材风险管理编写组．风险管理[M]．成都：西南财经大学出版社，1994.
[53] 许谨良．风险管理[M]．3 版．北京：中国金融出版社，2006.
[54] 郑红，张踏青．财务部操作实务[M]．北京：旅游教育出版社，2006.
[55] 朱晔，问建军．旅行社经营与管理实务[M]．西安：西安交通大学出版社，2010.
[56] 邓方江．我国旅行社分工体系重构研究[D]．乌鲁木齐：新疆大学，2009：22-24.
[57] 韩国华．基于旅行社转型背景下计调业务的重要意义及计调人才存在的问题分析[J]．武汉职业技术学院学报，2013．12(3)：60-62，66.
[58] 董红梅．旅游产品开发存在的问题及改进[J]，商业时代，2006(9)：80-81.
[59] 孙扬. 中美两大鳌头旅行社成功之处比较——美国运通公司与中国春秋旅行社[J]. 商业经济，2008(1)：105-107.
[60] 王晓云．人类早期旅行活动研究[J]．历史教学问题，2004(2)：70-72.
[61] 谢兆成．营造企业经营者成长的良好环境[J]．江苏企业管理，2000(8)：30-32.
[62] 辛亚平．“5・12”地震对四川省旅游业影响的定量评估[J]．统计与决策，2010(17)：91-93.
[63] 姚延波．左坚．对我国旅行社行业管理问题的思考[J]．南开管理评论，2001(3)：61-66，76.
[64] 张广瑞编译．世界旅行商之代理鼻祖托马斯·库克[J]．世界博览，1988(10)：33-35.
[65] 郑晴云．朝圣与旅游：一种人类学透析[J]．旅游学刊，2008.23(11)：81-86.
[66] 周媛．旅游体验营销初探[J]．山西经济管理干部学院学报，2012(2)：28-30.
[67] 张国方 金国栋．CRM (客户关系管理)的应用与理论研究综述[J]．科技进步与对策，2003(3)：176-179.
[68] 诸丹．唐建兵．旅行社风险管理刍议[J]．中共四川省委省级机关党校学报(新时代论坛)，2005(3)：42-45.
[69] 蒋冰华，安阳旅行社的 SWOT 分析及战略选择[J]，安阳师范学院学报，2008(5)：116-119.
[70] 毛焱．美国旅行社业售后服务管理研究——以美国快乐界旅游公司为例[N]．中国旅游报，2008-10-6(11).
[71] 张慧敏．关于企业战略管理的控制问题分析时代报告[R]．时代报告，2011.9(下)：214.
[72] 张慧敏．关于旅行社战略管理的控制问题分析时代报告[R]．时代报告，2011.9(下)：214.
[73] 杨宏浩．德国途易(TUI)的一体化成长战略(上)[N]．中国旅游报，2010-7-19(11).
[74] 杨宏浩．德国途易(TUI)的一体化成长战略(中)[N]．中国旅游报，2010-8-2(11).
[75] 杨宏浩．德国途易(TUI)的一体化成长战略(下)[N]．中国旅游报，2010-8-16(11).
[76] 鄢光哲．吴文学：力争年内稳定导游队伍[N]．中国青年报，2014-01-17(11).
[77] 吴洪斌．山东加大央视旅游广告投放[N]．大众日报．2010-5-11(头版 B1).
[78] MBA 智库百科．http://wiki.mbalib.com/wiki/%E9%A6%96%E9%A1%B5

[79] 百度百科 http://baike.baidu.com/
[80] 国家旅游局网站: www.cnta.gov.cn
[81] 中国旅游报 http://www.ctnews.com.cn/
[82] 中国第一旅游网 http://www.toptour.cn/home/
[83] 解放网-新闻晨报 http://newspaper.jfdaily.com/
[84] 四川新闻网 http://scnews.newssc.org
[85] TUI China. Brief introduction to TUI China. [2013-7-21]. http://www.tui.cn/en/AboutUs
[86] Brief introduction to Thomascook. [2013-7-22]. http://www.thomascook.com/about-us/
[87] 中国国际旅行社总社. 关于我们[J]. [2013-12-22]. http://chengdu.cits.com.cn/cits/siteManage/about.html
[88] 中国国旅集团有限公司. 关于国旅[J]. [2013-12-22]. http://www.citsgroup.com.cn/About.asp
[89] TUI. Brief introduction to TUI. [2013-7-21]. http://www.tui-group.com/en/company
[90] 前程无忧网 http://www.51job.com/
[91] 艾瑞咨询集团. 2011-2012 年中国在线旅游用户行为研究报告[EB/OL]. [2013-12-21]. http://www.iresearch.com.cn/Report/Report.aspx?Newsid＝1732(2012-6-26)
[92] 宝中旅游. 走近宝中[EB/OL]. 宝中旅游网. http://www.bacts.com/about.html
[93] 国家旅游局. 2012 年度全国旅行社统计调查情况的公报[R]. [2013-12-21]. http://www.cnta.gov.cn/html/2013-7/2013-7-5-16-3-20291.html
[94] 河金.旅行社如何规避经营风险[EB/OL]. 中国旅游报，[2013-12-21]. http://www.ctnews.com.cn/zcfg/2009-04/20/content_621496.htm 2009-4-20
[95] 惠州市高级导游员林大康扎根平凡岗位干出不凡业绩[EB/OL]. 广东省旅游局官网，[2013-12-21]. http://www.gdta.gov.cn/gzdt/dsdt/9596.html(2012-05-11)
[96] about American Express[EB/OL]. 美国运通官网，[2013-12-21]. http://about.americanexpress.com/?inav＝footer_about_american_express
[97] 企业组织结构[EB/OL]. 百度百科，[2013-11-12]. http://baike.baidu.com/link?url=PXq_wrzUruI5oTu0M_Zh6a39SWitPHx1zy1MAg-U7CI1v52gAWNvh-TekoIYGNtoGeTZ1n5rLLhmbmORSlf7qa
[98] 王煜琴. 旅行社需要什么样的计调[EB/OL]. 第一旅游网，[2013-12-21]. http://www.toptour.cn/ detail/info16289.htm. 2011-03-21
[99] 詹凡. 做实旅行社应收款管理—堵塞漏洞 降低成本 控制风险[EB/OL]. 香港中旅社，[2013-12-21]. http://www.hkcts.com/monthly/2010/201009/1009lydlj/11001929.html
[100] 张俊海. 成功营销员必备的 11 项素质[EB/OL]. 中国营销传播网，[2013-12-14]. http://www.emkt.com.cn/article/189/18963.html.
[101] 中国航空国际旅行社票务中心招聘信息[EB/OL]. 中国供应网，[2013-12-21]. http://zghkgjlx3414.cn.china.cn/company-information/
[102] 朝阳法宣. 草原游女游客被烧身亡案判决：旅行社赔偿 105 万[EB/OL]. 中国法院网，[2013-12-21]. http://www.chinacourt.org/article/detail/id/342065.shtml

[103] 中国旅行社发展现状与发展对策研究课题组．中国旅行社发展现状与发展对策研究[M]．北京：旅游教育出版社，2002：24

[104] 艾瑞咨询集团．中国在线旅游行业年度监测报告：2011-2012.[EB/OL]．[2013-12-21]．http://www.iresearch.com.cn/Report/Report.aspx?Newsid＝1740(2012-7-9)

[105] 杨健．“舌尖旅游”火爆促市场细分[EB/OL]．第一旅游网，[2013-12-21]．http://www.toptour.cn/tabid/1210/InfoID/104225/frtid/1314/Default.aspx

[106] 500强情报-TUI[EB/OL]．财富中文网，[2013-12-21]．http://www.fortunechina.com/global500/214/2012/TUI

[107] 田虎．商西．埃及热气球爆炸9名香港游客遇难[EB/OL]．中青在线，[2013-12-21]．http://article.cyol.com/lvyou/content/2013-02/27/content_7950648.htm

[108] 购买旅游险是对家人负责的体现[EB/OL]．中国平安网．http://shop.pingan.com/fuwu/yiwaixiananli/2008102715435000.shtml

[109] 欧阳领兵．金炜．新疆旅行社年底遭遇恶意欠款[EB/OL]．新浪财经，[2013-12-21]．http://finance.sina.com.cn/china/dfjj/20081215/19015638438.shtml

[110] 国旅总社投资与企业管理部. 从导游服务质量角度浅谈导游队伍的人性化建设和管理[EB/OL]．中国导游网．http://www.tourguide.net.cn/pub/news.asp?ctyp＝NEWS&catid＝2175&ctxid＝532341

北京大学出版社本科旅游管理系列规划教材

序号	书　　名	标 准 书 号	主　编	定价	出版时间	配套情况
1	旅行社经营管理	7-301-25011-2	余志勇	35	2015	课件
2	现代酒店管理实用教程	7-301-24938-3	林　巧　张雪晶	38	2015	课件
3	旅游学概论	7-301-23875-2	朱　华	44	2014	课件
4	旅游心理学	7-301-23475-4	杨　娇	41	2014	课件
5	旅游法律法规教程	7-301-24850-8	魏　鹏	45	2014	课件
6	旅游政策与法律法规	7-301-23697-0	李文汇　朱　华	43	2014	课件
7	旅游英语	7-301-23087-9	朱　华	48	2014	课件、光盘、视频
8	旅游企业战略管理	7-301-23604-8	王　慧	38	2014	课件
9	旅游文化学概论	7-301-23738-0	闫红霞　李玉华	37	2014	课件
10	西部民族民俗旅游	7-301-24383-1	欧阳正宇	54	2014	课件
11	休闲度假村经营与管理	7-301-24317-6	周绍健	40	2014	课件
12	会展业概论	7-301-23621-5	陈　楠	30	2014	课件
13	旅游学	7-301-22518-9	李　瑞	30	2013	课件
14	旅游学概论	7-301-21610-1	李玉华	42	2013	课件
15	旅游策划理论与实务	7-301-22630-8	李　锋　李　萌	43	2013	课件
16	景区经营与管理	7-301-23364-1	陈玉英	48	2013	课件
17	旅游资源开发与规划	7-301-22451-9	孟爱云	32	2013	课件
18	旅游地图编制与应用	7-301-23104-3	凌善金	38	2013	课件
19	旅游英语教程	7-301-22042-9	于立新	38	2013	课件
20	英语导游实务	7-301-22986-6	唐　勇	33	2013	课件
21	导游实务	7-301-22045-0	易婷婷	29	2013	课件
22	导游实务	7-301-21638-5	朱　斌	32	2013	课件
23	旅游服务礼仪	7-301-22940-8	徐兆寿	29	2013	课件
24	休闲学导论	7-301-22654-4	李经龙	30	2013	课件
25	休闲学导论	7-301-21655-2	吴文新	49	2013	课件
26	休闲活动策划与服务	7-301-22113-6	杨　梅	32	2013	课件
27	前厅客房服务与管理	7-301-22547-9	张青云	42	2013	课件
28	旅游学导论	7-301-21325-4	张金霞	36	2012	课件
29	旅游规划原理与实务	7-301-21221-9	郭　伟	35	2012	课件
30	旅游地形象设计学	7-301-20946-2	凌善金	30	2012	课件
31	旅游文化与传播	7-301-19349-5	潘文焰	38	2012	课件
32	旅游财务会计	7-301-20101-5	金莉芝	40	2012	课件
33	现代酒店管理与服务案例	7-301-17449-4	邢夫敏	29	2012	课件
34	餐饮运行与管理	7-301-21049-9	单铭磊	39	2012	课件
35	会展概论	7-301-21091-8	来逢波	33	2012	课件
36	旅行社门市管理实务	7-301-19339-6	梁雪松	39	2011	课件
37	餐饮经营管理	7-5038-5792-8	孙丽坤	30	2010	课件
38	现代旅行社管理	7-5038-5458-3	蒋长春	34	2010	课件
39	旅游学基础教程	7-5038-5363-0	王明星	43	2009	课件
40	民俗旅游学概论	7-5038-5373-9	梁福兴	34	2009	课件
41	旅游资源学	7-5038-5375-3	郑耀星	28	2009	课件
42	旅游信息系统	7-5038-5344-9	夏琛珍	18	2009	课件
43	旅游景观美学	7-5038-5345-6	祁　颖	22	2009	课件
44	前厅客房服务与管理	7-5038-5374-6	王　华	34	2009	课件
45	旅游市场营销学	7-5038-5443-9	程道品	30	2009	课件
46	中国人文旅游资源概论	7-5038-5601-3	朱桂凤	26	2009	课件
47	观光农业概论	7-5038-5661-7	潘贤丽	22	2009	课件
48	饭店管理概论	7-5038-4996-1	张利民	35	2008	课件
49	现代饭店管理	7-5038-5283-1	尹华光	36	2008	课件
50	旅游策划理论与实务	7-5038-5000-4	王衍用	20	2008	课件
51	中国旅游地理	7-5038-5006-6	周凤杰	28	2008	课件
52	旅游摄影	7-5038-5047-9	夏　峰	36	2008	
53	酒店人力资源管理	7-5038-5030-1	张玉改	28	2008	课件
54	旅游服务礼仪	7-5038-5040-0	胡碧芳	23	2008	课件
55	旅游经济学	7-5038-5036-3	王　梓	28	2008	课件
56	旅游文化学概论	7-5038-5008-0	曹诗图	23	2008	课件
57	旅游企业财务管理	7-5038-5302-9	周桂芳	32	2008	课件
58	旅游心理学	7-5038-5293-0	邹本涛	32	2008	课件
59	旅游政策与法规	7-5038-5306-7	袁正新	37	2008	课件
60	野外旅游探险考察教程	7-5038-5384-5	崔铁成	31	2008	课件